Verkaufte Zukunft
미래를 팔다

KB194985

Verkaufte Zukunft: Warum der Kampf gegen den Klimawandel zu scheitern droht
by Jens Beckert
© Suhrkamp Verlag Berlin 2024
All rights reserved by and controlled through Suhrkamp Verlag Berlin.

Korean Translation Copyright © 2025 by ECO-LIVRES Publishing Co.
Korean edition is published by arrangement with Suhrkamp Verlag Berlin
through BC Agency, Seoul.

미래를 팔다

왜 우리는 기후 변화를 막을 수 없는가

초판 1쇄 인쇄일 2025년 3월 27일   초판 1쇄 발행일 2025년 4월 4일

지은이 옌스 베케르트 | 옮긴이 이승구
펴낸이 박재환 | 편집 유은재 신기원 | 마케팅 박용민 | 관리 조영란
펴낸곳 에코리브르 | 주소 서울시 마포구 동교로15길 34 3층(04003) | 전화 702-2530 | 팩스 702-2532
이메일 ecolivres@hanmail.net | 블로그 http://blog.naver.com/ecolivres | 인스타그램 @ecolivres_official
출판등록 2001년 5월 7일 제2001-000092호
종이 세종페이퍼 | 인쇄·제본 상지사 P&B

ISBN 978-89-6263-306-1 03300

책값은 뒤표지에 있습니다.   잘못된 책은 구입한 곳에서 바꿔드립니다.

미래를 팔다

왜 우리는 기후 변화를 막을 수 없는가

옌스 베케르트 지음 | 이승구 옮김

에코리브르

차례

1 변화로 이어지지 않는 지식   009

2 자본주의적 근대   025

3 빅 오일   047

4 주저하는 국가   067

5 전 세계적 번영   093

6 끝없는 소비   113

7 녹색 성장   139

8 지구 위험 한계선   171

9 앞으로의 전망   183

주   205

감사의 글   255

베아트리체와 야스퍼에게 바친다.

너희는 어떤 세상에 살게 될까?

자연은 항상 패(敗)한다.
경제와 관련된 사안 앞에서는
그것이 바로 따라야 할 법이다.

−레나토 발렌시아(Renato Valencia)●

● 발렌시아는 키토(Quito)의 폰티피시아 가톨릭 대학교(Pontificia Universidad Católica del Ecuador) 식물학 및 식물생태학 교수이다. Catrin Einhorn, Manuela Andreoni, "Ecuador Tried to Curb Drilling and Protect the Amazon. The Opposite Happened", in: *The New York Times*, 14. 01. 2023, S. 13에서 인용.

변화로 이어지지 않는 지식

2022년 가을, 미국 작가 톰 키지아(Tom Kizzia)는 알래스카 남부 글레이서만 국립공원(Glacier-Bay-National Park)으로 떠나는 크루즈 여행에서 거대한 빙하로 뒤덮인 풍경을 묘사했다.[1] 그는 선상에서 거대한 얼음 덩어리가 북극해로 떨어지는 것을 지켜보았다. 키지아는 빙하가 갈라지는 이 인상적인 자연 장관은 사람의 손길이 거의 닿지 않은 자연의 힘과 아름다움을 느낄 수 있는 숭고한 경험이었다고 썼다. 하지만 우리는 오늘날의 빙하 붕괴 현상을 빠르게 진행되는, 통제할 수 없는 자연 파괴 과정의 전조로 받아들일 수밖에 없다. 얼음이 깨지면서 내는 '하얀 천둥' 소리는 또 다른 상실과도 같이 다가온다.

변형된 자연 과정과 파괴된 자연 기반의 생활 터전을 보여주는 충격적 이미지는 곳곳에 존재한다. 예를 들어, 홍수가 일어나 마을에서 배를 타고 노를 젓는 파키스탄 사람들, 아르(Ahr) 계곡에서 절망에 빠져 지붕 위로 대피한 독일 가족들, 혹은 불에 타버린 집의 폐허 앞에서 충격에 휩싸인 캘리포니아 사람들의 모습을 보여주는 사진들을 접하면 우리는 엄청난 슬픔에 잠긴다. 이런 자연 현상 중 그 어떤 것도 기후 변화가 직접적 원인이라 단정할 수는 없다. 하지만 파괴적인 결과를 초래하는 극심한 기상 이변이 눈에 띄게 증가한 것은 이산화탄소와 기타 온실가스의 증가로 인한, 인간이 만든 지구 온난화의 결과다. 반세기 전부터 우리는 이를 알고 있었지만, 그 진행 과정을 멈추려 하지 않았다.

오히려 정반대 상황이 전개되었다. 지난 50년간 전 세계의 연간 이산화탄소 배출량은 감소하지 않고 오히려 3배나 증가했다. 최근 30년 동안 대기로 배출된 이산화탄소는 지난 200년간 배출된 양과 같다.[2] 그 결과 기후과학자들이 '대가속'이라고 부를 정도로 지구의 평균 기온이 전례 없이 급격하게 올랐다. 현재까지 19세기 초에 비해 기온은 섭씨 1.2도 상승했다(그림 1 참조). 전 세계적으로 온실가스 배출량이 계속 증가하는 현재 추세로 보면, 향후 80년간 지구 평균 기온은 약 섭씨 1.3도 더 올라갈 것이다―이는 현재의 기후 보호 조치들이 잘 이행된다는 조건하에 계산한 추정치다.[3]

인간이 초래한 생물권의 변화는 인류 문화가 안정적으로 존재할 수 있는 생태계의 틈새 중 일부를 훼손하거나 파괴하는 결과를 가져온다. 앞으로 다가올 지구 온난화에 따른 생활 방식의 변화에 사회가 적응할 수 있을지는 여전히 불확실한 상황이다.[4] 기후 변화 위기의 결과―홍수, 가뭄, 폭염, 대규모 화재의 증가뿐만 아니라 생물 다양성 감소와 해수면 상승―는 사회를 상당히 불안정하게 만들 잠재력을 가지고

그림 1　지난 2000년 동안의 전 세계 기온

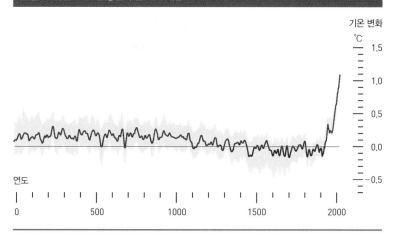

기온 변화
℃
1.5
1.0
0.5
0.0
-0.5

연도

0　　　500　　　1000　　　1500　　　2000

출처: IPCC AR6, WG I (2021).

있다. 사회적 불평등은 지금보다 훨씬 더 심각한 형태로 나타날 것이다. 이는 북반구와 한층 더 많은 영향을 받는 남반구 사이에서, 부유층과 빈곤층 사이에서 모두 발생할 것이다. 기후 난민, 물 부족, 기아 그리고 자연재해로부터 보호하기 위해 점점 더 증가하는 비용 부담은 부유한 국가에서조차 분배를 둘러싼 새로운 갈등과 사회적 통제 능력의 상실 가능성으로 이어진다.

　매우 복잡한 기후 시스템의 모든 인과 관계가 이해되거나 알려져 있는 것은 아니지만, 기존 모델을 끊임없이 개선하며 새로운 지식에 맞춰 조정해야 한다. 그렇더라도 우리가 어디론가 향하고 있으며 지구상의 생활 조건이 급격히 바뀐다는 것은 의심할 여지 없이 분명한 사실이다. 다시 말해, 기후 변화는 더 이상 과학 연구의 주요 과제가 아니다. 또 중요한 기술적 문제도 더 이상 아니다. 온실가스 배출을 감축하는 기술이 많이 개발되었고, 이는 기후를 해치는 기술을 대체할 수 있다. 포괄적인 정치적 결정, 변화된 경제 활동 그리고 중요한 행동 변화를 뒷받침할 수 있는 근거와 조치를 위한 지식은 충분하다. 하지만 이런 지식이 행동으로 이어지지는 않는다. 즉, 그 행동은 너무 느리고 적절하지 않다. 실제로 실행한 조치들이 필요한 정도에 훨씬 못 미치기 때문에 기후 변화는 무엇보다 사회과학에서 다뤄야 할 문제가 되었다. 사회가 기후 변화를 막지 못하는 이유는 무엇인가? 이 질문이 이 책의 핵심 내용이다.

이 질문에 대한 해답은 사회 발전이 이루어지는 사회적·정치적·경제적 과정에 초점을 맞춰야 도출할 수 있다. 이때 자본주의 경제 체제의 권력 분배와 함께 성장 및 이윤의 논리, 민주주의 정치 체제의 정치적 정당성 문제, 문화적 정체성 문제, 시민과 소비자 간 지위 경쟁 문제가 중요 쟁점 사항이다. 사회적 영향과 기후 변화 조치는 권력 및 문화와 불가분의 관계인 만큼 사회과학적 주제이기도 하다. 사회과학은 잘 알려진 바와 같이, 경제적·정치적·문화적 구조를 이용해 복잡한 사회·기술적 제도와 사회 변화를 연구한다.

그렇다면 자본주의 시장 경제, 의회민주주의, 개인주의적 문화는 자연환경을 바라보는 우리의 방식에 어떤 영향을 미치는가?[5] 나의 논지는 간단하다. 즉, 자본주의적 근대의 권력 구조와 유인책 구조 그리고 그 통제 메커니즘은 기후 변화라는 전 세계적 문제를 해결하는 방법을 찾는 데 걸림돌이라는 것이다. 이는 그 자체로 보면, 별로 특별한 게 아니다. 근본적 차원의 다른 사회 문제들도 해결 방법을 찾는 데 권력 구조와 부딪히며 어려움을 겪는다. 여전히 엄청난 빈곤과 사회적 불평등이 존재한다. 하지만 빈곤과 사회적 불평등이 미래 어느 시점에 줄어들 수 있고 더 공정한 세상이 도래할 거라는 희망을 품는 것과 달리, 기후 변화는 그렇지 않다. 결정을 미루는 것은 돌이킬 수 없는 상황으로 이어지는 시간적 구조를 띠고 있기 때문이다. 인도 역사학자 디페시 차크라바르티(Dipesh Chakrabarty)는 기후 변화의 시간적 특성을 다음과 같이 요약했다. "기후 문제와 기후 변화의 '위험성'에 대한 전반적 논의는 …… 제한된 시간과 즉각적 조치에 직면한다. 그런데도 세계 강대국들은 이 문제를 시간제한 없는 타임 플랜에 따라 움직이도록 설계된 조치들로 해결하려 시도했다."[6]

　하지만 기후 변화에 적용되는 '시간제한 있는 타임 플랜'이 '시간제한 없는 타임 플랜'보다 더 단호한 결단력으로 추진되리라는 것을 의미하지는 않는다. 이 문제의 구조가 기존의 권력 구조와 유인책 구조를 바꾸지 않거나 미약하게만 변화시켰기 때문이다. 사실은 다음과 같다. 즉, 기후 비용을 회피함으로써 얻을 수 있는 단기적 이익이 오늘날 기후 안보의 이익을 능가하는 것은 분명하다. 비용과 노력이 많이 드는 기후 보호 조치의 긍정적 효과는 우리 자신이 책임을 지는 기간이 지났을 때에만 발생하기 때문이다. 요컨대 그 이익은 '오직' 다음 세대에게만 돌아간다. 또 어떤 사람들은 기후 변화의 결과를 자신이 개인적으로 피할 수 있고 '다른 사람들'에게만 영향을 미친다고 생각할 수 있다. 미래 세대 복지에 대한 이상주의적 관심은 아마도 본인의 자녀와 손자가 살아갈 미래의 삶에 대한 생각에서 가장 강하게 표현될 것이다. 또는 (가능성은 희박하지만) '다른 사람들'의 운명에 대한 생각은 먼 미래에 해야 할 행동에 동기를 부여한다.

기업, 정치, 국민의 의사 결정은 단기적 기회에 치우쳐 있어 미래에 일어날 수 있는 환경적 피해를 무시하거나 경시한다.[7] 이런 식으로 자연환경의 공동선은 시장에서 이윤을 위해 판매되는 동시에 파괴되는, 착취할 수 있는 자원으로 남는다. 이런 의미에서 "미래를 팔았다"고 말하는 것이다.[8]

기후 변화에 대한 정치 토론에서 "우리는 X만 하면 됩니다"라든지 "우리는 어떤 이유로 끝내 Y를 결정하지 않습니까?" 등과 같은 문장을 계속해서 듣는다. 'X'는 풍력 발전의 확대, 'Y'는 천연자원의 소비 제한 또는 휘발유와 육류 가격 인상을 의미할 수 있다. 하지만 여기서 '우리'는 누구를 의미할까. 이 질문이 중요한 이유는 다음과 같다. 즉, 변화라는 것은 그걸 실행할 힘과 의지 그리고 충분한 자원이 있는 행위자가 필요하기 때문이다. 다양한 이해관계와 목표를 가진 수많은 행위자가 참여하는 경쟁에서 기후 보호를 고려할 수도, 고려하지 않을 수도 있다. 또 모든 정치적 행동은 규칙·관행·제도뿐만 아니라, 가치와 습관의 미로 속에서 일어난다. 행위자들은 특정한 유인책을 설정하고, 행동을 위한 공간을 정의하며, 의사 결정을 형성하는 구조와 기회를 만든다. 이것이 자본주의적 근대의 기능적 논리, 즉 지난 500년 동안 자연을 다루는 우리의 방식을 결정해왔다. 다음 장에서는 기후 변화에 대한 현재의 반응에도 그 흔적을 남겨놓은 사회 시스템에 대해 살펴볼 것이다.

이런 반응이 적절하지 않다는 사실은 지구 온난화가 끊임없이 진행되고 있는 것을 보면 알 수 있다(그림 1 참조). 하지만 적절하다는 것은 무엇인가? 즉각적인 기후 중립? 금세기 말까지 섭씨 3도 상승한 지구 온난화? 그리고 누구를 위해 '적절하다'는 것인가? 경제적 비용-편익 계산은 그 가정이 너무 자의적이라 여기서는 도움이 되지 않는다.[9] 오히려 필요한 것은 규범의 성격을 띠는 그 무엇인가이며, 사실 그런 성격의 규범은 이미 존재한다. 세계 대부분 국가는 190개국 이상이 비준한 2015년 파리기후협정에 따라 기후 목표에 전념하고 있다. 이에 따라 산업화 이전 수준에 비해 기온 상승을 섭씨 1.5도로 제한하며 어떤 경우에도 섭씨 2도 이하가 되도록 적절한 조치를 취하겠다는 목표를 세웠다. 따라서 적절하다는 것은 이 목표를 달성하기 위해 행동하는 걸 의미한다.

잘 알려진 유엔 정부간기후변화위원회(IPCC)에서 발표한 파리기후협정의 목표를 달성하기 위해 향후 수십 년 동안 필요한 온실가스 배출 감소를 나타내는 그래프를 보면 실제 실행된 조치에 대해 알 수 있다(그림 2 참조). 현재까지 취해진 기후 보호 조치는 배출량 증가 곡선을 평평하게 만들지만, 이것만으로는 충분하지 않다.[10] 물론 미래에는 모든 것이 달라지길 바랄 수 있지만, 그래프 곡선을 보면 이것이 희망 사항일 뿐이라는 걸 분명히 알 수 있다. 완전히 멈추는 비상 제동 장치가 필요한데, 이는 그 어디에도 보이지 않는다. 따라서 파리기후협정에 서명한 국가 중 그 어떤 나라도 합의된 기후 목표를 달성하지 못할 것이다.[11] 이는 정치적인 이유로 인정하게 되거나 언젠가는 효과가 나타날 것이라는 환상을 계속 유지한다. 그렇지 않으면 기후 보호에 대해 충분하지 않은 노력조차 줄어들고 체념이 확산할 것이라는 두려움이 있기 때문이다.

이 책에서는 필요한 계획을 채택하고 정치적으로 설정한 목표를 달

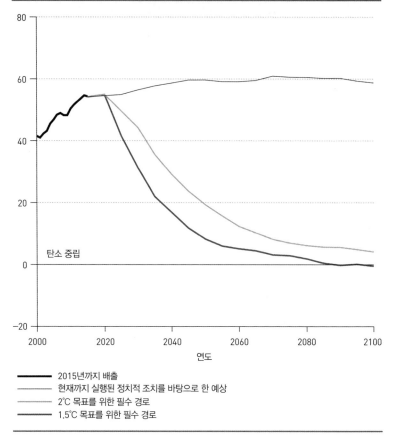

탄소 중립

연도

━━━ 2015년까지 배출
──── 현재까지 실행된 정치적 조치를 바탕으로 한 예상
──── 2℃ 목표를 위한 필수 경로
━━━ 1.5℃ 목표를 위한 필수 경로

출처: IPCC 2023. Climate Change. 2023 Synthesis Report Summary for Policymakers.

성할 수 없는 이유에 대한 답을 다룰 예정이다. 나의 성찰에 따르면, 결론은 비관적이다. 필요한 조치들이 이루어지지 않고 있다. 물론 사회학자들은 미래를 예견할 수 없으며 중요한 사회적 발전에 놀랄 때가 많다. 하지만 기후 변화는 미래의 사건이 아니다. 이는 현재 일어나고 있으며, 이미 심각한 파괴를 초래했다. 다시 한번 말하지만, 우리는 수십 년 전부터 온실가스 배출의 위험에 대해 인지하고 있었다. 우리는 지난 30년간 정기적으로 고위급 국제 기후 회의가 열렸음에도 불구하고 연간 전 세계 이산화탄소 배출량이 절반 이상 증가했으며 여전히 매년 최고치를 경신하고 있다는 것을 알고 있다. 또한 우리는 계획된 조치들을 통해 합의한 기후 목표를 달성하지 못하리라는 것도 알고 있다. IPCC에 따르면, 연간 전 세계 배출량을 현재 예측보다 2030년까지 50퍼센트, 2050년까지 85퍼센트 감축해야 한다.[12] 독일에서는 이산화탄소 배출량을 2030년까지 매년 6퍼센트씩 줄여야 한다. 하지만 2010년 감소량은 연평균 2퍼센트에 불과하다. 물론 이론적으로는 바뀔 가능성이 있다. 하지만 이는 그럴듯한 기대가 아니라 '그린위싱(greenwishing)'일 뿐이다.[13]

필요로 하는 변화는 근본적으로 달라진 경제적·정치적·사회적 구조를 요구한다. 이런 광범위한 변화는 전혀 눈에 보이지 않으며, 어쨌든 이는 매우 오랜 시간이 지나야 실현될 수 있는 것들이다. 기후 변화의 관점에서 보면, 너무 늦은 감이 있다. 이런 이유로 국제에너지기구(IEA)는 현재 계획된 에너지 전환 대책을 고려하면, 화석 연료로 인한 전 세계 이산화탄소 배출량이 2025년 370억 톤으로 정점을 찍고, 이후 감소하더라도 2050년 320억 톤에 그칠 것이라고 예상한다.[14] 이와 같은 배출 절감은 주로 산업 국가들에서 이루어진다. 예를 들어, 독일은 2030년까지 이산화탄소 배출량을 1990년 대비 3분의 2로 줄일 계획을 세우고 있다.[15] 알려진 바에 따르면, 제대로 작동할 것 같지는 않지만 말이다. 혹시 독일이나 다른 나라들에서 제대로 작동한다고 해도, 그 기여도는 여전히 제한적일 것이다. 전 세계적으로 보면, 2050년에도 에너지 수요의 60퍼센트는 화석 에너지원일 것이다.[16] 이 데이터를 기반으로, 국제에너지기구는 2100년까지 지구 온도가 섭씨 2.5도 상승할 것으로 예상한다.

나는 이 책의 시제를 미래형으로 쓸 수도 있었지만, 그렇게 하면 지나친 비관론으로 비칠 것이다. 내가 이해한 바로 여기서 핵심은 경험적 근거에 기반한 사려 깊은 현실주의다. 발터 벤야민(Walter Benjamin)의 말을 빌리자면, 나는 상황을 냉철하게 관찰하는 데서 생겨난 비관주의를 "조직화"하는 데 이바지하고 싶다.[17] 즉, 기후 변화에 대한 부적절한 대응 뒤에 숨은 메커니즘을 더 잘 이해할 수 있도록 도와주는 개념적 구조를 만들어보고자 한다. 여기에는 또한 위험이 증가한다고 해서 구원이 이뤄지는 것은 아니라는 깨달음과 우리가 잃게 될 것에 대한 전반적인 애도가 커지는 것도 아니라는 인식이 포함된다.[18] 이런 현실적인 관점이 정치적 행동을 바꾸는 데 자극을 주고, 이 지구상의 변화된 생활 조건에 따른 결과를 정신적으로 수용할 수 있게끔 하리라는 사실이 희망으로 다가온다. 세계는 더욱 심각한 지구 온난화를 향해 나아가고 있다. 자연과 인간에게 미치는 영향은 엄청나겠지만, 사전에 이를 정확하게 특정할 수는 없다.

기후 변화의 사회적 결과는 여러 요인이 복합적으로 작용하기 때문에 사회과학으로도 예측할 수 없다. 기껏해야 다양한 시나리오를 개발하고 검증하는 방법밖에 없다. 나의 시나리오는 문명의 붕괴를 그리지는 않지만, 기후 변화가 진행되면—일반적으로 말하는—'사회적 스트레스'와 그에 따른 사회적 갈등이 더욱 심해질 것이라고 가정한다. 심각한 경제적·정치적·사회적 혼란이 동반되리라는 것을 생각해야 한다. 물론 지역에 따라 다르게 전개되겠지만, 사회는 전반적으로 더욱 심각해지는 분배와 관련된 갈등으로 혼란에 빠질 것이다. 온도가 섭씨 2도 혹은 섭씨 2.5도 상승한 세계에서 상당한 부를 훼손된 기후 재건에 지출해야 한다면, 민주적 사회 질서 혹은 적어도 평화로운 공존을 유지하기가 훨씬 더 어려워질 것이다. 금융 위기나 팬데믹과 달리, 기후와 관련된 피해는 돌이킬 수 없으며 그 위험은 영구적이다. 그 세상은 오늘날보다 더 가난할 것이다. 더 큰 고통이 존재할 테고, 그 고통의 분배 또한 매우 불평등할 것이다.

그리고 자본주의는 여전할 것이다. 기후 위기에 직면해서도 "자본주의의 종말"[19]은 오지 않을 테니 말이다. 이 위기는 경제 체제의 위기가 아니기 때문이다. 기업은 오히려 변화된 기후 조건에서 새로운 사업 기회를 많이 얻을 것이다. 기온이 올라갈수록 냉방 시설 판매는 증가하고, 새로운 작물을 개발해야 할 것이다. 태양광 시스템을 제작하고 설치해야 하며, 댐을 건설해야 한다. 녹색 전환과 기후 변화는 아이러니하게도 기업에 엄청난 기회를 제공한다. 아마도 우리는 자본주의적 근대의 새로운 변화를 경험할 가능성이 매우 높으며, 이는 에너지 공급의 탈탄소화와 변화한 기후 조건에 맞춰 조정된 새로운 사회경제 체제로의 거대한 경제적 전환 과정에서 나타날 것이다. 적어도 고도로 발전한 산업 국가들에서는 말이다. 이와 같은 방향 전환은 한 치의 오차도 없이 이익과 권력의 이해관계, 정치 및 문화 구조가 허용하는 범위와 방식 내에서 이루어질 것이다. 이윤 극대화를 향한 경제 활동의 방향도, 성장의 필요성에 대한 근본적인 의문도 제기되지 않을 것이다. 또한 과소비와 글로벌 불평등에 대한 의문도 제기되지 않을 것이다. 오히려 이익 창출은 냉정한 기준을 요구할 것이다. 이것이 기온이 섭씨 2.5도 상승한 세상에서 안정적인 사회정치적 질서와 양립 가능한지는 전혀 확실하지 않다. 이런 세상에서는 지속적인 성장을 지향하는 자본주의적 근대와 인간 삶의 자연적 토대가 파괴되는 결과 사이의 모순이 점점 극명하게 드러날 것이기 때문이다.

그러나 이 책에서 미래 예측은 단지 주변적인 문제일 뿐이다. 앞서 언급했듯 이 책의 초점은 기후 변화에 대한 사회의 부적절한 대응에 맞춰져 있다. 나는 경제적·정치적·문화적 과정들을 살펴보면서 이를 보다 잘 이해하는 데 도움을 주고 싶다. 내가 기후 변화에만 초점을 맞추고 환경 오염과 생물 다양성 손실 같은 기타 환경 위기 문제들을 간략하게 다룬다고 해서 결코 그 문제가 가볍다는 의미는 아니다. 오히려 여기서 검토한 여러 측면을 고려하면, 기후 변화가 생태적 위기 전반에 대한 대응의 본보기 역할을 한다고 생각한다. 우리가 까다로운 문제라고 여기는 범주에는 여타 다양한 생태적 위기와 함께 기후 변화가 포함된다.[20] 까다로운 문제라는 것은 간단한 해결책이 없다는 의미다. 오존층에 구멍이 생기는 것과 같은 수월한 문제가 아니다. 여기에는 비교적 간단한 조치로 해결할 수 있는 명확한 원인이 있다. 예를 들어, 냉장고에 사용하는 수소불화탄소를 대체하는 것이다.[21] 기후 변화는 간단한 문제가 아니다. 다양한 단계에 걸쳐 복잡한 상호 의존성과 딜레마를 갖고 있어 만능 해결책이 통하지 않는다. 모든 까다로운 문제처럼, 더욱 능숙하게 접근하고 부분적 해결책을 찾기 위해서는 단계적으로 접근해야만 실용적인 방법을 모색할 수 있다. 따라서 이 책은 "상황이 심각합니다. 이를 극복할 수 있는 10가지 제안은 다음과 같습니다" 따위의 간단한 메시지를 담고 있지 않다.

그 대신 경제·정치·사회의 프로세스를 조명하고, 이러한 프로세스의 근간을 이루는 기본 메커니즘이 기후 변화에 대한 대응을 어떻게 차단하는지 보여줄 예정이다. 이를 위해 나는 기업·정치인·국민·소비자들이 서로 충돌하면서도 동시에 서로 의존하며 각자의 서비스를 통해 상호 이익을 얻는 간단한 모델을 조명하겠다. 그들은 자신의 성과를 이루고 갈등을 해결하는 데 인간 공동체의 자연적 기반이 파괴되는 것을 상당 부분 감수한다. 자연은 스스로의 목소리가 없어 자신을 '방어'할 수 없다. 내가 볼 때, 기후 위기에서는 자본주의적 근대의 작동 방식과 자연적 삶의 기반을 유지하려는 노력 사이에 극복할 수 없는 모순이 드러날 것이다. 내가 언급한 사회적 영역에서 이러한 모순을 분석하는 것은 이 같은 혼란스러운 상황에서도 우리가 어떻게 현명하고 책임감 있게 행동할 수 있는지에 대한 통찰을 넓히는 데 그 목적이 있다.

2장에서는 우선 논의의 기초를 마련한다. 기후 위기에 직면해 기업·국가·국민 그리고 소비자들의 행동을 결정짓는 자본주의적 근대에서 확산되는 제도적·문화적 메커니즘을 설명한다. 그리고 3장, 4장, 5장, 6장에서는 기업·국가·소비자들에게 그 메커니즘이 실제로 어떻게 구현되고, 그것이 기후 변화에 어떤 부적절한 대응으로 이어지는지 살펴본다. 7장과 8장에서는 생태 위기를 '녹색 성장' 체제를 통해 해결할 수 있다는 널리 퍼진 생각을 다룬다. 에너지 소비의 탈탄소화가 매우 중요하다는 사실을 부정하는 것은 아니지만, 지속적 성장을 목표로 하는 경제 체제하에서는 왜 이 방식도 적절한 대응으로 이어지지 않는지 설명할 것이다.

마지막으로, 9장에서는 우리가 취할 수 있는 조치를 살펴본다. 염려로 가득한 내 현실주의가 체념으로 이어진다는 것은 결코 아니다. 그렇다. 지난 30년간 실행된 여러 기후 정책 조치는 미흡했다. 하지만 일관되게 실행한다면 지구 온난화는 아마 섭씨 2.2~2.9도로 유지될 것이다. 그렇지 않을 경우 섭씨 3.6~4.2도로 오를 수 있다는 점을 생각하면, 이는 아무것도 아닌 게 아니다.[22] 이 책 뒷부분에서는 자본주의적 근대 상황에서 기후 보호를 가능한 한 효과적으로 촉진하는 방법 그리고 사회가 변화된 기후 조건 내에서 삶에 적응하는 방법을 생각해볼 것이다. 앞서 언급했듯 온실가스 배출 감소는 분명 중요한 결과다.[23] 기후 변화 결과는 서서히 나타날 수 있으며, 그 영향이 더 미미할 수도 있다. 그렇게 되면 시간을 확보할 수 있고, 그러는 동안 사회적·기술적 조건이 변할 가능성도 있다. 또 앞으로 다가올 일에 더 잘 대비하기 위해 예방 조치를 취할 수도 있다.[24]

이 주제와 관련해 사회과학의 역할은 우리가 기후 변화를 그 자체로 멈추는 데 성공할 가능성이 적다는 사실을 간과하지 않으면서도, 정치적으로 중요한 출발점을 가려내는 데 있다. 자본주의적 근대 사회는 자연과의 관계를 결정하는 집단적인 사회적 과정에 어떤 영향을 미칠 수 있는가? 결국은 경제·정치·사회 분야에서 기후 변화 대응의 중요성을 강화하고, 한정적인 자원의 사용과 분배를 재조정하는 것이 그 본질이다. 이는 기후 변화로 인해 정치적으로나 사회적으로 더 불안정해질 거라고 예상되는 세상에 엄청난 도전일 것이다. 그 이유는 기후 변화 영향에 대처하기 위한 자원이 증가할 것이기 때문이다. 이 과정에서 온실가스 감축을 위한 자금 조달과 기후 변화에 따라 변화된 생활 조건 사이의 균형을 맞춰야 할 것이다. 또 기후 정책 전반에 대한 지출과 셀 수 없을 정도로 다양한 사회적 과제에 대한 자금 조달도 잘 따져봐야 한다. 그러한 사회적 과제는 낡은 학교부터 손상된 교량까지, 제대로 배치할 수 없는 군수품부터 자금이 턱없이 부족한 공공 의료 시스템에 이르기까지 무수히 많다. 자금뿐만 아니라 사회의 정치적·도덕적 자원을 동원하는 것도 문제다. 이는 지속 가능한 변화에 시동을 걸고 섭씨 2도 이상 상승한 세상에서 필요한 사회적 탄력성을 구축하는 데 필요하다.

자본주의적 근대

오늘날 기후 위기에 대처하는 행동을 결정짓는 사회 구조는 지난 500년 동안 형성되었다. 경제사학자들은 자본주의적 근대 구조가 15세기 후반부터 일부 지역에서 어떻게 발전했는지 설명하며 처음에는 서서히, 하지만 시간이 지날수록 숨이 막힐 듯한 역동성을 갖게 되었다고 주장한다.[1] 생산·상업·금융의 허브가 이탈리아 북부, 프랑스, 영국, 네덜란드에서 형성되었는데, 이들은 이미 전 세계적 연결망으로 이어진 경우가 드물지 않았다. 이와 동시에 대부분의 사람들은 여전히 농업과 지역을 기반으로 이루어지는 경제에 의존했다. 초반에는 이 새로운 경제를 접한 인구가 소수에 불과했다.[2]

이러한 초기 자본주의 단계의 핵심은 농경 공동체가 사용하는 토지에 이른바 '구획화' 방식으로 울타리를 쳐서 개인 소유권을 확대하는 것이었다. 이전에는 공동으로 경작하던 땅이 토지 소유자의 사유 재산이 되자, 농촌 인구 상당수가 종속적인 농업 노동자나 떠돌이 일용직 노동자로 전락했다. 이들은 당시 새로 생겨난 제조업 공장, 그리고 나중에는 산업 도시의 공장에서 필요한 노동력이 되었다.[3] 임금 노동의 가용성은 자본주의 경제 발전의 핵심적 전제 조건이다. 두 번째 중요한 변화는 강제로 정복한 아메리카, 아프리카, 아시아 영토에서 착취한 부를 축적한 것이다. 아메리카 대륙에서 노예 제도를 도입하고, 식민지의 자원과 노동력을 착취해 판매 시장으로 활용했다. 이는 18세기 말에 시작된 산업화의 전제 조건이던 유럽의 자본 형성을 촉진했고, 다시금 화석 연료 소비의 엄청난 증가를 가져왔다.[4]

산업화와 함께 자본주의적 근대는 본격적으로 심화하고 확장되기 시작했다. 이 시점부터 임금 노동, 식민 지배, 기술적·제도적 혁신에 기반한 시장 관계가 확대되었으며, 이는 엄청난 규모의 화석 연료를 통해서만 가능했다.[5] 이로써 북반구에서는 지금까지 경험하지 못했던 부를 축적하고, 에너지 소비 또한 증가했다. 이보다 조금 앞서 진보, 평등, 개인의 자결권을 비롯해 현재까지도 자연을 바라보는 시각에 영향을 미치는 근본적인 문화적 변화가 일어나기 시작했고, 이로써 오늘날에도 여전히 지배적인 정치적·규범적 원칙들이 생겨났다.

시장 구조의 확장과 이러한 문화적 변화는 자연을 대하는 우리의 방식을 결정한다. 내가 말하는 자본주의적 근대는 다음과 같은 두 가지 특징을 지닌 사회 모델을 의미한다. 하나는 시장에 기반한 이윤 지향적 경제 구조, 다른 하나는 개인주의의 정치적·문화적 구성 요소와 진보에 대한 믿음이 얽혀 있는 경제 구조다. 이 두 가지 측면은 성장, 자원 추출, 개인의 자율성에 맞춰진 오늘날의 사회 구조와 결합되어 있다. 따라서 근대 사회가 자연적 삶의 기반을 파괴하는 이유에 대한 답을 얻기 위해서는 자본주의적 근대의 경제적·정치적·문화적 측면도 고려해야 한다. 이러한 문제는 경제·정치·사회 조직에서 명백하게 드러나며, 기후 변화에 따른 실패의 위기로 이어지는 딜레마를 형성한다.

자본주의 **경제** 발전에서 상품, 화폐, 노동의 분배 기관으로서 시장의 확대는 필수적이다. 자본주의적 근대에서 시장과 경쟁 자체가 새로 생겨난 개념은 아니다. 하지만 전근대 사회에서 시장은 특정 재화의 교환에 국한되었고, 공동체의 결속력을 저해하는 위험으로 간주되어 사회적으로 강도 높은 규제를 받았다.[6] 사회학자 막스 베버(Max Weber)는 교환이란 "본래 이방인, 즉 적과의 사회화"라고 기술했다.[7] 새로운 점은 시장의 일반화, 즉 시장의 물질적·공간적·시간적 확장과 특히 시장 메커니즘에 화폐와 노동력이 대대적으로 포함되었다는 것이다. 또한 시장의 포괄적인 글로벌 네트워크가 새롭게 추가되었다. 이는 이미 수 세기 전부터 존재해왔지만, 19세기에 이르러서야 광범위한 경제 현상이 되었다. 세계화된 경제가 전 세계 거의 모든 지역에 스며든 것은 20세기 들어서다—하지만 중국의 발전과 동유럽 국가들(옛 사회주의 국가들)의 변화를 생각하면, 오히려 이는 최근 30~40년 동안에 벌어진 현상이라고 할 수 있다.[8]

자본주의는 경제 활동을 결정짓는 새로운 메커니즘을 형성한다. 사유 재산권은 개인이 이윤을 획득할 수 있게 하고, 사회를 계급 사회로 구조화한다. 상법은 투자자의 책임을 제한할 수 있으며, 개별적으로 부담해야 할 위험의 제한을 허용한다. 또한 표준화된 새로운 형태의 기업 조직은 경제 활동 확장에 중요한 전제 조건이다.[9] 국가 건설, 무역 협정, 식민지 지배는 시장의 접근을 보장하고 이를 통해 전문화, 원자재 확보, 대규모 생산 구조 구축, 판매 시장 개방을 통한 경제적 확장을 가능케 한다. 이와 동시에 경쟁은 행위자들을 끊임없이 혁신 과정으로 이끈다. 혁신을 통해 경쟁자에게 뒤처지지 않도록 해야 한다. 혁신을 따르지 않는 기업은 시장에서 살아남을 수 없다. 경제학자 조지프 슘페터(Joseph Schumpeter)는 이를 "창조적 파괴"라고 표현했다.[10] 이는 혁신과 성장을 기반으로 한 멈출 수 없는 역동성을 경제 체제에 도입하는 것을 의미한다. 이 과정은 또한 기업 활동의 대출 금융을 통해 강제되며, 미래를 앞서 가져오는 방식으로 기업의 확장을 가능케 한다. 하지만 동시에 차입 자본의 이자를 지급해야 하므로 끊임없는 성장을 요구한다. 자본가에게 투자는 자본을 늘릴 수 있는 기회를 의미하며, 이는 애초에 자본을 경제 과정에 투입하는 유인책이다.

경제의 이런 제도적 변화에서 국가 엘리트들은 결코 배제되지 않았다. 오히려 중심적 역할을 했다. 유럽의 근대 국가는 초기에 국민 경제 영역을 창출하고, 교통망을 구축하고, 도량형을 확립하고, 길드의 특권을 폐지하고, 표준화된 화폐 시스템을 구축함으로써 자본주의적 근대 경제 발전의 기틀을 마련했다.[11] 전 세계적으로 근대 경제는 국가의 억압과 총포로 시작되었다. 아시아 같은 20세기 신흥 자본주의 경제에서 국가의 통제 역시 매우 중요하다.[12] 마지막으로 중요한 점은 현대 과학이 자본주의적 근대 발전에 이바지했다는 것이다. 그 시작은 산업자본주의가 아직 존재하지 않았던 16세기로 거슬러 올라간다.

자본주의 경제는 그 제도적 구조상 무한히 확장할 수 있도록 설계되어 있다. 이 경제 체제는 지속적인 토지 수탈, 즉 끊임없이 새로운 지역과 새로운 대상, 다른 행위자 및 다른 미래, 이윤 창출의 역동적 메커니즘을 편입하면서 실현된다.[13] 물론 경제 위기가 발생해 가끔 중단되곤 했지만, 역사적으로 유일무이한 무한 성장 체제가 탄생했다. 기술 발전은 자원과 노동력의 활용 과정을 가속화하고 확장할 수 있어 매우 중요하다. 국가의 지원은 경제 활동을 보장한다. 하지만 이 체제의 원동력은―앞서 언급했듯―경제 활동을 자본 증식의 논리에 맞춰 조정하는 데 있으며, 이는 개인의 재산권을 바탕으로 한다. 자본주의 경제 체제에서 경제 활동은 의류·휴가·이동에 대한 특별한 요구를 충족해야 하기 때문이 아니라, 자본가들이 그런 활동을 통해 자신의 부가 증식되길 기대하기 때문에 시작되었다. 관리자들은 자본가를 대신해서 수익성 있는 새로운 투자 기회를 찾기 위해 전 세계를 샅샅이 뒤지고 있다. 따라서 경제 체제의 구조에서 끊임없는 변화와 성장을 추구하는 압박이 발생한다.

경제적 번영을 창출하는 데 있어―적어도 북반구에서는―이런 경제 형태는 역사적으로 독특한 성공 사례다. 경제적 부의 장기적 발전을 살펴보면 사회는 수 세기 동안 거의 정체되어 있었고, 19세기 들어 세계 경제가 가파르게 상승했음을 알 수 있다. 사회에서 부가 항상 동일하게 유지되었던 것은 아니며, 번영의 국면과 경제적 쇠퇴의 국면이 반복되었다. 하지만 산업 혁명 이후 부의 발전을 비교하면, 이런 변화는 거의 미미한 수준이며, 이는 지난 200년간의 경제 발전이 갖는 역사적 특수성을 강조한다(그림 3 참조).

자본주의에 만연한 노동자(그리고 그 가족)에 대한 착취와 부의 불평

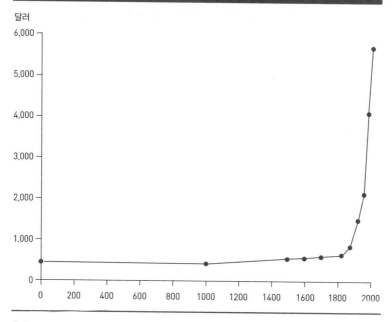

출처: Angus Maddison, *The World Economy. A Millennial Perspective*, OECD, Paris 2001, S. 264 (그림 B–21).

등한 분배는 일찍부터 비판을 받았다. 찰스 디킨스(Charles Dickens)와 카를 마르크스(Karl Marx)를 비롯한 수많은 작가와 과학자들의 저서가 오늘날까지도 이를 입증하고 있다.[14] 적어도 최근까지 두 번째 형태의 착취, 즉 자연에 대한 착취는 그다지 관심을 끌지 못했다.[15] 자원은 상품 생산에 없어서는 안 될 필수 요소이며, 경제 성장은 점점 더 큰 규모로 자원을 흡수한다. 동시에 자본주의 시장에는 자원 착취의 결과로 생기는 생태적 피해를 다루는 메커니즘이 없다.[16]

성장에 필요한 끊임없는 '창조적 파괴' 과정은 오늘날 사회의 부를 구성하는 제품과 서비스를 생산하기 위해 이전 사회에서는 전혀 알지 못했던 규모로 자원을 사용하는 것과 같다. 토지와 지하자원, 동물과 식물, 공기와 물이 더 많은 상품과 서비스를 생산하기 위해 점점 더 많이 사용된다. 지난 30년 동안 전 세계 물질 소비량은 3배 증가했는데, 이는 과학자들이 자원 활용에서 지구의 한계로 간주하는 수준을 훨씬 초과한 것이다.[17] 자연에 대한 개입은 끊임없이 발전하는 기술 덕분에 점점 더 효율적이고 광범위해지고 있다. 자원 사용 확대는 식민주의와 밀접한 관련이 있는데, 식민지가 필요한 원자재와 농산물의 값싼 공급처로 무자비하게 착취당했기 때문이다. 이런 시스템은 탈식민주의 조건하에서도 오늘날까지 지속되고 있으며, 기후 변화에 대한 부적절한 대응을 설명하는 데 매우 중요하다. 이에 대해서는 나중에 설명할 예정이다.

자본주의 근대에서 부의 발전에 필수적인 것은 화석 에너지원 사용의 엄청난 확장이었다. 대규모 석탄 채굴에 이어 석유와 가스를 추출한 것이 대량 생산을 위한 기계 사용과 상품의 광범위한 운송을 가능케 했으며, 이를 통해 자본이 엄청나게 증가했다. 석탄이 없었다면, 19세기의 증기 기관도 증기선도 철도도 존재할 수 없었을 것이다. 석유가 없었다면, 20세기의 자동차도 비행기도 승리의 행진을 이어갈 수 없었을 것이다. 1900년의 전 세계 화석 에너지 소비량을 석유로 환산하면 약 10억 톤이며, 현재는 그 14배에 달한다(그림 4 참조).[18] 기계적으로 변환된 에너지 사용의 증가 없이는 경제 발전도 없다. 이는 오늘날까지 사실이다. 에너지 없이는 사회의 번영을 이끄는 기계가 작동하지 않는다. 에너지가 부족한 만큼 그 사회는 빈곤한 상태로 남아 있

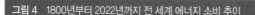

그림 4 1800년부터 2022년까지 전 세계 에너지 소비 추이

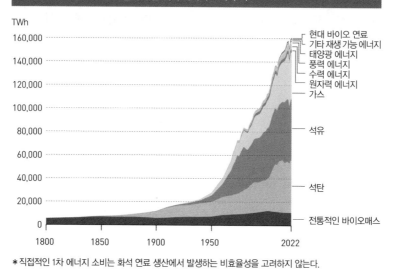

TWh

현대 바이오 연료
기타 재생 가능 에너지
태양광 에너지
풍력 에너지
수력 에너지
원자력 에너지
가스

석유

석탄

전통적인 바이오매스

1800　1850　1900　1950　2022

＊직접적인 1차 에너지 소비는 화석 연료 생산에서 발생하는 비효율성을 고려하지 않는다.

출처: Energy Institute Statistical Review of World Energy (2023), OurWorldInData.org/energy, 2023년 10월 14일 접속.

을 수밖에 없다.

경쟁 메커니즘과 시장자유주의, 효율적인 금융 시스템, 생산과 운송의 기계화, 분업, 엄격한 산업 생산 과정을 위한 노동력 동원 같은 발전이 없었다면 지난 200년간의 엄청난 성장은 불가능했을 것이다. 번영의 증대가 가져온 놀랍고도 인상 깊은 효과는 다음과 같다. 즉, 화석 연료의 연소가 지속적으로 확대됨에 따라 대기 중 이산화탄소 함량이 늘어나 지구가 계속 뜨거워지고 있다. 대기 중 이산화탄소 함량은 산업화 이전의 300ppm 미만에서 2022년 417ppm 이상으로 증가했다. 과학자들은 우리 문명의 지속성을 보장하고 심각한 지구 환경의 변화를 피하기 위해 최대 허용량을 350ppm으로 정했는데, 이 한도를 이미 1990년대에 넘어섰다.[19]

하지만 순전히 경제적인 관점에서만 보면, 모든 생태적 피해에도 불구하고 화석 연료 사용은 여전히 수익성이 높다. 이는 자연 파괴 비용이 기업의 투자 분석에서 제외될 수 있는 한 계속 그렇다. 기업은 투자에서 기대되는 예상 이익과 이와 관련한 위험을 토대로 결정을 내린다. 이익은 매출에서 생산 비용을 뺀 값이다. 생산 비용에는 원자재, 중간재, 기계, 자본 및 노동력이 포함되지만 환경 파괴 비용은 그렇지 않다. 생산 과정에서 대기 중으로 방출되는 이산화탄소는 피해를 유발한다. 하지만 이와 같은 피해를 해결하는 비용은 투자 수익성을 계산하는 데 아무런 영향도 미치지 않는다. 독일 사회학자 니클라스 루만(Niklas Luhmann)은 "시장은 자연환경의 상태를 사회에 알리지 않는다"며 이 문제를 지적한 적이 있다.[20] 경제 활동이 환경에 미친 부정적 결과를 가격에 반영하지 않는 한 이로 인해 초래된 파괴를 경제는 인지하지 못한다. 재무 관리자 스티브 웨이굿(Steve Waygood)의 말을 빌리자면, 기후 변화는 "역사상 가장 큰 시장의 실패"다.[21] 경제 주체들이 강제적 규제를 통해 환경에 미치는 영향을 고려한 조처를 취하지 않는다면, 시장의 신호에 따라 움직이는 그들 각각의 합리적 행동은 기후 변화라는 연대적 재앙을 초래하는 결과로 이어질 수 있다.

이산화탄소 농도와 그에 따라 나타날 수 있는 기후 영향 사이의 상관관계를 설명한 최초의 과학적 논문은 일찍이 19세기에 발표되었다.[22] 20세기 후반에 과학자들은 이 현상을 더 잘 이해하기 시작했다. 그리고 1972년에 나온 로마 클럽 보고서는 무한한 경제 성장이 유한

한 자연에 맞서고, 자연을 기반으로 한 삶의 터전을 보존하는 것과 양립할 수 없다는 사실을 일반 대중에게 천명했다.[23] 그 당시가 기후 변화를 막기 위해 화석 연료 사용을 획기적으로 줄일 적기였을 것이다. 하지만 그런 일은 일어나지 않았다. 오히려 석탄, 석유, 가스를 계속 사용함으로써 연간 온실가스 배출량이 계속 증가했다. 그 이유를 찾아내는 것은 어렵지 않다. 자본주의 경제는 위에서 설명한 당위성을 갖고 성장하기 때문이며, 환경 파괴는 에너지 절약을 통해 비용을 절감하는 등 경제적 유인책이 존재할 때에만 고려될 뿐이다. 또한 자연 훼손을 줄이려면(우리가 원하는 바다) 외부의 자연 보호 메커니즘을 경제 체제에 도입해야만 한다. 이러한 메커니즘에는 규제를 통한 환경 보호 의무, 공해 방지법처럼 정치적 배경에서 만들어진 시장 및 소비자 선호도의 변화 등이 포함된다.

기후 보호는 비용 요소다. 이윤의 극대화를 지향하는 경제에서 기업은 이런 비용을 가능한 한 제거하려고 노력한다. 이러한 비용이 포함되면 수익이 줄어들거나 투자 수익성이 떨어질 수 있다. 주의 요망: 환경 비용 포함을 회피하는 것은 개별 기업가나 관리자가 비난받아야 할 도덕적 약점이 아니다. 이것은 시스템적인 문제다. '불필요한' 비용을 감내하는 기업은 경쟁에서 불이익을 받고, 주주들에게 등을 돌리고, 잠재적인 경제 성과를 포기하는 것이다. 기업 활동의 제한적인 재량권 행사와는 별개로,[24] 환경 훼손 비용을 자발적으로 포함시키는 것은 기대할 수 없다. 자유주의 시장 경제의 선구자 밀턴 프리드먼(Milton Friedman)은 50년 전에 이 문제를 다음과 같이 간결하게 정리했다. "기업의 사회적 책임은 이윤을 창출하는 것이다."[25]

그러나 자본주의적 근대는 시장 기반의 경제 체제만으로 구성되는 것이 아니다.[26] 한편으로는 **국가**와 **정치**, 다른 한편으로는 **시민**과 **소비자**가 경제 체제와 상호 작용을 하며 각자의 행동 영역을 형성한다. 이러한 행동 영역은 경제 체제와 동일하지 않으며, 그로부터 경제 체제에 대한 저항이 생겨날 수도 있다. 사회학자들은 기능적으로 분화된 사회에서는 하위 시스템들이 각자의 원칙에 따라 작동하지만, 동시에 서로 얽혀 있어 충돌할 수도 있다고 말한다.[27] 하위 시스템들은 다른 시스템의 성과에 의존하며 서로에게 영향을 미친다.

이를 어떻게 봐야 할까? 국가와 소비자 모두 경제 체제에서 생산하는 재화와 서비스 또는 세수 및 노동 소득의 형태로 유입되는 돈이 필요하다. 동시에 기업은 기꺼이 일하고 소비하는 국민이 필요하며, 이들이 사유 재산과 경제력을 기본적으로 수용하는 것에 의존하고 있다. 또한 기업은 국가와 정치가 제공하는 법적 규범이 필요하며, 이는 기업의 행동을 조정하고 생성된 부의 분배를 결정하는 데 도움을 준다. 이뿐만 아니라 정치 체제는 사회의 공존 구조를 형성한다. 반대로 정치 체제는 권력의 안정적 행사를 위해 국민의 동의에 의존한다. 민주주의 사회에서 이와 같은 정당성은 권력을—선거에서의 득표 및 대중의 광범위한 참여와 결부된—(증가하는) 국민 소득과 연결함으로써 확보된다. 정치학자들은 투입과 산출의 정당성에 대해 말한다.[28] 경제와 국가는 사회적 합의를 필요로 하며, 그렇지 않으면 "사회적 무질서"(에밀 뒤르켐)나 "저항 운동"(칼 폴라니)으로 이어질 것이다.

자연을 파괴하는 온실가스 배출에 대한 부적절한 대응을 이해하기 위해서는 자본주의 경제 체제 자체의 기능적 논리뿐만 아니라 경제,

국가, 국민의 관계도 고려해야 한다. 하지만 이런 다양한 행동 영역이 동일한 영향을 미치는 것은 아니다. 자본주의적 근대에 대해 말하자면, 이는 경제 체제가 다른 영역에 비해 우위에 있다는 것을 표현한다. 이는 사회의 모든 영역에서 유일무이한 중요성을 지닌 물질적 부의 생산과 관련한 성과 및 글로벌한 영향력에 기반을 두고 있다.[29] 국가는 세수 없이 존재할 수 없고, 국민은 근로 소득을 기반으로 생계를 유지한다. 동시에 경제 생산으로 이어지는 투자를 결정하는 것은 자본 소유자와 금융 시장이다. 그들은 전 세계를 무대로 이와 같은 행동을 할 수 있으며, 이로써 그 어떤 사회 시스템도 갖추지 못한 유연성과 영향력을 갖고 있다. 시장 경제에서는 경제와 금융 시스템에서 권력이 생긴다. 그러나 이는 절대적이거나 침해할 수 없는 권력이 아니다. 비판할 수 있고, 국가가 원칙적으로 제한할 수 있는 권력이다.

경제, 국가, 국민(시민과 소비자라는 의미에서)의 구분은 자본주의적 근대의 권력과 유인책 구조의 얽힘을 분석할 수 있는 틀을 제공하는데 (그림 5 참조), 나의 논문에 따르면 이것이 기후 변화에 대한 부적절한 대응의 원인이다.

특히 미래 세대를 위해서 삶의 자연적 기반을 보호하는 것과 관련해, 공공의 복지에 헌신하는 국가가 법적 규제를 통해 기업이 초래하는 환경 비용을 피하거나 이를 감당하도록 의무화할 수 있다고 가정하는 것은 순진한 생각이다. 시장 실패는 실제로 그러한 국가 개입을 정당화하며, 언뜻 훌륭한 조치처럼 보인다. 하지만 다른 한편으로 지난 수십 년간의 경험은 정치적 개입이 기후 변화를 멈추는 데 충분하지 않았을뿐더러 아에 그런 목표가 있었는지조차 확실하지 않다.

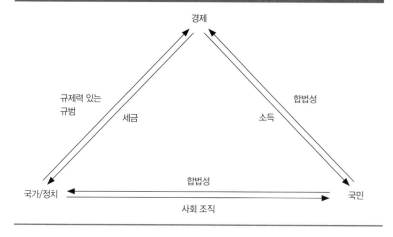

그림 5 　경제, 국가, 국민

경제

규제력 있는
규범

세금

합법성

소득

국가/정치

합법성

국민

사회 조직

　그래서 우리는 환경법의 모든 원칙에도 불구하고 암묵적으로 일어
난 기후 위기가 역사상 가장 큰 국가적 실패라고 말한다. 이 국가적
실패 원인에 대해서는 다음 장에서 자세히 설명하기로 하고, 여기서는
경제의 힘뿐만 아니라 (민주적인) 정치적 과정의 작동 방식과 국민 및
소비자의 행동하고도 관계가 있다는 것 정도만 언급하겠다. 기업의 행
동력이라는 관점에서 보면, 기업은 비용을 증대시키는 규제에 맞서기
위해 로비 활동으로 스스로를 방어한다. 기업은 이윤 창출 목표를 달
성하기 위해 이와 같은 비용을 수용하는 의무를 회피하는 데 영향을
미치려 한다. 이것이 불가능할 경우에는 낮은 비용을 유지 혹은 지연
시키려 노력한다. 그 대가로 그들은 정치적 결정에 적극적으로 대응하
는 능력뿐만 아니라, 경제 성장에 대한 국가와 국민의 의존성에서 파
생된 구조적 권력을 갖게 된다. 국가 규제로 지나치게 제약을 받는다

고 느끼는 기업은 투자를 지연시키거나 다른 나라에 투자하겠다고 위협할 수 있다.[30] 글로벌 경제 체제의 장점이 바로 이것이다. 기업은 자신에게 유리해 보이는 법적 조건을 갖춘 장소를 선택한다. 최근 수십 년 동안 세계화되고 자유화된 경제에서 특히 대기업들이 잘 활용하는 전략이다.

그러나 대부분 그와 같은 직접적 위협은 필요하지 않다. 국가의 책임자뿐만 아니라 국민도 경쟁력 있는 경제 구조와 기업이 갖는 힘의 중요성을 알고 있기 때문이다. 경쟁력이 높아지면 세수가 증가해 국가가 더 수월하게 하고자 하는 바를 실행할 수 있고, 좀더 안정된 좋은 일자리가 생겨 가계 소득에 도움을 준다. 국가는 또한 돈을 빌릴 수 있는 민간 투자자가 필요하다. 따라서 선거를 통해 정치적 정당성을 얻는 정치인들은 규제를 피하려는 유혹에 노출된다. 그들은 기업이 '화'를 내거나 국민이 환경 파괴 비용을 내면화하는 걸 막으려 한다. 게다가 기후 변화로 인해 늘어나는 피해는 국내총생산(GDP)의 감소로 나타나지도 않는다.[31]

기후 피해 외재화의 부정적 결과가 먼 미래로 미뤄지거나 그 영향이 다른 곳에서 나타난다고 여기면, 경제·국민·시민 모두에게 기후를 효과적으로 보호하기 위한 **물질적** 유인책이 없다. 이는 노동 운동 투쟁과 구별된다. 노동 운동에서는 자본과 노동 사이에 갈등이 존재하고—국가의 개입으로—협상이 이루어지며, 기업은 임금 인상이나 근로 시간 제한 등의 형태로 양보해야 한다. 하지만 기후 보호에서는 기업, 국가, 국민 간의 물질적 이해 충돌이 없다. 모든 이해 당사자는 환경 파괴의 비용을 무시하거나 그 해결을 불확실한 미래로 미룬 채 합의하기 쉽다. 자연 자체는 입법에 관여할 발언권이 없으며, 파업으로 목소리를 낼 수도 없으니 말이다.

그렇다면 **이상적인** 이익은 무엇인가? 어쨌거나 1970년대 이후부터 많은 국가에서 환경 파괴 중단을 요구하는 사회적 저항 운동의 일환으로 강력한 정치적 목소리를 내왔다. 최근 몇 년 동안 이런 운동은 '미래를 위한 금요일(Fridays for Future)' '마지막 세대(Letzte Generation)' '멸종 저항(Extinction Rebellion)'이라는 이름으로 기후 보호 문제에 초점을 맞추고 있다. 그들은 미래 세대를 대신해 정치적 규제를 요구하고, 도덕적·기능적 논리에 따라 기업과 소비자의 행동 및 국가의 무관심을 비판한다.

이런 움직임은 정치적으로 무력하지 않다. 정당성은 권력 행사에 필요한 자원이며, 특히 국가뿐만 아니라 기업은 정당성이 위협받을 때 대응해야 한다. 하지만 사회 운동은 이익의 극대화를 추구하는 기업들의 저항, 경제적 번영에 의존하는 국가의 미온적 입장, 자신의 일자리와 익숙한 소비 생활 및 삶의 방식을 걱정하는 국민의 반발에 직면한다. 물질적 이익과 비물질적 이익 사이의 갈등은 대부분 정치적 타협으로 변질된다. 최근 수십 년 동안 이런 정치적 갈등의 결과로 기후 보호를 위한 규제가 강화되고, 기후 친화적인 경제 관행이 장려되었다. 하지만 이런 조치는 기후 파괴의 '한정된 일정'에 적절히 대응하기엔 너무 소극적이다.

이미 지적한 바와 같이 자본주의적 근대는 경제 체제의 기능적인 면과 국가·국민·소비자 간 행동 논리 및 상호 연결성의 측면에서만 설명할 수는 없다. 기후 변화에 대한 반응과 관련된 제도적 구조의 작동을 이해하려면 문화적 요소도 중요하다. 자본주의적 근대의 문화적 정체성은 주로 계몽주의 시대에 형성되었으며, 그 뿌리는 르네상스와 심지어 고대로까지 거슬러 올라간다. 나는 인간과 자연의 관계에서 새로운 정의, 원칙적으로 열려 있는 미래에 지속적인 진보를 통해 번영을 증대시키려는 생각, 그리고 개인주의의 도덕적 규범 확립이라는 세 가지 측면을 강조하고자 한다. 이는 자본주의적 근대에서 자연을 바라보는 방식에 특히 큰 영향을 미쳤다.

경제인류학자 제이슨 히켈(Jason Hickel)은 최근 **첫 번째** 문화적 변화에 대해 매우 명확한 설명을 제시했다.[32] 그는 우선 많은 전통 사회가 인간과 자연을 하나의 단위로 보았다는 점에 주목한다. 그들에게 자연은 스스로 생명력을 지닌 것으로 인식되었다. 인간과 자연 전체가 하나인 우주론적 틀로 이해한 것이다. 애니미즘으로 알려진 이 우주론은 근대 초기부터 계몽주의 사상가들의 강력한 반대에 부딪쳤고, 그 대안으로 인간과 자연의 끊을 수 없는 이원론적 우주론이 확산했다. 17세기 초에 철학자이자 정치가 프랜시스 베이컨(Francis Bacon)은 "자연을 고문하라!"고 요구했으며, 얼마 지나지 않아 철학자 르네 데카르트(René Descartes)는 정신과 육체를 분리해야 한다고 주장했다. 이마누엘 칸트(Immanuel Kant)에 따르면 인간의 역사와 자연의 역사는 전혀 다른 것이며, 인간의 '동물성'과 도덕성을 구별하듯 완전히 구분해야 한다. 이런 사고방식의 결과, 자연은 점점 더 도덕적 영역을 벗어나 무자비하게 착취할 수 있는 대상으로 전락했다. 낭만주의가 그랬듯 이와 같은 자연 파괴에 대한 철학적 저항도 있었지만, 결국 자연과 인간 사이의 이원론적 이해는 대체로 지배적인 사고방식이 되었다. 이후 자본주의 경제 형태에 대한 논쟁에서 사회적 불평등이 중심을 이뤘지만, 자연과의 단순한 도구적 관계는 거의 다뤄지지 않았다.[33]

두 번째 문화적 변화는 진보라는 개념으로 표현되는데, 미래에 대한 이해가 변한 것이다. 오늘날의 관점에서는 매우 이상해 보일 수 있지만, 인류 역사상 가장 긴 시간 동안 지극히 정상적인 현상이었다. 즉, 사회가 끊임없이 변화하고 성장하는 과정에 있다고 여기는 대신, 변함없고 반복적인 구조 속에 존재한다고 믿었다. 사회는 계절적·종교적으로 정의된 반복의 리듬에 따라 지배받으며, 미래는 이미 과거에 알고 있는 것의 반복에 불과하다고 생각했다.[34] 특히 역사학자 라인하르트 코젤레크(Reinhart Koselleck)는 근대 초기 유럽에서 시작된 이런 전통적인 시간 질서의 변화 과정을 분석했다. 그에 따르면 시간은 더 이상 주기적으로 반복되는 것이 아니라, 선형적으로 전진한다.[35] 미래를 미리 정해져 있지 않고 근본적으로 열려 있는 활동 공간으로 보는 것은 자본주의 근대 성장 동력을 위한 획기적인 문화적 변화였다.[36] 그 변화는 인간에 의해 이뤄지고 미래에 개선될 세상을 투영할 수 있게 해주며, 그 미래의 상태를 위해 노력하는 행동에 동기를 부여한다. 이러한 진보 개념은 물질적 생활 조건의 개선에만 국한되지 않는다. 그것은 예술의 발전뿐만 아니라 사회의 법적·규범적 발전을 포함한다.[37]

이러한 끊임없는 변화와 성장의 과정에서 발생하는 문제를 해결하기 위해 우리는 과학과 기술에 의존해왔다. 지난 200년간의 기술 발전이 없었다면, 오늘날 우리가 누리는 번영은 절대 이루지 못했을 것이다. 기술 발전 덕분에 생산 공정의 효율성을 높일 수 있었다. 오늘날 우리를 둘러싼 거의 모든 제품의 생산이 200년 전에는 존재하지 않았던 기술을 기반으로 이루어졌다는 것은 두말할 나위도 없다. 석탄과 석유는 엄청난 기술적 비용을 들여 땅에서 추출해야 하고, 가스는 파이프라인을 통해 운송해야 하며, 사용 후 폐기물로 강과 바다를 오염시키는 에너지 집약적 생산 방식의 플라스틱 제품은 1930년대 고분자 화학이 발전함으로써 가능했다.

확실히, 기술의 발전은 인류에게 많은 축복을 가져다줬다. 그러나 이런 기술 발전이 존재하지 않았다면, 오늘날 우리가 직면한 규모의 환경 파괴도 없었을 것이다. 기술 발전은 우리가 인류세(人類世)라는 지질학적 시대를 이야기하게 만든 원인임에 분명하다.[38] 기술 발전은 구조적으로 무한한 성장이 필수적인 시스템의 빼놓을 수 없는 부분이며, 이는 다시 유한한 자원으로 이뤄진 자연을 기반으로 삼는다. 이런 모순적 결과가 가속화하는 생태계의 위기다.

기술 진보로 부가 무한히 증가하며 삶의 질이 향상할 것이라는 약속은 점점 더 많은 생산을 위한 문화적 원동력이 되기도 한다. 자본주의적 근대의 '엄청난 상품 집합체'는 수많은 편의를 가져다줬고, 의심할 여지 없이 많은 고통과 결핍을 제거했다. 경제 성장 덕분에 특히 북반구에서는 빈곤과 질병에 맞서 싸우고 부족한 자원을 둘러싼 갈등을 억제할 수 있게끔 해줬다. 이런 성장을 포기하는 것은 복잡한 사회의 성공적 안정화 모델을 외면하는 걸 의미한다. 그러나 이 모델에는 대가가 따랐다. 바로 화석 연료를 태우는 대가로 우리는 현재 평균 기온이 산업화 이전 수준보다 거의 섭씨 1.2도 높아진 세상에 살고 있다. 사회 질서를 이익 추구와 더 많은 재화 및 서비스 제공을 통해 구축하기로 하고, 그로 인해 발생하는 해로운 결과에 대한 책임을 회피함으로써 기후 변화도 수용한 셈이다. 이것 역시 자본주의적 근대의 문화적 정체성의 일부다.

마지막으로 **세 번째** 문화적 변화는 개인주의적 행동 규범의 확산이다. 여기에도 모순이 있다. 주관적 권리의 강화, 공동체적 규범에서 벗어난 자유, 개인주의화한 생활 방식 등 이 모든 것이 엄청난 매력을 지니며, 오늘날 많은 사람이 이것을 자유의 증대라고 주장한다. 당연히 그럴 만하다. 하지만 이런 가치 변화는 성장에 대한 압박 및 환경 피해의 외재화와 문화적으로 연결된 형제와도 같다.[39] 자본주의적 근대에서 개인성과 사회적 지위는 전적으로 재화의 소비로 결정된다. 이는 문화적으로 뿌리내린 사회적 비교 논리에 기반하기 때문에 무한히 증가할 수 있다. 즉, 많은 것을 소유하고 소비 경쟁에서 보조를 맞출 수 있는 사람만이 사회적 인정을 받는다. 소비 선택은 대다수에게 다른 많은 제약 속에서 유일하게 자유를 느낄 수 있는 영역이 된다. 여기에 규제를 통해 개입하고자 하는 사람은 누구나 저항을 예상해야 한다.[40]

또한 사회적 발전에 대한 약속이 주는 원동력이 있다. 자본주의적 근대에서 사회적 불평등은 더 이상 태어날 때 결정되지 않는다. 사회적 지위의 차이는 이제 각 개인과 그들의 행동에서 기인하며, 그들은 이에 대한 책임도 져야 한다. 많이 가진 사람은 많은 것을 성취했기 때문이다. 개인의 노력으로 사회적 상승이 가능하다는 것이다. 이러한 약속의 사회적 영향은 경제 성장의 동력을 뒷받침한다. 사회 질서는 모든 사람이 번영을 이루기 위한 경쟁에 참여해 최선을 다하도록 요구하기 때문이다. 경쟁을 제한하려는 시도는 자본주의적 근대에서 가장 중요한 약속을 배반한 것으로 간주된다. 성과주의 원칙에 대한 비판조차도 이 원칙 자체를 겨냥한 것이 아니라, 기껏해야 이것이 모든 사람에게 동등하게 적용되지 않는다는 사실에 대한 비판이다.[41]

개인주의와 자본주의적 근대 사회 질서 사이의 연관성은 보이지 않는 손이라는 비유로 가장 명확하게 표현되었다. 원래 철학자 버나드 맨더빌(Bernard Mandeville)이 고안한 이 개념은 스코틀랜드의 계몽주의자 애덤 스미스(Adam Smith)에 의해 자유주의 경제 이론의 기초를 형성했다.[42] 경제적 번영의 극대화는 결코 공동선을 지향하는 행동과 관련이 없으며, 오히려 사회 전체에 유익한 결과를 낳는 것은 시장 참여자들의 이기적 행동이라는 것이 그의 생각이다. 따라서 개인은 자신의 행동이 공동체에 미치는 영향을 도덕적으로 반성할 의무에서 벗어날 수 있다. 만약 양심의 가책이 있다면, 그것은 어떤 선한 결과가 아무런 의도 없이, 즉 저절로 생겨났다고 주장함으로써 무시된다. 여기에 개입하는 사람은 선의였음에도 불구하고 오히려 해를 끼칠 수 있다는 경고를 받는다. 시장 메커니즘을 신뢰하는 것만으로도 충분하다. 이것은 경제 활동의 환경적 결과에 대해 무관심한 것을 정당화하는 전형적인 시장자유주의적 논리다.

여기서 중요한 점은 애덤 스미스의 생각을 완전하고 정확하게 반영하는지가 아니라, 자기 이익의 추구와 도덕적으로 바람직한 결과의 결합이 그 이후의 해석에서 강력한 시장에 대한 믿음과 이기적 행동에 대한 도덕적 정당화라는 강력한 이데올로기로 나타났다는 것이다. 또한 합리주의적 행동 모델도 보편화했다. 모든 인류학적 지식으로 바라보는 바와 달리, 경제적 이기주의는 본래의 실체를 제대로 인식하지 못한다. 경제적 이기주의는— 역사적 관점에서 볼 때— 매우 제한적인 현상이 아니라, 일종의 인간 본성의 상수처럼 고정된 요소로 여겨졌다.[43] 이 이데올로기의 실질적 효과는 시장에서 만들어진 제도와 결합해 상당히 중요하다. 앞에 언급한, 밀턴 프리드먼이 기업의 사회적 책임은 이윤 창출에 있다는 발언은 자본주의적 근대의 핵심 신념을 무미건조하게 반복하는 것에 불과하다. 경제적 행동에는 개인의 이익 추구에 한계를 설정하는 집단적 이성에 따른 지침이 없다. 이로써 우리는 기후 변화가 직면한 자본주의적 근대의 무력함을 설명하는 본질적 내용을 맞닥뜨린다. 요컨대 개인적으로 합리적 행동은 기후 변화를 초래하는, 자연적 삶의 기반을 파괴하는 것으로부터 공동의 이익을 지킬 수 없다.

요약하자면 이렇다. 즉, 시장의 확대, 경쟁의 제도화, 신용 기반의 투자로 인해 강력한 경제 구조가 만들어졌다. 이는 한편으로는 지난 200년간의 엄청난 번영을 가능케 했지만, 다른 한편으로는 환경의 막대한 피해를 무시하게 만든 권력 구조와 유인책도 창출했다. 앞서 언급한 자본주의적 근대성의 경제 구조에 대응하는 문화적 요소는 인간과 자연이라는 이분법적 사고, 진보에 대한 믿음, 개인주의, 개인의 발전을 통한 사회의 통합을 들 수 있다. 경제 제도와 문화적 정체성은 서로 얽혀 있으며 서로를 지원한다. 자연적 삶의 기반이 파괴된다는 경고는 반세기 동안 벽에 붙어 있었다. 하지만 그토록 성공적이라는 (적어도 북반구의) 경제적·사회적·문화적 구조는 그에 대한 적절한 대응을 차단하고 있다. 화석 연료 산업만큼 이를 명확하게 보여주는 분야도 없다.

빅 오일

수십 년 동안 화석 연료 산업은 효과적인 기후 보호를 방해하고 지연시키며, 이를 희석하거나 회피하려는 방향으로 움직이는 데 집중해왔다. 하지만 이 산업 부문에서만 제동을 건 것은 아니다. 화석 연료의 채굴뿐 아니라 화석 연료 연소에 의존하는 사업 모델을 가진 하위 산업과 기업들도 기후 변화에 무관심한 역사를 가지고 있다. 하지만 대부분은 미래에 석유나 가스를 태우지 않고도 제품을 생산할 수 있으므로, 즉 원칙적으로 '친환경' 기업으로 탈바꿈할 가능성이 있으므로 그들의 이해관계는 더 복잡하다. 이와 관련한 자세한 내용은 이번 장 마지막 부분에서 다룰 예정이다.

우선 자본주의적 근대 구조가 화석 연료 산업의 기업 활동에서 어떻게 구현되고 있는지 살펴보자. 자연환경 파괴를 포함한 모든 행동의 결과를 무시하고 이익 창출에 초점을 맞춘다는 관점에서 보면 잘 이해할 수 있다. 집단적 재화에 대한 기생적 행동, 즉 필수적이면서도 **동시에** 파괴적인 자원에 대한 태도가 자본주의 경제 체제의 기능에 내재해 있다. 특히 화석 연료로 돈을 버는 기업들이 기후에 큰 영향을 미친다. 이것이 바로 이 문제에서 그들이 매우 중요한 이유다. 물론 기업과 공급 측면만 고려해서는 충분하지 않다. 생산하는 제품은 수요가 있으며, 그 대체품이 없으면 의심할 여지 없이 사회적·정치적 혼란으로 이어질 것이다. 현대의 생활 방식이 화석 연료에 의존하는 문제는 다음 장에서 살펴볼 것이다.

기후 위기에서 화석 연료 산업의 역할을 조명하기 위해서는 이 산업의 규모를 먼저 살펴보는 것이 유용하다. 석유 및 가스 산업의 전 세계 매출 규모는 약 5조 유로에 달하며, 이는 전 세계 가치 창출의 약 4퍼센트에 해당한다. 화석 연료 산업은 이로써 전 세계적으로 가장 중요한 산업 중 하나가 되었다. 세계에서 최고 매출을 기록한 10대 기업 중 4곳이 에너지 산업에 속한다.[1] 또한 이 산업은 고도로 집중되어 있으며, 정치적으로도 매우 중요하다. 석유나 가스에서 발생하는 이익은 많은 국가에서 가장 중요한 수익원이다. 그래서 국가가 직접 에너지 기업을 통제하는 경우가 많다. 모든 국가에서 에너지 산업은 에너지 안보라는 전략적 중요성 때문에 강한 정치적 영향을 받으며, 그 자체로도 큰 정치적 영향을 미친다.

화석 연료 산업에서만 매년 340억 톤의 이산화탄소를 배출한다.[2] 이 산업은 화석 연료를 채굴하고, 이를 변환 및 운송하며 기업과 개인 소비자에게 판매한다. 하지만 이 기업들의 사업 모델은 경제성이 있는 만큼 석탄·석유 또는 가스를 채굴하는 데 있다. 이 제품이 초래하는 파괴적인 환경적 결과는 기업의 경제적 계산에 포함되지 않는다. 국제에너지기구는 2021년 한 연구에서, 파리기후협정의 목표를 달성하기 위해서는 더 이상 새로운 석유와 가스 자원을 개발해서는 안 된다고 밝혔다.[3] 섭씨 1.5도 목표 달성이라는 문이 닫히지 않으려면, 이미 채굴된 매장량(약정 배출) 중 40퍼센트는 땅속에 남아 있어야 한다.[4] 반면, 이 산업은 가능한 한 많은 자원을 채굴하고 판매하려 한다. 이런 자원에 엄청난 수익이 숨어 있기 때문이다.

지난 50년 동안 화석 연료 산업의 연간 수익은 평균 1조 달러에 달했다.[5] 1973년(1차 오일 쇼크가 벌어진 해—옮긴이)이나 2022년 러시아의 우크라이나 침공 이후 같은 에너지 위기 상황에서 그들의 이익이 훨씬 더 커졌다. 국제에너지기구에 따르면 2022년에는 그 규모가 무려 4조 달러에 달했다.[6] 사우디아라비아의 석유 회사 사우디 아람코(Saudi Aramco)의 2022년 수익만 해도 전례 없는 1610억 달러를 기록했다.[7] 이 회사는 거의 전적으로 국가 소유다. 에퀴노르(Equinor), BP, 엑손모빌(ExxonMobil), 쉘(Shell), 페트로브라스(Petrobras), 팜파 에네르히아(Pampa Energia), 셰브론(Chevron), 토탈에너지스(TotalEnergies)의 2022년 수익은 각각 250억 달러에서 700억 달러를 넘었다. 이들은 세계에서 가장 수익성 높은 기업에 속한다. 바로 여기에서 시스템적인 문제가 발생한다. 어떻게 이와 같이 잘 작동하고 높은 수익을 올리는 산업을 폐쇄할 수 있겠는가?[8]

물론 이 산업의 고위 인사들도 자사 제품이 기후 변화에 큰 영향을 미친다는 사실을 알고 있다. 하지만 자본주의적 근대가 작동하는 방식은 이와 같은 인식이 기후 보호를 위한 행동으로 이어지지 않게끔 저지한다. 구체적으로 말하면, 화석 연료의 채굴을 중단하는 것을 의미한다. 제도적 규정은 다국적 에너지 기업의 책임자들이 이산화탄소 배출량을 줄이는 게 아니라, 이윤 극대화에 집중하도록 보장한다.

예를 들어, 엑손모빌의 최고경영자 대런 우즈(Darren Woods)는 2022년 190만 달러를 기본급으로 받았는데, 상여금과 주식 분할을 포함한 총 급여는 3600만 달러에 달했다.[9] 다국적 정유 회사의 최고경영자가 받는 상여금과 성과급은 기업의 주가 변동에 달려 있기 때문에, 기업 지도부는 이윤 극대화를 위한 사업 정책을 추진할 동기가 생기게 마련이다. 주주의 가치를 높이는 시스템은 1980년대부터 기업에 도입해 경영진이 수익 극대화에 집중할 수 있도록 한 제도다. 이사회 임원의 보수에 대해 엑손모빌은 2022년 주주 총회 문서에서 "경영진의 보수는 이사회의 결정과 주주들의 장기적 이익에 연계"된다고 명시했다.[10] 이로 인해 이익을 얻는 곳은 이사회뿐만 아니라, 연기금과 개인 투자자 그리고 국가도 포함된다. 국가는 기업 이익에 따른 세금을 통해, 또는 채굴 허가 수수료 따위로 수익을 얻는다. 따라서 화석 연료는 일반 직원들의 소득은 말할 것도 없고 기업, 최고경영자, 투자자 및 국가에 꾸준히 돈을 벌어주는 원천이다.

화석 연료 산업의 이익은 지정학적으로 매우 막대한 규모다. 아울러 전 세계 금융 투자로 얻는 수익의 상당 부분을 차지하고, 일부 최고경영자가 슈퍼리치 반열에 오르는 기반을 제공한다. 지구의 평균 기온이 조금 상승한다고 해서 이런 이익을 간단히 포기하지 않으리라는 것은 누구나 쉽게 예측할 수 있다. 기업·정부 그리고 근로자 및 투자자 역할을 하는 국민이 모두 이 산업의 이익이 계속 유지되길 바란다. 이런 이익과 기업의 가치는 화석 연료의 지속적인 추출에 달려 있다. 이런 점에서 화석 연료가 자연환경에 미치는 영향이 파괴적임에도 불구하고 국가가 그것의 추출을 적극 지원하는 것은 너무나도 당연한 결과다. 이런 수익을 재생 에너지 분야의 새로운 사업 영역으로 전환할 수는 없을까? 일반적으로 보면, 자원 개발과 파이프라인에 대한 투자가 대부분 아직 회수되지 않았기 때문에 이 질문에 대한 대답은 부정적이다. 또한 석유 및 가스 추출에서 얻는 이익이 재생 가능 에너지에 대한 투자를 통해 얻는 이익보다 훨씬 크다. 재생 가능 에너지 시장의 경쟁이 한층 더 치열하기 때문이다.[11]

기업은 오늘날 정부와 특히 시민 사회로부터 정치적 압박을 받고 있다. 그래서 적어도 일부 기업이 미래에 부분적으로라도 탈탄소화 에너지 산업을 준비하려 하고는 있지만,[12] 여전히 석탄·석유·가스 추출로 가능한 한 많은 이익을 얻으려고 노력한다. 여기엔 더 높은 수익 실현이 가능한데 기대 수익이 낮은 프로젝트에 자본을 투자하는 것을 정당화할 수 없다는 '논리'가 깔려 있다.

따라서 화석 연료 산업 기업들은 기후 변화에 대한 인식이 있음에도 불구하고 기존 사업을 어떻게 지속하고 확장할지에 대한 전략적 질문을 마주하게 된다. 이 문제와 관련한 출발 조건은 좋다. 이 세계는 경제와 에너지 집약적 생활 방식을 위해 기업들이 제공하는 생산품을 지속적으로 공급해주는 것이 필요하기 때문이다. 현재 전 세계에서 소비하는 1차 에너지의 87퍼센트는 화석 연료에서 생산된다.[13] 시스템적으로 경제 성장은 에너지 소비 증가와 함께 이뤄진다. 세계 경제는 매년 약 3퍼센트의 성장률을 기록하는데, 이것만으로도 에너지 소비는 지속적으로 증가하고 있다. 대대적으로 재생 에너지를 확대하더라도, 전 세계적으로 증가하는 에너지 수요를 고려하면 화석 연료 사용을 부분적으로만 대체할 수 있다. 2000년 이후 전 세계 화석 연료 소비는 45퍼센트 증가했다.[14]

물론 기업들도 자사의 비즈니스 모델이 궁극적으로 미래의 안정적인 자연적·사회적 환경에 달려 있다는 걸 알고 있다. 하지만 그 전제 조건 역시 그들이 생산한 제품이 초래한 기후 변화로부터 위협을 받는다는 점도 알고 있다. 이런 우려스러운 결과는 미래에나 발생할 것이며, 공공재로서 기후를 보호하는 데 개별 기업의 기여는 미미하기 때문에 각각의 기업이 화석 연료 추출을 중단할 동기는 없다. 게다가 미래의 피해 규모는 과소평가되기 십상이다. 기업의 논리에 따르면, 미래의 기후로 인해 입는 피해를 무시하는 것이 전적으로 합리적일 수 있다.[15]

사업에 위협이 있다면, 오히려 그것은 외부에서 올 가능성이 더 높다. 정치적으로 기후 변화가 외부의 압박으로 심각하게 받아들여져, 정부 규제로 인해 화석 연료 추출을 줄이거나 글로벌 투자자가 재생 에너지로 빠르게 자본을 유입해 석유·가스·석탄의 생산이 감소하고, 경제적 이유로 에너지가 계속해서 땅에 묻혀 있어야 하는 상황이 발생할 수도 있다. 따라서 이는 이윤보다 기후 보호를 우선시하는 정치 세력과 기업 간의 권력 투쟁이다. 기업뿐만 아니라 국가에도 많은 것이 걸려 있다. 화석 연료 산업 고정 자산의 잠재적 자산 손실은 2050년까지 13조~17조 달러로 예상되며, 이 중 상당 부분은 국가의 몫이다.[16] 막대한 투자 자본이 손실되는 것을 기업은 어떻게 막을 수 있을까?

한 가지 해답은 바로 로비 활동이다. 서구의 5대 정유 회사는 정치적 영향력을 행사하기 위해, 즉 화석 연료를 계속해서 추출할 수 있도록 정치적 환경을 조성하는 데 연간 약 2억 달러를 지출한다.[17] 이런 로비 활동 중 일부는 독일의 탈석탄화 시기 문제, 미국과 캐나다 자연 보호 구역에서의 석유 추출 승인, 혹은 항공 연료 과세 면제 같은 기업 보조금 유지 등 정치적 규제에 집중한다. 로비 활동의 또 다른 부분은 공공 여론을 조작해 사업 관행에 대한 대중의 압력을 최소화하는 데 집중된다. 앞 장에서 설명했듯 기업은 사회적 정당성에 의존하기 때문이다. 석유 회사가 여론을 형성하는 데 사용하는 전략은 여러 차례 연구되었다.[18] 이 전략은 두 가지 단계로 나눌 수 있다. 우선 인간이 초래한 기후 변화를 단순히 부정하는 것이고, 그다음은 여전히 기후 변화의 책임을 부인하며 지연 전략으로 대응하는 것이다.

예를 들어, 엑손모빌은 1970년대 후반부터 인간의 활동으로 야기된 기후 변화를 매우 정확히 예측하는 자체 연구를 진행해왔다는 사실이 몇 년 전부터 알려졌다. 2023년 초 포츠담 기후영향연구소와 하버드 대학 연구원들이 엑손모빌의 문서를 분석해 이와 같은 사실을 명확히 밝혀냈다.[19] 하지만 자사 과학자들을 통해 화석 연료 연소가 기후에 미치는 영향을 알고 있었음에도, 엑손모빌은 대중에게 경각심을 심어주기는커녕 오히려 그 반대로 행동했다. 1999년 주주 총회 당시 CEO였던 리 레이먼드(Lee Raymond)는 기후 변화 예측이 "완전히 입증되지 않은 기후 모델에 기반을 두고 있거나 혹은 그보다 더 자주 순전한 추측에만" 근거한다고 주장했다.[20] 이는 유엔기후변화협약 당사국

총회(COP 28)가 1995년에 인간의 영향은 자연적 변화와 구별된다고 발표한 지 4년 후의 일이었다. 이 다국적 석유 회사가 기후 변화를 부정함으로써 자신의 공동 책임을 회피하고, 대중에게 석유 산업의 정당성을 강화하고, 규제를 효과적으로 피하려 했던 것이다.

그린피스에 따르면, 엑손모빌은 2014년까지 기후 변화를 부정하는 싱크탱크에 3000만 달러 이상을 지원했다고 한다.[21] 또한 기후 변화의 원인에 대한 대중의 불확실성을 확산시키기 위해 광고를 포함한 각종 홍보 활동을 진행했다. 이런 노력은 엑손모빌에만 국한된 것이 아니다. 석유 산업 분야의 미국 최대 기업 중 하나인 코흐 인더스트리즈(Koch Industries)의 소유주 코흐 형제는 대중들의 허위 정보 캠페인을 조직하고 이른바 아스트로터핑(Astroturfing: 가짜를 진짜처럼 보이게 하는 테크닉에서 유래한 용어로, 언론 플레이를 통해 여론을 조작하는 행위. Astroturf는 인조 잔디의 브랜드 이름—옮긴이)으로 입법 예정이던 기후보호법을 무산시키는 데 도움을 준 로비 단체 '번영을 위한 미국인들(Americans for Prosperity)'에 자금을 지원하기도 했다.[22] 이미 몇 년 전 한 연구자는 기후 변화를 부정하거나 그 결과를 축소하는 미국의 정치 조직들이 연간 9억 달러의 자금을 제공받았다고 추산했다.[23] 석유 산업은 수십 년 동안 대중에게 제품의 위험성을 숨겨온 담배 산업과 비교할 만하다. 엑손모빌은 자사가 기후 변화에 대한 허위 정보를 고의로 퍼뜨렸다는 비난에 대해 반발하고 있다. 현재 이 회사가 많은 리스크에 노출되어 있으므로 이해할 수 있는 대응이다. 예를 들어, 뉴욕시는 2021년 엑손모빌·쉘·BP가 자사 제품이 기후 변화에 영향을 미친다는 사실을 대중과 투자자들에게 조직적·의도적으로 속였다며 소송을 제기했다.[24] 캘리포니아주도 최근 석유 회사들을 고소했다. 해당 기업들은 기후 피해로 인한 거액의 손해 배상 청구에 직면할 수도 있다.

기후 변화를 부정하는 것은 오늘날 더 이상 유효한 비즈니스 전략이 아니다. 오히려 다국적 에너지 기업들 사이에서 새로운 접근 방식을 채택하는 추세다. 이들은 여전히 화석 연료 추출에 집중하면서도 재생 가능 에너지에 대한 투자를 확대하고, 기후 변화의 책임자가 아닌 에너지 전환의 선구자로 보이도록 기업 이미지를 바꾸고 있다. 오히려 에너지를 사용하는 소비자에게 그 책임을 전가하는 듯하다. 이들 기업의 목표는 변함이 없다. 즉, 수익을 안정화시키고 사업 영역에 대한 전략적 통제권을 유지하는 것이다.[25] 그 수단이 바뀐 것뿐이다.

새로운 전략은 기업의 투자 행태에서도 확인할 수 있다. 재생 가능 에너지 시장이 성장하고 있다. 지난 10년간 새로운 태양광 및 풍력 발전 덕분에 재생 가능 에너지가 전 세계적으로 증가했다.[26] 오늘날 전세계 1차 에너지 소비량 16만 8000테라와트시(TWh) 중 약 2퍼센트만이 풍력 또는 태양광 에너지로 충당되고 있지만, 재생 가능 에너지에 대한 투자는 계속 늘어나고 있다.[27] 하지만 화석 연료 개발과 비교해 이런 증가를 살펴보는 것이 중요하다. 2000년부터 석유·가스·석탄 생산도 계속 증가하고 있으며, 재생 가능 에너지보다 화석 연료 인프라에 훨씬 더 많은 자금이 투자되고 있다.[28] 다시 말하자면, 에너지 수요가 늘어나는 세상에서 재생 가능 에너지가 대대적으로 확장되었음에도 불구하고, 그리고 기후 경고에도 불구하고, 석유·가스·석탄의 사용은 줄어드는 대신 오히려 증가하고 있다.

화석 연료 추출 활성화를 더욱 촉진하기 위한 에너지 기업들의 투자 계획을 살펴보면 무서운 사실을 알 수 있다. 영국의 〈가디언〉은 2022년 발표한 조사 연구 프로젝트에서, 석유 및 가스 회사가 2020년 대 말까지 **새로운** 개발 계획을 추진할 예정이며, 이에 따라 970억 톤의 이산화탄소가 추가로 배출될 것이라고 밝혔다.[29] 이는 3년간 화석 연료를 태워서 발생하는 **전 세계** 이산화탄소 배출량에 버금간다. 이런 신규 프로젝트에 대한 재정적 지원은 대부분 이미 확보된 상태다. 이른바 이산화탄소 폭탄이라고 불리는, 즉 그 수명이 끝날 때까지 10억 톤 이상의 이산화탄소를 배출하는 프로젝트는 전 세계적으로 425개가 있으며, 잠재적으로 총 6460억 톤의 이산화탄소를 배출할 것으로 예상된다.[30] 이들 프로젝트 중 40퍼센트는 아직 시작하지 않았지만, 만약 모든 프로젝트가 실현되면 배출량은 섭씨 1.5도 목표를 달성하기 위해 남은 이산화탄소량의 2배를 초과할 것이다.

이런 프로젝트는 종종 자연 보호 문제를 무시한 채 이뤄진다. 2023년 3월, 미국 대통령은 코노코필립스(ConocoPhillips)가 알래스카에서 향후 30년 동안 6억 배럴의 원유를 채굴하는 '윌로 프로젝트(Willow Projekt)'로 알려진 석유 생산 프로젝트를 계속할 수 있도록 승인했다. 이 개발은 미국에서 가장 큰 자연 보호 구역에서 이루어질 것이다. 아직 공공 소유로 남아 있으며, 생태적으로 중요한 지역이다. 그리고 이에 따라 2억 8000만 톤의 이산화탄소가 배출될 것이다. 배럴당 평균 70달러로 계산하면, 이 기업은 연간 14억 달러의 수익을 창출할 것으로 예상된다. 미국 정부는 총 170억 달러의 세수와 함께 2500개의 일자리가 새로 생겨날 것으로 내다봤다.[31] 알래스카에서는 주민들이 석유 개발에서 발생하는 국가 세수의 일부를 직접 받을 것이다. 매년 수표로 말이다. 말 없는 자연을 희생시키면서 투자자, 정부, 주민, 직원 모두가 실제 이익을 얻는 상황인 것이다.

이런 투자 결정은 미래의 생활 환경이 현재의 이익을 위해 어떻게 팔려나가는지 잘 보여준다. 기업, 국가, 국민이 모두 협력하는 모양새다. 다국적 에너지 기업들은 미래에도 화석 연료 사업에서 철수할 의사가 없다.[32] 심지어 약속했던 화석 연료 생산 감축 계획도 취소하고 있다. 쉘의 최고경영자 벤 판뷔르던(Ben van Beurden)은 석유 및 가스 생산량을 매년 1~2퍼센트씩 감축하겠다고 발표했다.[33] 지구 온난화의 시급성을 생각하면 터무니없이 낮은 수치다. 하지만 2023년 초에 권한을 이어받은 후임자 와엘 사완(Wael Sawan)은 이마저도 무리한 목표라고 생각했다. 그는 수익성이 가장 좋은 핵심 사업인 화석 연료에 집중하겠다고 발표했다. 세계는 "여전히 석유와 가스를 절실히 필요로 한다"면서 말이다.[34] 과거로 회귀하는 것은 쉘만이 아니다. BP는 2030년까지 석유와 가스 생산량을 35~40퍼센트 감축할 계획을 세웠었다. 그런데 최고경영자 버나드 루니(Bernard Looney)는 회사 역사상 최고 실적을 기록한 2022년에 사업 보고서를 발표한 후, 2030년까지 석유 및 가스 사업에서 이산화탄소 배출량을 20~30퍼센트만 줄이겠다고 밝혔다.[35] 그는 전 세계가 화석 연료를 원한다고 말했다. 이 발표 이후, BP의 주가는 급등했다. 쉘과 BP의 이러한 결정은 배출량 감축 목표가 위선임을 보여준다. 전문가들의 모든 경고와 달리, 석유 및 가스 산업은 신규 투자 프로젝트를 통해 화석 연료에서 벗어나지 못할 거라는 사실을 의미한다.[36] 자본주의 경제에서 투자는 기대 수익률에 따라 결정된다는 걸 기억하면, 이는 전혀 놀라운 일이 아니다. 기업이 수십억 달러의 잠재적 이익을 포기해야 하는 이유를 설명해야 할 테니 말이다.

다국적 에너지 기업의 화석 연료 프로젝트는 은행의 대출로도 가능하다. 금융계에서도 화석 연료 개발은 수익성이 좋은 산업 분야이기 때문이다. 관련 기업의 주식으로 높은 수익을 올리는 개인 투자자들도 있다. 2016년부터 2022년까지 세계 60대 은행들은 주요 에너지 기업의 화석 연료 사업에 총 5조 5000억 달러를 지원했으며, 2022년에만 6690억 달러에 달했다.[37] 은행의 투자 전략은 화석 연료에 대한 수요가 장기적으로 계속 존재할 것이라는 기대에 기반을 두고 있다. 하지만 새로운 프로젝트에 더 많은 투자가 이루어지고, 이 에너지 인프라가 오랫동안 유지될수록 화석 연료에서 벗어나는 일은 점점 더 어려워지고 장기화할 것이다. 이런 투자는 결국 기업과 그 주주들에게 큰 손해를 안겨줄 손실 자산으로 처리될 수 있다. 그럼에도 현재의 투자는 수십 년 동안 사업 모델을 공고히 하고 있으며, 이는 정치적으로나 법적으로 깨기 어려울 것이다.

국제에너지기구가 2023년 밝힌 바와 같이 재생 가능 에너지에 대한 투자는 기후 변화에 적절히 대응하는 데 필요한 수준에 현저히 못 미치고 있다.

더 깨끗하고 저렴한 에너지에 대한 투자는 증가하고 있지만, 현재의 위기에서 벗어나거나 이번 세기 중반까지 탄소 중립을 달성할 수 있는 충분한 속도로 이루어지지는 않고 있다. 지구 온난화를 섭씨 1.5도로 제한할 기회를 갖기 위해, 전 세계가 극복해야 할 중요하면서도 어려운 도전 과제다. 에너지 효율성, 전기화, 저탄소 배출 에너지를 위한 대대적 투자 증가가 없다면, 에너지 수요를 지속 가능한 방식으로 충족할 수 없다.[38]

화석 연료 개발에 대한 추가 투자는 다국적 에너지 기업에 점점 더 많은 공개적인 공격과 정치적 평판 손실의 위험을 동반한다. 또한 기업들은 점점 더 많은 법적 분쟁에 직면하고 있다. 평판의 손실과 잠재적 손해 배상 책임은 쉽게 간과할 수 있는 사소한 문제가 아니다. 따라서 사업 모델을 지속적으로 유지하기 위해서는 국가와 사회에 맞서 계속 방어를 해야 한다. 이와 관련해 선택할 수 있는 수단은 매우 정교한 홍보 활동이다.

마케팅 전략 중 하나는 미래의 행동 변화에 대한 계획을 홍보하는 것이다. 이런 약속은 대중의 비판과 규제 압박을 줄이기 위해 공개적으로 발표되는데, 그게 지켜질지는 별들에게 물어봐야 할 것이다. 새삼 놀랍지도 않지만, 만약 약속이 지켜지지 않는다면 이 모든 것은 위선일 뿐이다. BP·셰브론·엑손모빌·쉘 같은 에너지 기업의 수사적 전략에 관한 연구에 따르면, 어쨌든 '기후' '전환' '저탄소' 등의 용어 사용이 급격히 증가한 것으로 나타났다. 하지만 실제 사업 관행은 거의 변하지 않았다.[39] 여러 에너지 기업과 마찬가지로 엑손모빌은 2050년까지 기후 중립을 달성하겠다고 약속했지만, 이는 석유 생산 중단을 의미하기보다 자체 사업 프로세스에만 국한된다.[40] 2022년 5월, 이 다국적 석유 기업의 주주들은 새로운 석유 판매 감축 목표에 따라 배출량을 줄이고, 화석 연료 생산에 따른 온실가스 감축을 위한 중장기 목표를 발표하자는 제안에 반대 의견을 냈다.[41] 영국의 다국적 에너지 기업 BP는 한동안 브랜드 명칭의 두 글자가 '석유를 넘어(beyond petroleum)'의 약자로 이해되길 원했다.[42] 이 회사는 웹사이트에서 다양한 재생 가능 에너지 분야의 "진보를 이루겠다"는 목표로 자체 변화를 설명하면서 "우리는 배출량을 줄이기 위해 노력하면서 오늘날 세계가 의존하는 석유와 가스를 계속 공급할 것"이라고 밝혔다.[43] BP도 "2050년까지 탄소 배출 제로"를 선언한 기업이다.[44] 하지만 이 기업은 2022년 매출의 91퍼센트를 화석 연료에서 냈다. 다국적 석유 기업이 공언한 기후 관련 약속이 대중을 기만하는 허울일 뿐이며, 외부에 보이는 기후 친화적 모습은 기업 내부 문화나 실제 사업 계획에 반영되지 않는다. 이는 전직 직원들의 진술에서도 드러나며, 일부 직원에게는 퇴사 사유가 되기도 했다.[45]

머나먼 목표를 설정하고 약속하는 것은 기후 변화에 대응하는 기업들의 일반적 선택이다.[46] 국가도 이런 "기대 정치"로 국정을 운영한다.[47] 목표 달성 여부에 대한 검증이 20~30년 뒤에야 가능하므로 단기적인 행동의 압박을 줄일 수 있기 때문이다. 사업적·정치적 관점에서 보면, 이는 마치 영원과도 같은 시간이다. 다가오는 목표를 더 이상 달성할 수 없거나 달성해서는 안 된다는 사실이 명확해지면, 그 목표를 깊은 고민 없이 즉시 연기하거나 재정의하면 그만이다. 따라서 이런 약속은 목표 달성을 위한 **즉각적인** 조치를 포함하고, 매년 검증 가능한 세부 단계들을 나열하고, 그 목표의 달성 방법을 검토할 수 있는 형식으로 제시되었을 때에만 진지하게 받아들일 만하다. 이것이 이루어지지 않으면 기후 목표 발표는 더 이상 현실적인 것이 아니라, 미래의 이익을 방어하기 위한 기업의 홍보 전략 및 주의 분산 방책에 불과하다.

기업을 대신해 홍보업체가 환경에 미치는 부정적 영향을 숨기기 위해 제품에 친환경적 프레임을 덧씌우는 방법도 있다. 임팩트 투자 플랫폼 인요바(Inyova)에 따르면, 2022년 토탈에너지스의 재생 가능 에너지 투자 비중이 30퍼센트에 달했다. 토탈에너지스는 석유 및 가스 개발에 집중하고 있는 회사다. 하지만 이 그룹의 마케팅을 살펴보면 "대부분의 홍보에서 친환경 기술을 보여주며 사업상 이산화탄소 배출량을 줄이려 한다는 막연한 계획을 전달한다".[48] 이와 같은—잘못된—행태는 인터넷을 사용할 줄 아는 사람이면 누구나 쉽게 다른 가스 및 석유 산업 회사의 홈페이지에서 확인할 수 있다. 이런 식으로 대중에게 실제 사업 활동에 대해 전혀 다른 왜곡된 이미지를 각인시키는 것이다.

앞서 언급했듯 기업이 사용하는 또 다른 수사적 전략은 기후 변화에 대한 책임을 소비자에게 전가하는 것이다. 석유 회사는 소비자가 원하는 제품을 제공하고, 그들은 단지 기존 요구에 부응하고 있을 뿐이라는 논리다. 소비자가 원하는 생활 방식이 실제 에너지 소비 증가에 기반하고 있으므로 이런 주장은 어렵지 않게 힘을 얻는다. 다국적 석유 기업들은 소비자가 스스로 이산화탄소 배출량을 줄일 방법을 그럴싸하게 생색내듯 제시한다. 아마도 많은 사람이 알지 못하겠지만, 개인의 탄소 발자국을 계산하자는 생각은 2000년대 초반 BP의 의뢰를 받은 다국적 광고 대행사 오길비 앤드 매더(Ogilvy & Mather)에 의해 대중화되었다.[49] 이는 배출량 증가에 대한 책임을 개인에게 전가하고, 무엇보다 개인이 해결해야 할 문제로 인식하도록 하는 데 목적이 있다.[50] 2004년 BP는 우리 모두가 자신의 소비와 관련된 배출량을 계산할 수 있는 최초의 탄소 발자국 계산기를 제공했다. 지금은 자기의 이산화탄소 배출량을 계산하는 다양한 앱이 있으며, 배출량을 상쇄하기 위한 기부금 제도를 통해 자신의 잘못을 바로 속죄할 수도 있다. 이런 개인화 전략은 자본주의적 근대의 개인주의 문화에서 선호되며, 경제 체제와 사회의 문화적 정체성이 밀접하게 연결되어 있음을 보여준다. 이와 같은 홍보 전략을 개발함으로써 기업은 은밀한 방법으로 영향을 미치고자 한다. 이에 이윤 추구를 목표로 하는 무자비한 방어가 드러난다. 동시에 이와 같은 이윤은 기업이 사회적 정당성을 필요로 하기 때문에 계속해서 숨겨야 하는데, 이는 기후 변화 같은 문제로 그 정당성을 점점 더 위협받고 있기 때문이다.

　물론 에너지 기업만이 자신들의 잘 작동하는 화석 연료에 기반한 사업 모델을 지키는 데 열중하는 것은 결코 아니다. 그들은 에너지 활용이라는 가치 사슬의 시작점에 있고, 기후에 해로운 자원을 추출하는 사업을 하고 있어 눈에 더 띌 뿐이다. 화학 산업과 항공 산업 또는 자동차 산업에서도 비슷한 전략을 발견할 수 있다. 하지만 이런 분야에서는 그 모습이 조금 더 복잡해진다. 현재 화석 연료를 **사용**하는 산업이 생산 방식과 생산 제품을 재생 가능 에너지로 전환하는 게 충분히 가능하기 때문이다. 이것이 기술적으로 실현된다면, 예를 들어 철강 산업이나 화학 산업은 향후 가스와 석유 대신 친환경 수소와 재생 가능 에너지를 통해 생산한 전기를 사용할 수 있다. 이는 크루즈 관광, 항공 수송을 비롯해 자동차 산업에도 적용 가능하다. 이렇게 되면 이 분야의 에너지 수요가 낮아져 석유 및 가스 산업에도 영향을 미칠 것이다. 경제를 통한 녹색 전환 기회에 관한 내용은 7장에서 좀더 자세히 설명할 예정인데, 여기서는 몇 가지 의견을 덧붙여 석유 및 가스를 넘어 전체 산업 구조의 강력한 저항을 보여주고자 한다.

우선, 석유와 가스'만'을 사용하는 산업에서도 화석 연료에 기반한 사업 모델에서 벗어나는 게 쉽지는 않을 것이다. 그 이유 중 하나는 앞서 설명한 자본주의적 근대에서는 경제적 행동 논리가 지배적이며, 생태적 문제는 계속해서 뒤로 밀려나기 때문이다. 또 다른 이유는 조직 구조뿐만 아니라, 직원의 자격과 사고방식에 뿌리를 두고 있는 기업의 경로 의존성도 중요한 역할을 하기 때문이다. 이 경로 의존성에서 벗어나는 것이 가능하기는 해도 결코 빠르게 이루어지지는 않는다.

특히 '친환경' 사업 모델로의 전환에는 상당한 기술적 혁신이 필요한데, 이는 비용이 많이 들고 장기적 관점으로만 구현할 수 있으며, 적어도 단기적으로 경제적 측면의 수익성이 떨어져 경쟁에서 불리할 수 있다. 기업들은 에너지 공급을 위한 기술 경로와 자산 및 인프라에 막대한 투자를 했으며, 이 금액을 회수하려면 50년 이상이 걸릴 수도 있다. 시스템과 제품을 단기적으로 상각해야 한다면 막대한 손실을 초래할 테고, 기업들은 이에 맞서 싸우고 있다. 화석 연료를 사용하는 기술에서 벗어나지 못하는 기업은 적어도 당분간은 기존 구조를 유지하고, 이를 정치적으로 방어하려는 경제적·조직적 이유가 존재한다. 재생 가능 에너지로의 더 빠른 전환은 정치적 압박을 통해서만 강제할 수 있으며, 막대한 국가 지원이 필요하다. 또 많은 돈을 투자하더라도 단기간에 모두 극복할 수 없는 물리적인 상황도 있다. 지금은 친환경 전기도, 수소에 적합한 파이프라인도, 수소 동력 엔진을 장착한 비행기도 충분하지 않다. 이런 기반 시설과 기술을 사용할 수 있는 단계에 이르기까지는 때에 따라 수십 년이 걸릴 수도 있다. 이는 기후 변화에 효과적으로 대응하기에는 너무나 오랜 시간이다.

현재 여러 산업 분야에서, 기존 방식으로 계속 운영하는 선두 기업과 기후 친화적인 기술 및 조직 구조를 개발해 도전하는 신생 기업 간의 시장 경쟁이 벌어지고 있다. 이런 기업들에서는 앞서 언급한 경로 의존성이 보이지 않는다. 그 대표적인 사례는 자동차 산업에서 10여 년 전 등장해 기존 기업에 막대한 압력을 가하고 있는 테슬라다.

이러한 시장 경쟁의 결과가 어떻게 될지는 아직 지켜봐야 한다. 하지만 지금까지 시장을 지배했던 기업들이 가졌던 상당한 영향력을 잃게 될 가능성은 충분히 있을 것으로 보인다. 이는 자본주의 경제에 역동성을 부여하는 '창조적 파괴'의 원리이기도 하다. 하지만 이는 기후 분야에서는 너무나 약하다. 앞서 언급했듯 기업은 생태적 필요에 맞추기보다 가능한 한 오랫동안 기존 기술을 고수하며 거기서 얻을 수 있는 경제적 이익을 중심으로 전략을 수립한다. 이를 위해 그들은 시장 지배력과 정치적 영향력을 활용한다. 자동차 산업의 선두 기업들이 내연 기관의 퇴출을 막거나 배기가스 배출 기준을 강화하는 데 반대하는 등 새로운 사업 모델로의 전환을 의도적으로 지연시킨 것이 대표적 사례. 이빨과 발톱을 드러내며 자신들이 우위에 있는—다른 누구보다도 더 잘하는—것을 지키기 위해 방어한다. 독일 자동차 산업이 왜 그토록 오랫동안 전기차 개발에 집중하지 않고 현상 유지를 고수해왔는지 의문을 제기할 수 있다. 아마도 앞서 언급한 경로 의존성 외에 빅 오일 또한 하나의 역할을 했을 것이다. 쿠웨이트 국부 펀드는 메르세데스-벤츠의 세 번째로 큰 단일 주주이자 감독위원회의 일원이기도 하다. 사우디 아람코는 2023년 르노(Renault) 및 중국 자동차 제조 회사 지리(Geely)와 함께 새로운 내연 기관을 개발하는 합작 회사에 투자했다.[51] 기업은 새로운 구동 기술에 회의적인 운전자들에게 기댈 수 있다. 또한 자동차 제조업체와 부품 공급업체의 노동자들은 자신의 일자리를 걱정한다.

아울러 기업은 미래의 시장 개발에 대한 기대감까지 더해져 가능한 한 유리한 위치를 선점하고자 한다. 물론 유럽연합은 2035년부터 내연 기관 자동차에 대한 신규 승인을 금지하기로 했지만(물론 예외 조항은 있다), 세계 최대 자동차 시장인 미국이나 중국은 이번 금지 조치에 동참하지 않고 있다. 르노의 최고경영자 루카 데 메오(Luca de Meo)는 2040년에도 여전히 세계 자동차의 절반 이상이 내연 기관으로 구동될 거라고 말했다.[52] 예를 들어, 라틴아메리카의 경우 2030년대에 전기차 점유율이 10퍼센트 미만에 머물 것으로 추정한다.[53] 자동차 시장의 전반적인 신규 등록 대수 증가로 2040년에도 전 세계 내연 기관 자동차 수가 오늘날과 비슷할 가능성은 충분히 있다. 이는 전 세계를 무대로 활동하는 자동차 회사의 관점에서 볼 때, 미래에도 여전히 내연 기관 자동차로 돈을 벌 수 있다는 걸 의미한다. 따라서 그들은 계속해서 내연 기관 자동차를 생산할 것이다.[54] 기후적 관점에서 보면, 이는 추가적인 노력 없는 2050년까지 교통 부문의 배출량이 전 세계적으로 현재보다 많아지리라는 걸 뜻한다.[55] 따라서 기업의 행동에 대한 대규모 연구 과제의 결론은 기후 위기에도 불구하고 "기업들 대다수는 여전히 근본적인 탈탄소화로 나아가는 데 의미 있는 움직임을 보이지

않는다"는 것이다.[56]

이모빌리티(e-mobility: 전통적인 화석 연료가 아닌 전기를 동력으로 한 이동 수단을 가리키는 말―옮긴이)가 빠르게 자리 잡기 위해서는 시장에만 맡겨둘 수 없다. 규제를 통한 개입이 필요하다. 부유한 산업 국가에서는 정부가 소비자들의 회의론을 극복하기 위해 높은 보조금을 지급함으로써 전기차를 장려하고자 노력한다. 또한 표준화 정책과 충전 인프라를 구축하려는 의지도 보이고 있다. 부유한 국가일수록 전기차 전환에 필요한 기반 시설 투자와 국가 보조금을 감당할 가능성이 높아진다. 그러나 이런 모든 변화는 너무 느리게 진행되며, 모든 국가가 부유한 것도 아니다. 결과적으로 녹색 전환은 기대하는 속도만큼 빠르게 진행되지 않을뿐더러 불완전하게 이뤄지고 있다.

요약하면 이렇다. 즉, 자본주의 경제에서 기업의 행동은 이윤을 추구하는 방향으로 나아간다. 니클라스 루만의 말에 따르면, 경제 체제는 "가격의 언어"만을 이해하고 그 밖의 모든 것은 소음으로 남을 뿐이다.[57] 화석 연료나 내연 기관의 생산으로 막대한 이윤이 창출되는 한 관련 기업들은 이런 이익을 실현하기 위해 모든 노력을 다할 것이다. 이들은 기후 보호 규제를 방지·지연·무력화할 수 있는 구조적·도구적 힘을 갖고 있다. 그리고 정당성을 잃지 않기 위해 사업 관행의 결과를 은폐하고 책임을 회피하기 위한 전략을 개발한다. 이때 홍보가 중요한 역할을 한다. 자본주의 경제는 생태계의 피해를 막기 위한 도덕적 호소에 귀를 기울이지 않으며, 이런 호소에 대가가 따르지 않는 한 귀를 닫는다. 하지만 그 가격표는 외부에서, 즉 국가와 시민 사회에서만 매길 수 있다.

주저하는 국가

이윤을 추구하는 기업들은 환경 친화적인 경제 활동 요구에 구조적으로 귀를 기울이지 않는다. 앞서 살펴본 바와 같이 그들은 이를 '소음'으로만 인식한다. 하지만 정치는 어떨까? 이익을 지향하지 않고 오히려 공동선을 위해 헌신한다면—특히 기후 변화로 생활 조건이 악화하면—국민을 대신해 행동하기 때문에 실제로 필요한 조치를 단호하면서 신속하게 취할 것으로 예상할 수 있다. 이론적으로 정치는 경제 활동의 기본 조건을 설정하고 에너지 정책, 환경 정책, 주택 및 도시 개발 정책, 농업 정책 등 다양한 분야에서 자연환경과의 관계를 규정하기 때문에 그에 필요한 도구는 손에 쥐고 있다. 하지만 실제 정치적 규제는 필요한 수준에 훨씬 못 미친다. 그 이유는 무엇일까?

앞서 경제와 국가 간 권력관계를 언급함으로써, 나는 이미 중요한 해답을 제시했다. 국가는 기업의 기본 조건을 설정하면서도 세수와 유권자의 지지를 위해 경제적 번영에 의존하는 상호 교환 관계에 있다. 세수는 주로 기업이 직접 내는 법인세 혹은 근로자의 소득세와 소비세 형태로 걷힌다. 경제가 침체되면, 정부는 선거에서 매우 힘들게 승리하거나 패배한다. 투자 결정은 민간 기업의 손에 달려 있고, 민간 기업은 안정적이면서도 높은 수익을 보장하는 기본 조건을 집요하게 요구한다. 이것이 기업이 정치와 사회에 대해 갖는 구조적 권력이다.[1]

자신에게 불리한 정치적 규제로부터 벗어나기 위해 '경제'는 투자 규모를 줄이거나 더 유리한 조건을 제시하는 다른 국가로 이전하겠다고 위협할 수 있다. '정치'가 의지를 갖고 있다는 가정하에 이와 같은 기업의 권력으로 인해 기후 보호 같은 실존적인 문제에 쉽게 '대처'할 수는 없다. 정치인들은 이를 잘 알고 있다. 설령 그 사실을 잊게 되더라도 입지 요건이나 경쟁력에 대해 언급하면 그걸 무시하지 못하는 상황에 놓인다. 앙겔라 메르켈(Angela Merkel) 전 독일연방공화국 총리는 2011년 기자 회견에서 연방 정부가 "그럼에도 불구하고 시장에 부합하는 방식으로 의회의 공동 결정을 구조화하는 방법을 찾겠다"면서 정치가 경제에 의존하는 것을 예리하게 지적했다.[2] 그 당시에는 유럽의 부채 위기가 문제였다. 하지만 기후 정책도 마찬가지다. 기후 보호에 대한 정치적 결정은 기본적으로 경제적 이해관계 및 그와 다를 수 있는 사회적 목표 사이의 갈등 영역에서 이루어진다. 자본주의 경제의 성장 논리와 민간 부문의 투자에 대한 국가의 구조적 의존성은 공생 관계를 형성하며, 국가의 환경 규제가 충분하지 않은 결과로 이어진다. '녹색 성장' 체제에서 기업이 예상 수익을 녹색 투자로 전환할 때에만 그 관계가 깨질 수 있다. 바로 이것이 7장에서 다룰 내용이다.

경제적 영향력도 매우 직접적으로 나타난다. 정치학자들은 로비를 통해 정치적 결정에 영향을 미치는 것을 도구적 힘이라고 말한다. 화석 연료 산업과 자동차 산업뿐만 아니라 화학 산업, 관광 산업 역시 각각의 협회를 통해 정치권에 자신의 이익을 적극적으로 대변한다.[3] 연방풍력에너지협회나 그린피스와 세계자연기금(WWF)도 마찬가지다. 하지만 힘의 균형은 존재하지 않는다. 예를 들어, 독일 가스 산업의 로비 단체가 총 4000만 유로에 달하는 예산을 집행할 수 있지만, 가스와 관련된 환경 협회의 예산은 연간 150만 유로에 불과하다.[4] 이른바 '협회주의 국가'에서는 이익 단체가 영향력을 다양하고 광범위하게 행사할 수 있다.

로비스트가 행사하는 영향력은 일반인이 인지하지 못하는 경우가 많다. 정치인이나 관계 부처 공무원과의 접촉은 부분적으로만 공개된다. 많은 접촉이 비공식적으로 이루어지고, 이런 만남에서 논의된 내용은 대부분 기밀로 유지된다. 공식 행사에서 나눈 대화도 대중은 알 수 없다. 정치적 결정권자가 사적인 경제적 이익을 기후 파괴 산업의 이익과 연결할 경우, 기업의 도구적 힘은 더욱 뚜렷해진다. 이런 종류의 정경 유착 자본주의는 권위주의 정권에 국한된 현상이 아니라, 의회민주주의 체제에서도 관찰할 수 있다. 웨스트버지니아주의 조 매친(Joe Manchin) 상원의원은 2022년 조 바이든(Joe Biden) 대통령의 기후 보호 법안에 사실상 거부권을 행사했다. 매친의 정치활동위원회(PAC)는 화석 연료 업계에서 선거 캠페인 명목으로 상당한 액수의 기부금을 받은 터였다.[5] 이 상원의원은 정계에 입문하기 전, 가족이 소유하고 아들이 경영하는 석탄 중개업체 에너시스템스(Enersystems)의 창립

자였다.[6] 매친은 다른 상원의원들과 함께 2023년에 통과된 미국 부채 한도 증액 법안에 화석 연료 산업의 이해관계를 고려하도록 했다. 이 법안에는 매친 상원의원의 고향인 웨스트버지니아주에 새로운 가스관을 건설해 프래킹(fracking: 수압 파쇄법—옮긴이)으로 생산한 가스를 운반한다는 내용이 포함되어 있다.[7]

기업인과 정치인이 경제계와 정치계를 오가는 것은 그들이 정치적 의사 결정 네트워크에 깊이 관여할 수 있기 때문에 효과적인 영향력을 행사하는 중요한 또 다른 메커니즘이다. 이와 같은 방법으로 엑손모빌의 최고경영자 렉스 틸러슨(Rex Tillerson)은 2017년 미국 국무부 장관이 되었다. 독일의 전 외무부 장관 지그마어 가브리엘(Sigmar Gabriel)은 지멘스 에너지(Siemens Energy)의 감독위원회 위원이자 티센크루프 스틸 유럽(Thyssenkrupp Steel Europe)의 감독위원회 위원장이다. 사회민주당 출신으로 니더작센주 환경부 장관을 역임하고 독일 그린피스를 공동 창립한 모니카 그리판(Monika Griefahn)은 현재 로비 연맹인 이퓨얼 연합(eFuel Alliance)을 이끌고 있다. 또한 게르하르트 슈뢰더(Gerhard Schröder) 독일 전 총리가 러시아 가스 회사를 위해 로비 활동을 한 것도 석유 및 가스 산업의 이익 증진을 위해 형성된 정치적 활동 네트워크를 활용한 사례다.

기후 보호를 위해 열리는 유엔의 국제회의조차도 글로벌 석유 및 가스 로비의 이해관계가 작용한다. 2023년 말 두바이에서 열린 제28차 유엔기후변화협약 당사국총회 의장은 아랍에미리트의 산업부 장관이자 아부다비 국영석유회사(Abu Dhabi National Oil Company)의 수장이기도 한 술탄 아메드 알자베르(Sultan Ahmed al-Jaber)였다. 한 언론인은 이를 두고 "코카인 거래에 맞서 싸우기 위해 파블로 에스코바르(Pablo Escobar: 콜롬비아의 마약 보스이자 정치인―옮긴이)를 이용하는 것과 같다"고 말했다.[8] 2022년 이집트 샴엘셰이크(Sharm el-Sheikh)에서 열린 유엔기후변화협약 당사국총회에는 가스 및 석유 산업 분야 로비스트 600명 이상이 등록했다.[9] 이와 같이 정치적·경제적 이해관계 사이의 개인적 연결 고리는 끊임없이 계속될 수 있다. 이러한 관계는 합법적이며 경제적 이익과 국가의 조치가 얼마나 강력히 서로 연결되어 있는지, 정치를 도구화해서 어떻게 기업의 이익을 추구하는지를 보여준다. 기후 변화에 대한 정치적 대응이 부적절한 이유에 대한 해답을 찾기 위해서는 경제적 이해관계가 정치에 행사할 수 있는 구조적·도구적 힘을 간과해서는 안 된다. 하지만 이것만으로 모든 게 설명되는 것은 아니다.

사회학자 볼프강 슈트레크(Wolfgang Streeck)는 사회를 분석하는 논문에서 국가가 보여주는 행동들의 야누스적 충성심을 조명했다.[10] 한편으로, 국가는 경제적 이익을 충족시켜야 한다. 국민의 생활 수준은 경제가 창출하는 부에 따라 달라지기 때문에, 효율적으로 작동하는 경제는 안정적인 사회 질서에서 중요한 부분이다. 하지만 국가는 경제적 이익 충족에만 국한될 수 없다. 경제적 성과는 사회 질서를 유지하는 단 **하나의** 기둥일 뿐이기 때문이다. 슈트레크가 강조하듯 사회는 경제적 동기에 의해서만 움직이지 않는다. 사회적 갈등 상황에서는 정의의 규범이 중심적 역할을 하는데, 이는 부의 재분배, 시장의 불확실성, 질병과 노령 같은 생의 위기에 대처하는 문제가 정치적 의미를 띤다. 이런 이해관계 외에도―직접적으로 경제 문제와 관련은 없지만―경제 영역으로 확장되는 많은 문제가 있다. 오늘날에는 기후 보호에 관한 관심도 여기에 포함된다. 정치적 권력은 국민이 부여한 정당성에 달려 있으므로, 정치적 결정을 내리는 데 국민이 표현한 방향성을 고려해야 한다. 의회민주주의에서는 선거에서 승리해야 하지만, 독재자라도 권력을 유지하려면 국민을 무시할 수 없다.

여론 조사에 따르면, 많은 국가에서 대다수 국민은 기후 보호를 중요한 정치적 과제로 여기고 있으며, 심지어 그중 많은 사람이 이를 가장 중요하게 생각하는 것으로 나타났다.[11] 이런 관점에서 보더라도, 또 이러한 여론 조사의 의미를 의심하더라도(누가 환경 보호에 반대하겠는가?), 정치계에서 기후 보호를 얼마나 어렵게 생각하는지 언뜻 생각해도 놀라운 일이다. 다시 들여다보면—여론 조사에서 나타난—이 문제에 대한 일반적 인식과 구체적으로 기후 보호 조치를 지지하는 실질적 의지 사이에 상당한 차이가 있음을 알 수 있고, 그에 따라 전체적인 상황이 달라 보인다.[12] 물론 효과적인 기후 보호 대책을 요구하며, 정치적 지지와 직접적 모범을 보이는 사람도 많다. 이는 기후를 보호하자는 사회 운동에 참여함으로써 가장 쉽게 드러난다. 게다가 선거에서 투표로 이런 조치를 지지하는 국민도 많다. 하지만 그럼에도 기후 보호를 위한 구체적인 정치적 조치는 여론 조사 결과에 비추어볼 때 기대했던 것보다 훨씬 더 적은 지지를 받는다. 이는 궁극적으로 정치인들에게 구조적 유혹을 제공해 기후 변화에 대한 적절한 대응을 방해하게 만든다.

이번 장에서 나는 기업의 영향력을 넘어 정치인들이 기후 보호 행동을 주저하는 이유가 무엇인지 설명하고자 한다. 이를 위해 우선 기후 보호를 위해 필요한 변화의 규모를 보여주고, 그런 다음 기후 친화적인 변화가 사람들의 삶에 미치는 사회적·문화적 영향력에 대해 자세히 살펴볼 예정이다. 그리고 마지막으로, 기후 보호 역량을 매우 다양한 곳에 분배시킨 정치 체제의 의사 결정 구조를 살펴볼 것이다. 이들은 서로 협력해야 하지만 종종 각기 다른 목표를 추구할 때도 있다. 그 결과 정치적 조치가 지지부진하거나 결정이 지연 또는 차단된다. 이번 장에서 소개하는 사례는 대부분 독일이 배경이지만, 다원주의적 정치 질서와 기후 보호의 정치적 시급성에 대한 근본적 인식이 있다면, 북반구의 다른 국가도 얼마든지 그 배경이 될 수 있다. 그 밖의 많은 국가도 마찬가지다. 남반구와 원자재 수출국의 상황은 다른데, 그에 대해서는 5장에서 다루고자 한다.

먼저 필요한 변화의 차원부터 살펴보자. 한 가지 분명한 것은 기후 보호를 실행하기 위해서는 에너지 채굴, 산업 생산, 농업, 건물 관리, 교통 분야에서 **제 기능을 하는** 기존 기반 시설의 상당 부분을 재구축하거나 적어도 대폭 개편해야 한다는 것이다. 이런 재구축에는 막대한 비용이 수반되며, 물류 측면에서 큰 어려움이 따른다. 기존 생활 방식에서도 상당한 변화가 요구된다. 물론 그렇다고 해서 기후 변화를 방치할 경우 비용이 발생하지 않는다는 의미는 아니다. 정반대다. 연구에 따르면, 향후 수십 년 동안 독일에서만 기후 변화에 따른 비용이 수천억 유로에 달할 것으로 추정된다. 예를 들어, 기상 이변이나 가뭄의 증가로 인해 기후 적응, 환경 파괴 복구, 경제 활동 상실 등에 비용을 지불해야 한다.[13] 하지만 이런 비용은 먼 미래에 발생하거나 특정 지역과 집단에만 영향을 미친다. 즉, 자신에게는 영향을 미치지 않을 거라고 생각하면 무시할 수 있다. 이는 유럽에 새로운 난방 시스템을 설치하거나 수만 대의 풍력 터빈을 건설하는 데 드는 구체적 비용이나 계획보다 훨씬 더 추상적이다. 따라서 경제계·정치계·국민은 미래에 입게 될 피해를 심리적 추산에서 제외한 상태로 바라보고, 그 때문에 현재 효과적인 대처를 하기엔 그 무게감이 충분하지 않다. 그야말로 근시안적인 사고방식이다.

기후 목표를 달성하는 데 필요한 투자 비용이 얼마나 될지는 아무도 정확히 알 수 없다. 하지만 그 규모를 가늠하는 계산법이 있다.[14] 경영 컨설팅 회사 매킨지(McKinsey)는 2022년 시뮬레이션 연구를 통해, 2050년의 탄소 배출 제로 목표를 달성하기 위해서는 2050년까지 고정 자산에 대한 글로벌 투자가 연간 9조 2000억 달러에 이를 것이라고 추정했다.[15] 이는 전 세계 가치 창출의 7~8퍼센트에 해당하는 규모다. '개발도상국'의 경우, 경제 생산량에서 차지하는 비중이 훨씬 더 높을 것이다. 전 세계적으로 보면, 기후 보호에 대한 투자를 현재와 비교했을 때 2배 이상 늘려야 한다. 유럽연합만을 놓고 보면, 2050년 **탄소 중립**이라는 목표를 달성하기 위해 에너지 및 교통 인프라에만 매년 3000억 유로 이상을 투자해야 하며, 2030년대 이후에는 그 금액이 4000억 유로에 달할 것이다.[16]

이런 비용은 사회가 부담해야 하는데, 이는 눈에 띄는 삶의 질 향상을 가져오지는 않는다. 오히려 공공 지출로 인해 예산을 재분배해야 하므로 다른 중요한 사회 문제에 더 이상 자금을 사용할 수 없을지도 모른다. 결국 사회 복지, 문화, 교육, 군대에도 공적 자금이 필요하다. 세금 인상이 이 문제를 해결하는 하나의 방법이 될 수 있지만, 정당 정치적 입장에서 이러한 옵션은 막혀 있다. 또 다른 선택지는 국가 부채를 발행하는 것인데, 이 옵션도 여러 이념적 조건이 맞물려 대부분 막혀 있다. 그래서 기후 보호라는 차원을 고려하면, 북반구에 있는 부유한 나라에서도 국가 인프라를 구성하는 역량이 한계에 도달해 있다. 원칙적으로 자금이 부족해서가 아니라, 정치적으로 그 자금을 동원할 수 없기 때문이다. 국민의 사적 비용 측면에서 보면, 기후 보호 조치는 소비 제한 혹은 노후 대비나 주거 마련 등을 위한 저축 가능성을 줄일 것이다. 즉, 상당한 기회비용이 발생한다는 뜻이다. 쉽게 말해, 생활 수준이 하락할 것이다.

몇 가지 사례를 통해 그 문제의 규모를 더 명확하게 알 수 있다. 건축물의 탄소 중립을 달성하려면 에너지 효율을 높이기 위해 독일에서만 4000만 채의 건물을 개조해야 하고 2000만 채의 석유 및 가스 난방 시스템을 교체해야 하는데, 소유주나 세입자는 그 자금을 어떻게 조달해야 할까? 단독 주택에 열펌프를 설치하는 데는 2만~4만 유로의 비용이 든다. 40년 된 단독 주택의 에너지원을 전반적으로 개조하려면 20만 유로를 쉽게 상회한다. 한 조사에 따르면, 부동산 소유자 중 40퍼센트 이상이 이런 에너지원 전환에 투자할 여력이 없다고 답했다.[17] 운송 분야에서 이산화탄소 과세를 부과하면, 휘발유와 경유 가격이 오르고 이는 생활비 증가로 이어진다. 전기 자동차는 내연 기관 자동차보다 훨씬 비싸서 전기차를 구매하려면 개인 가정에서 다른 부분의 소비를 줄여야 한다. 또 전기차로 전환하는 데는 아직 높은 인프라 비용이 수반된다. 늘어난 전력 수요를 감당하기 위해 전력망을 확장해야 하고, 전국적으로 충전 인프라가 필요하다. 독일의 전력망 확장에만 향후 25년간 5000억 유로가 필요할 것으로 예상된다.[18] 이런 비용은 공공 부문에서 부담해야 하며, 이를 위해서는 더 많은 빚을 지거나, 세금을 인상하거나, 다른 부분에서 긴축을 감내해야 한다. 또는 이를 기업이 부담하고, 이것이 소비자 가격 상승으로 이어질 수 있다.

이와 같은 문제가 산업 분야에도 나타난다. 독일 철강 산업을 수소로 전환하는 데에는 300억 유로가 필요할 것이며, 장기적 관점에서 이는 코크스를 이용한 철강 생산 방식에 비해 생산 비용도 30~40퍼센트 더 높아질 것으로 예상된다.[19] 생태적으로 보면, 이와 같은 구조 조정은 시급히 필요하다. 독일 티센크루프의 용광로에서 연간 2000만 톤의 이산화탄소가 배출되는데, 독일 전체 이산화탄소 배출량의 2.5퍼센트에 해당하는 규모다.[20] 그러나 이는 수십억 유로의 보조금이 있어야만 실현 가능하다. 그렇지 않을 경우, 이와 같은 전환은 경제적으로 불가능하다. 독일 정부는 이른바 기후보호협약을 통해 최대 15년 동안 산업 생산 공정을 전환하고, 이와 관련된 운영 비용을 지속적으로 상환할 예정이다. 이를 위해 2040년까지 총 680억 유로의 국가 보조금을 책정했다.[21] 이는 규제 정책적인 측면뿐만 아니라, 비용적인 측면에서도 논란이 되고 있다. 공적 자금을 영구 보조금으로 업계에 전달한다는 사실을 유권자들한테 어떻게 설명할 수 있겠는가? 그렇다면 어디에서 지출을 줄일 것인가? 이것이 과연 합리적인 전략인가? 철강을 전 세계적으로 3분의 1 더 저렴하게 제공한다면, 독일 철강 산업의 미래 비즈니스 모델은 무엇인가? 반면, 그런 보조금 없이 기후 보호가 국가의 탈산업화로 이어지는 동시에 온실가스 배출이 여전히 화석 연료를 사용하고자 하는 국가로 옮겨가는 걸 어떻게 방지할 수 있는가? 철강 산업이 쇠퇴해 완전히 파괴된 뒤스부르크(Duisburg) 같은 도시는 어떻게 될까?

하지만 산업 기반 시설의 전환은 비용 문제일 뿐만 아니라, 반복적으로 발생하는 물자 부족에 따른 엄청난 물류 문제이기도 하다. 현재는 산업을 친환경으로 전환하는 데 필요한 전력량을 비롯해 에너지를 생산 현장으로 가져오는 전력선이나 수소 파이프라인도 부족하다. 독일 남부의 에너지 집약적인 큰 업체들이 에너지원을 전기로 전환하고 싶어도 이를 가능하게 할 전기가 전혀 충분하지 않다. 친환경 전기는 주로 독일 북부에서 생산하기 때문에 루트비히스하펜(Ludwigshafen)까지 에너지를 공급하려면 송전선을 건설해야 한다. 이 송전선 건설은 복잡한 계획 절차와 지역 주민들의 항의로 인해 시간이 오래 걸릴 것이다. 중요한 '전기 고속도로'인 쥐틀링크(Südlink) 프로젝트는 2028년 말에야 완공될 예정이다. 첫 계획 단계부터 전기를 처음 사용하기까지 16년이 걸린다는 얘기다. 인프라가 제 기능을 하려면 수십 년에 걸친 변화가 필요하고, 이것이 탈탄소화를 매우 복잡하고 논란의 여지가 많은 프로젝트로 만든다. 정치적 결정이 더디게 진행되는 것은 당연하다. 이러한 변화는 계획과 기술 측면에서 엄청난 과제다.

필요한 변화는 비용이 많이 들고 광범위할 뿐만 아니라, 기후 보호라는 일반적 목표를 지지하는 사람들 사이에서도 모든 조치가 논란의 여지가 있을 정도로 각 개인에게 미치는 영향과 부담이 크다. 기후 적응과 기후 보호를 위해 황무지를 개발해야 하고, 하천 주변을 원초적 자연 상태로 복원해야 하며, 축산업도 제한해야 한다. 하지만 농민과 지역 주민의 갈등을 어떻게 정치적으로 잘 해결할 수 있을까? 네덜란드에서는 농업 부문에서 배출하는 온실가스를 유럽연합 규정과 자국 최고 행정법원의 기준에 맞추기 위해 가축 수를 3분의 1로 줄이려는 정부 계획에 반대하는 농민 시위가 수년 동안 이어지고 있다. 2023년 봄에는 분쟁이 격화하면서 농민들이 건초더미에 불을 붙이고, 헤이그의 도로와 정부 청사를 봉쇄하기도 했다. 2019년 창당된, 정부 계획에 반대하는 농민시민운동당(BoerBurgerBeweging)은 2023년 지방 선거에서 승리해 의회의 가장 강력한 세력이 되었다.[22] 벨기에에서도 농업 분야 배출 감축 계획에 반대하는 유사한 시위들이 있었다. 정치적으로 영향력 있는 농업 로비뿐만 아니라, 단순히 기존 생활 방식을 고수하는 사람들도 기후 보호 목표에 모순되더라도 현재의 구조를 옹호한다.

이는 단순히 축산업과 농업만의 문제가 아니다. 예를 들어, 기후 적응을 위해서는 홍수 지역 지정이 필요하다. 예전에 조성된 농경지와 산사태 위험이 증가한 경사면에 사람이 살 수 없게 되면 기후에 적응하는 것과 고향을 보존하는 것이 충돌한다. 그럴 경우 내 집은 어떻게 될까? 에너지 부문에서 탈탄소화를 달성하려면 수천 개의 풍력 터빈과 태양광 발전기가 필요하고, 수소를 옮기기 위해서는 파이프라인을 깔아야 한다. 하지만 하필이면 왜 내가 사는 지역에, 내 선거구에, 내 포도밭에 이것을 설치해야 하는가? 도시는 지표면을 뒤덮는 현상을 줄이기 위해 성장을 제한해야 하고, 여름에 열 축적을 줄이기 위해 녹지를 더 늘려야 하고, 물 부족이 심각해지는 상황에서 다른 수자원 관리 방안을 도입해야 한다. 하지만 이 모든 걸 도시 성장 목표와 어떻게 조화시킬 수 있을까? 도시의 자동차 통행을 줄이려면 자전거 도로를 만들거나 차도를 개선해야 한다. 하지만 추가적인 교통 체증에 두려움을 갖고 있는 자동차 운전자들을 어떻게 동참시킬 수 있을까? 이것 또한 서로 충돌하는 삶의 형태에 관한 이야기다.

이 모든 조치는 개인의 경제적 사정과 생활 방식, 혹은 구체적인 영향을 받는 특정 사회 집단의 정치적 저항을 불러일으키는 편의성에 부담을 지우는 것과 같다. 독일 남부 지역에서는 주민들에게 풍력 터빈이 인기가 없어 풍력 발전 지역 지정을 연기하고 있다. 포르쉐 그룹은 자동차의 속도 제한을 저지한다. 지방에 거주하는 사람들은 휘발유 가격 상승에 항의한다. 게다가 효과적인 기후 보호는 전 세계적인 과제다. 국가가 생각할 수 있는 모든 변화는 궁극적으로 모든 나라에서 실행되어야 한다. 하지만 이는 국가의 정치적 역량을 넘어서는 것이다. 또한 이런 희생이 다른 나라를 각성시킬 것이라고 누가 진심으로 믿겠는가?

국민에게 전가하는 부담과 그로 인해 발생하는 손실에 대한 두려움은 정치적 불만으로 이어지며, 야당은 이를 선거 운동에 활용한다. 인지심리학자들에 따르면, 인간은 예상할 수 있는 손실에 대처하는 데 특히 어려움을 겪으며, 그 손실을 피하기 위해 행동한다고 한다.[23] 그 결과 기후 보호를 위해 실제로 필요한 정치적 계획들이 실패로 돌아간다. 정치학의 중위 투표자 정리(medium voter theory)에 따르면, 정치적 방향성은 정치적 스펙트럼상 중간에 있는 유권자들의 이익을 따르게 된다고 한다.[24] 효과적인 기후 보호 정책에 따른 부담이 바로 이 중간에 있는 광범위한 대중에게 지워지기 때문에, 그 어떤 정치적 다수도 이를 위해 힘을 쏟지 않는다. 정치인들에게는 필요한 개혁을 추진하고 관철하는 능력이 부족하다. 결국 계획은 연기, 축소, 또는 취소된다. 경유차와 업무 차량에 계속해서 보조금을 지급하고, 이모빌리티 대신 이퓨얼(e-fuel)을 사용하게 될 것이다.

그 이면의 문제는 이미 앞에서 언급했다. 이전에 외부화했던 환경 비용을 내부화하면 규제와 재정적 부담이 뒤따르지만, 더 멀리 떠나는 휴가, 더 좋은 학교, 혹은 더 좋은 자동차 등과 같이 직감할 수 있는 실질적 번영으로 이어지지는 않는다. 기후 투자의 장기적 효용 가치는 생존 조건의 지속성을 보장하지만, 이는 아직 실현되지 않은 미래의 일이다. 일반적으로 기후 보호에 찬성하는 목소리를 내는 것은 별개의 문제다. 아울러 구체적이고 개별적인 논리를 갖고 정치적으로 지지하는 것은 또 다른 문제다.[25]

여기서 기후 보호가 분배에 미치는 영향이 중요하다. 정치적으로 기후 정책은 사회 정의와 분리해서 생각할 수 없다. 대표적 사례는 2019년 프랑스에서 이른바 '노란 조끼 시위'를 촉발한, 친환경적 동기로 인해 단행한 휘발유 가격 인상이다.[26] 많은 기후 보호 조치가 저소득 가구에 불균형적으로 과도한 부담을 안긴다. 독일에서 2022년까지 부과했던 재생 가능 에너지 부담금은 전체 가구에 연간 최대 300억 유로의 부담을 지웠다. 전기를 많이 사용하는 기업들은 경쟁력을 이유로 부과금을 면제받았다. 소비세로 부과된 이 비용은 특히 저소득층에 큰 부담을 주었다. 이와 동시에 태양광 발전 시스템을 통한 전기 생산에 지급되는 발전 차액 지원 제도(태양광 발전으로 전기를 생산했을 경우 돈을 지급받는 제도─옮긴이)는 전기차 보조금처럼 고소득층에 혜택이 돌아간다.[27] 여론 조사에서 부유층이 빈곤층보다 에너지 전환에 찬성하는 것은 우연한 일이 아니다.[28] 그럴 만한 이유가 분명히 존재하는 것이다.

분배 정책적 측면에서 시정되지 않는 기후 정책의 재분배 효과는 정치적 저항을 키우고, 시끌벅적하게 선포한 정치인들의 기후 목표 관련 의지를 약화시킨다. 이미 내려진 정치적 결정도 일관되게 준수할 수 없는 상황이 된다. 그래서 네덜란드에서는 기성 정당들, 특히 기독민주당이 농민 시위 이후 동물 개체수를 줄이기로 한 계획을 파기하거나 축소시키려 한다. 영국 정부는 2023년 여름, 내연 기관 자동차의 신규 등록 금지 조치를 2030년에서 2035년으로 미루고 이미 합의된 그 밖의 기후 보호 조치도 완화하기로 했다. 그 원인은 선거와 관련된 전술적 배경에 있다. 종종 그와 같은 조치를 지지하지 않는 보수당 유권자들이 두렵기 때문이다.[29] 독일에서는 2023년에 건축 및 운송 부문의 이산화탄소 배출에 따른 비용을 추가로 인상할 계획이었다. 하지만 에너지 가격 상승으로 이와 같은 계획을 연기해야 했고, 휘발유와 전기 소비에 대한 보조금을 더 많이 지급했다. 에너지 가격 상승으로 인한 가계의 추가 부담에 대해서도 정치적으로 대응해야 했다. 최소한 에너지 가격 상승을 억제하고 가용 에너지를 확보하기 위해 이미 폐쇄했던 석탄화력발전소를 재가동하기 시작했다. 2022년은 전 세계 석탄 생산량이 최고치를 경신한 해이기도 하다.[30] 정치적으로 여러 가지 스트레스 요인이 작용하는 가운데 자연은 뒷전으로 밀려났다고 요약할 수 있다.

기후 보호 정책은 소득과 부 재분배의 필요성을 증대시키지만, 정치적으로는 험난한 한계점에 부딪힌다. 시장을 믿는 정치계가 사회적 불평등을 줄이는 게 아니라, 전 세계적 기후 안정화를 위해 재분배 조치를 마련하는 건 어려운 일이다. 에너지 전환으로 인한 국민의 추가 부담을 축소하기 위해 독일에서 구상한 기후 기금은 아직 시행되지 않았으며, 적어도 2025년까지는 정치적 의제에서 제외된 상태다.[31] 이산화탄소 가격 책정에 따른 수익은 이미 대규모 산업 전환 또는 수십 년 동안 방치해온 철도 선로 보수 작업 등과 같은 다른 목적에 할당되었다. 새로운 난방을 설치하는 일부 개인 가정에만 자금이 돌아갈 뿐이다. 이로써 기후 보호 약속을 어기고, 그에 따른 정치적 저항을 부채질한다. 그리고 기후 보호에 대한 의지를 약화시키고 그 진행 속도를 늦추는 결과를 낳는다.

하지만 재분배 문제는 개인 가정 차원에서만 해결되는 것이 아니다.[32] 정치적 권력의 균형도 이와 관련된 갈등이다. 예를 들어, 에너지 전환 정책의 일환으로 독일에서는 바람이 많이 부는 북부 지역의 에너지 생산을 늘렸고, 이로 인해 바이에른과 바덴뷔르템베르크는 원자력 에너지를 잃게 되었다.[33] 이는 에너지 생산지로서 매력이 남부보다는 북부에 집중되는 결과를 가져왔다. 라인(Rhine) 지구와 라우시츠(Lausitz) 혹은 폴란드의 석탄 생산 지역에서는 에너지 전환으로 기존 경제 구조가 근본적으로 흔들림으로써 일자리와 삶의 기반을 잃게 되었다. 이 모든 것이 정치적 반발로 이어진다.

또 다른 갈등은 세대를 따라 사회를 관통한다. 나이가 많은 사람들은 기후 변화의 영향을 덜 받고, 젊은 사람일수록 기후 보호에 더 큰 관심을 갖는다. 따라서 인구가 고령화할수록 기후 정책 조치에 대한 지지는 감소한다.[34] 기후 보호는 세대를 초월한 과제다. 하지만 어느 세대가 그 비용을 부담하겠는가? 또한 기후 보호 정책에는 정치적 권력의 균형을 바꾸는 문제도 있다. 기후 보호 관점에서 보면 사회 변화는 특정 문화와 관련 있는 정치 집단을 강화한다. 이를 독일에서는 주로 도시에 거주하며, 문화적으로 진보적이고, 소득이 높고, 기후 보호에 앞장서는 유권자들이 녹색당에 힘을 보태는 사례에서 확인할 수 있다.[35] 따라서 기후 변화는 일반적인 문화 전쟁의 일부가 되어 정치적 행동을 취하는 게 한층 복잡해졌다.

또한 이념적으로 보면, 기후 정책은 시장 기반의 자유방임 정책에서 국가 중심의 경제 정책으로 그 무게중심이 이동된다. 대규모 민간 투자가 필요하지만, 요구되는 인프라 전환은 기업만으로 자금을 조성하고 이를 조정하며 진행할 수는 없다.[36] 시장 이데올로기를 지지하는 사람들은 기후 정책으로 인해 국가의 중요성이 커지는 것에 반대한다. 기후 위기 해결 방법을 찾는 데 독일에서는 많은 경제학자들이 성체현시대(聖體顯示臺: 가톨릭에서, 예수 그리스도의 몸인 성체를 모셔두는 곳. '성체 감실'이라고도 한다—옮긴이)처럼 받들고 있는 '균형 재정'에 의지하고,[37] 미국에서는 무엇보다 공화당 정치 이념에 따라 그 해결책을 시장의 과제로 여긴다. 하지만 이는 효과가 없으며, 사실상 기후 변화를 부정하는 것과 같다. 한편으로는, 삶의 자연적 기반은 공동선인데, 이를 보존하려는 개인에게 부여하는 유인책이 부족하기 때문이다. 다른 한편으로는, 기후 친화적 인프라 개발은 시장을 통해 이루어지기보다 국가 규제 및 자금 조달과 그에 따른 유인책으로 가능하기 때문이다.[38] 하지만 기후 보호를 위한 정책이 물질적 차원이 아닌 이념적 차원의 승자와 패자를 가르게 될 경우, 이 정책이 진전을 보이지 못하거나 매우 느리게 진행되는 것도 놀라운 일은 아니다. 기후 변화는 정치의 새로운 문화적·사회적 분열을 초래하는 요소가 될 것이다.

강력한 기후 정책을 추진하는 데 있어 또 다른 정치적 장애물은 기존 생활 방식 및 소비자가 갖고 있는 환상에 개입한다는 점과 관련이 있다. 이런 변화로 발생하는 문화적 저항은 예를 들어, 항공편 수를 줄이거나 속도 제한을 도입하는 논의에서 볼 수 있다. 이런 조치는 흔히 당연시되는 자유권에 대한 침해로 여겨진다. 육류의 값을 더 비싸게 책정하고 주거지나 주택의 면적을 줄이는 것—이것은 과연 누구의 판단에 의한 것인가?—처럼 '과하다'고 분류되는 조치는 저항에 부딪히며, 정치인들은 이를 회피하고자 한다.

계몽주의 이후, 특히 지난 50년간 전통적인 생활 방식과 그에 따른 규범에 점점 더 의문이 제기되었으며, 이는 무제한적인 개인 생활 방식으로 대체되었다. 개인의 자유라는 이름으로 규칙을 문제 삼는 문화에서는 절제 명령이나 좀더 공동체 지향적인 생활 방식을 실현하기 어렵다.[39] 의무에서 벗어나고 그에 따른 편안함을 권리로 여기면, 사람들은 자신의 생활 방식이 초래한 생태학적 결과를 무시하게 된다.[40] 특히 자본주의적 근대에서는 과잉이 경제 활동의 기본 원칙이기 때문이다. 독일의 한 크루즈 회사 대표는 어느 인터뷰에서 "포기한다고 해서 세상이 더 좋아지는 것은 아니다"라는 말을 인용했는데, 이는 자본주의적 근대의 본질을 잘 요약한 것이다.[41] 무제한적인 개인주의가 다음 분기 수치를 위해, 다음 선거의 결과를 위해, 그리고 현재의 즐거움을 위해 미래를 판다.

기후 중립적인 경제 활동이 기존 생활 방식을 변화시키는 데 대한 저항을 보여주는 대표적 사례는 1992년 리우데자네이루에서 열린 기후정상회담 때, 조지 H. W. 부시 전 미국 대통령이 '미국인의 생활 방식'은 협상의 대상이 될 수 없다고 한 발언이다. 아직도 미국인들의 이산화탄소 평균 배출량은 유럽인들의 2배가 넘는다. 도널드 트럼프는 2016년 미국인의 생활 방식에 간섭하는 불필요한 파리기후협정에서 탈퇴하겠다며 유권자들에게 어필했다. 트럼프는 사람들이 책임질 수는 없다면서 기후 변화를 가볍게 무시하거나 기후 보호가 쓸데없는 것이라는 정치적 환상을 불러일으켰다. 기후 위기에 대한 정치적 대응이 더딘 이유는 거침없는 소비주의와 (3장에서 살펴본 것처럼) 기업에서는 물론 (이번 장에서 알 수 있듯) 정치에서도 만연한 노골적인 허위 정보 때문이다.

기후 문제에 관한 사회적 합의를 도출하는 데는 큰 어려움이 있다. 포퓰리즘적 움직임, 정당의 결속력 약화 그리고 소셜 미디어를 통해 대량 유포되는 가짜 뉴스로 인해 사회의 정치적 통제 능력이 점점 더 불안정해지고 있기 때문이다. 아울러 기후 정책은 갈수록 '지식인'과 '전문가'를 비교하는 문화 쟁점의 일부가 되고 있다. 일부 정치인과 국민이 이를 '시스템'에 대한 위협으로 인식해 전적으로 거부해야 한다고 주장하기 때문에, 적어도 이때는 더 이상 기후 정책을 객관적으로 논의할 수 없다.

선거를 통한 대중의 충성도에 의지하는 정치 질서에서, 기후 목표 달성을 위해 주어진 시간 내에 효과적인 기후 보호 관련 정치적 조치를 실행하기에는 매우 어려운 상황이다. 이미 채택된 조치라도 유권자의 충성도를 잃지 않기 위해, 새로운 유권자를 확보하기 위해 포기 또는 완화된다. 여기에도 단기적인 정치적 유혹과 기후 변화의 장기적인 과정 사이에 시간적 불균형이 작용한다.

다시 말하면, 기후 보호는 시간이 매우 중요하며, 이를 연기하는 것은 **돌이킬 수 없는** 피해를 허용한다는 의미다. 그러나 정치는 이 문제를 지연시키는 방식으로 접근한다. 따라서 "시장 및 그와 관련된 정치 시스템의 단기적 시간 척도와 지구 시스템이 인간 활동에 적응하는 데 필요한 훨씬 더 긴 시간 척도 사이"에서 합의를 이끌어내는 데 어려움이 있다.[42] 그에 따른 피해는 시간이 많이 지난 후에나 드러난다. 책임 있는 정치인들이 자리를 떠난 후에야, 종종 그들이 수명을 다한 후에야 나타난다. 정치적으로 기대하는 긍정적 결과가 비교적 먼 미래에 드러난다면, 현재 인기 없는 결정을 내리는 것은 매력적이지 않다. 정치적 시간 논리에 따르면, 긴급한 것을 지향하고 단기적인 정치적 위험은 미룬다. 찝찝할 경우, 다른 위원회를 설치하는 방법으로 해결한다.

결국 국가가 기후 변화 문제 관련 조치를 주저하는 것은 정치적 의사 결정 과정이 여러 단계로 구성되어 있고 혼란스럽기까지 하기 때문이다. 1970년대에 정치학자 프리츠 샤르프(Fritz Scharpf)는 이른바 다단계 정치에서 정치적 의사 결정의 어려움을 분석했다.[43] 정치적 의사 결정은 연방 구조에서 특히 매우 다양한 단계에 걸쳐 분산되어 있다. (하지만 연방 형태에서만 그런 것은 아니다.) 예컨대 지방 자치 단체, 주 또는 연방 차원에서 각기 의사 결정이 이루어진다. 또한 유럽연합 같은 초국가적 의사 결정 권한과 국제법에 따른 추가적인 의무도 있다. 상호 연동되는 이런 규제 수준은 "정치적 상호 의존의 함정"으로 이어진다.[44] 즉, 각 단계 사이의 권한 다툼, 장기간에 걸친 계획 절차, 전반적으로 느리고 전혀 조율되지 않거나 제대로 조정되지 않은 정책으로 이어진다.

독일 국내 상황에만 국한해서 보면, 풍력 에너지의 확대는 풍력 터빈을 설치할 수 있는 지역 설정을 어떻게 하느냐에 달려 있다. 연방 경제부 장관이 풍력 에너지 확대 목표를 설정할 수는 있다. 하지만 해당 지역 지정, 주거 건물과의 거리, 자연 보호 측면 고려 등은 주 정부가 자체적으로 조건을 정해야 한다. 또한 행정적인 측면에서 보면, 계획 승인 절차 과정에서 종종 해당 지역과 근접한 곳에 풍력 터빈을 설치하는 걸 반대하는 주민들과 협의를 진행해야 한다. 책임 소재가 광범위하게 분산되어 있고 구체적인 의견 차이가 자주 발생하기 때문에, 독일에서 풍력 터빈을 설치하려면 신청부터 승인까지 거의 2년이 걸린다. 독일풍력에너지협회 대변인에 따르면, 2022년 현재 "신청서를 제출하기로 한 순간부터 풍력 터빈을 실제로 가동하기까지" 5~7년 정도가 걸린다.[45]

현재 많은 국가에서 기후 보호의 필요성에 대한 원칙적인 정치적 합의 등 그 방향성과 관련해 명확한 공감대가 형성되어 있지만, 그에 상응하는 행동에 대한 합의는 다소 미약하다.[46] 적절한 조치에 대한 의견이 일치하지 않기 때문이다. 풍력 터빈을 더 늘릴까? 원자력 에너지를 계속해야 하나? 그래도 이퓨얼이 우리의 대안인가? 열펌프로만 가능한가? 펠렛(pellet) 난방 시스템도 대안인가? 이 모든 조치에 대해 논쟁의 여지는 충분하다. 절차와 책임부터 수단에 이르기까지, 세금 규정과 기술 표준부터 건축 규정에 이르기까지 결정해야 할 거의 모든 사항을 다양한 정치적 단계에서 협상해야 한다. 이 모든 게 분명 정치적 뒤엉킴과 권력 분배의 수레바퀴 아래 놓여 있다. 기후 변화에 대한 신속하고도 능동적인 대응이 그것이다.

마지막으로, 기후 정책의 또 다른 특징은 그 대상인 자연 자체가 정치적으로 침묵한다는 것이다. 이는 20세기에 자신의 권리와 사회적 재분배를 위해 싸운 노동자들과 다른 점이다. 자연은 자신을 대변할 수 없으므로 그 역할을 해줄 대변인이 필요하다. 따라서 자연은 가치에 기반한 사회 시스템인 정치와 경제는 물론 소비자와 국민에게도 오랫동안 무시를 당해왔다. 자연은 그저 이용할 수 있는 상수로 당연하게 여겨졌을 뿐이다. 안정적이라고 믿었던 자연 조건의 붕괴만이 가치 체계에 공명을 일으켰다. 자연은 현재 수동적-공격적 대상으로 인식되며, 지금까지 행위자가 의미 있는 행동을 하기 위해 항상 전제 조건으로 삼았던 것들이 더 이상 작동하지 않을 것이다. 하지만 자연은 대리적으로만, 즉 시민 사회의 법적·정치적 참여를 통해서만 자연이라는 '이름으로' 정치적 논쟁에서 자신의 목소리를 낼 수 있다. 그러나 이해관계의 강도와 다양한 의사 결정 수준을 고려하면, 이것만으로는 충분하지 않다. 계속해서 노동 운동과 비교해보면, 현재 노동조합 사무실은 있지만 시위와 파업을 하는 노동자는 없다. 설령 존재한다고 해도, 그들은 자신의 요구를 누구에게 전달해야 할지 모른다.

대체로 정치 행위자들의 행동 능력은 언뜻 보이는 것보다 훨씬 더 제한적이라고 할 수 있다. 여기에 어떻게 대응해야 할까? 두 가지 방어 전략이 있다. 첫 번째는 급진적 기후 보호 조치를 일관적이고 즉각적으로 시행할 것을 요구하는 사회 운동을 비방하는 전략이다. 일부 정치 행위자들은 이들을 심지어 테러 조직과 연관시키고, 개별 활동가를 병적이라고 비난한다. 그리고 많은 정치인이 사회 운동은 문제 해결에 생산적으로 기여하지 못한다고 규정한다.[47] 관련 전문가들이 기후 운동은 특별히 전투적이라 여기지 않음에도 말이다.[48] 정치인들이 경고하는 사람을 평가 절하하는 것은 "지식에 대한 의사소통을 거부"하는 전략이다.[49] 이는 정치적으로 해결 불가능한 문제에 관한 관심을 분산시키기 위함이다.

두 번째는 기후 보호를 효과적으로 시행하는 듯한 착각을 불러일으키기 위해 정치적 약속을 하는 전략이다. 2050년까지 유럽은 기후 중립을 달성할 것이라고 한다. 하지만 투자는 이 목표를 달성하는 데 필요한 것보다 현저히 부족하다. 이와 같은 모순을 의사소통 차원에서 풀기 위해 유럽연합은 이 문제의 해결책을 미래로 미루고자 합의했다.[50] 특히 유럽연합의 '삼림 전략 2030'은 기괴해 보인다. 유럽연합 집행위원회는 2020년까지 이 전략의 일환으로 10년 안에 30억 그루의 나무를 새로 심기로 약속했다. 나무는 이산화탄소를 저장해 온실가스 수치를 개선하기 때문이다. 하지만 어린 나무는 이산화탄소를 거의 저장하지 않기 때문에 단기적 감축 효과를 기대할 수는 없다. 더욱이 그 수치를 보면, 이 전략이 완전히 터무니없다는 사실을 알 수 있다. 통계에 따르면, 유럽연합은 2023년 9월 말까지 총 1255만 7784그루의 나무를 새로 심었다.[51] 목표치의 0.5퍼센트에도 못 미치는 수치다. 이런 속도라면 6년은커녕 약 1000년 후에나 과제를 완료할 수 있을 것이다.

요약하면 경제적 이익에 대한 의존, 정치적 정당성에 대한 의존, 과도한 계획 및 재정적 요구, 갈등의 구조 및 행정적 의사 결정 구조의 논리는 국가와 정치가 기후 보호에 개입할 수 있는 합법적 기회를 충분히 활용하지 못한다는 것을 의미한다. 이는 다음과 같은 질문을 제기한다. 민주주의가 기후를 보호할 수 있는가? 환경 운동가뿐만 아니라 일부 기업의 대표와 과학자들도 이런 기후 위기 상황에서는 국가 규제가 부적절하다고, 즉 정책 실패를 가져오는 민주적 의사 결정 과정을 중단하고 '기후 독재' 혹은 생태학적 엘리트 통치를 수립할 것을 요구한다.[52] 변화를 위한 민주적 과정이 오래 걸리고 '너무 늦어지기' 전에—적어도 기후 위기 문제를 해결하기 전까지—이런 구조를 철폐해야 한다. 기후 목표를 달성하는 데 실패해 산출물의 정당성을 상실한 국가는 결과적으로 투입물의 정당성도 상실하게 된다. 이는 다음과 같은 목소리를 들어보면 알 수 있다. 즉, 다원적 민주적 절차에는 문제가 있으며 "기후 위기를 해결할 능력이 안 된다!" 이런 권위주의로의 전환은 여러 면에서 결함이 있다. 만약 어떤 정치 집단이 이런 기후 독재를 진지하게 추진한다면 어떤 일이 벌어질까? 분명, 사회에 엄청난 저항이 있을 것이다. 또한 참여와 통제 없이 이런 '기후 독재자'가 장기적 관점에서 실제로 원하는 방식으로 기후를 관리할 수 있을지도 의문이다. 앞서 언급했던 이 문제의 사회적 복합성과 갈등적 요소가 해결책의 걸림돌이다.

자유민주주의적 기후 정책의 모든 단점에도 불구하고, 기후 위기의 다층적 갈등 상황은 민주적 구조, 즉 헌법적 절차와 다양한 이해관계 사이의 정치적 협상을 통해서만 효과적으로 해결할 수 있다. 이해관계의 다양성과 그에 따른 모순은 다원주의 사회의 자연스러운 특징이다. 하지만 민주적 구조의 역량에는 전제 조건이 있다. 공동선을 위해 헌신하는 정치적 대중이 필요하다. 또한 정치적 과정에서 다양한 목소리를 들어야 하며, 그 결정을 (객관적일 것이라고 여겨지는) 전문가의 견해를 기술적으로 구현한 것이 아니라 정치적인 것으로 이해해야 한다. 변화 과정의 결정을 지속적으로 지원하고, 기업과 가계의 (일시적인) 경제적 손실을 상쇄하고, 조정 서비스를 제공할 수 있는 권력과 재원을 갖춘 정치적 행동력을 갖춘 국가가 필요하다. 자유민주주의의 성공적인 기후 정책을 위해서는 시장에 사회 발전의 일차적 책임이 있다고 보는 국가가 아니라, 적극적으로 그 과정을 형성하는 국가가 필요하다.

민주주의의 기본 원칙인 선거를 통한 정당성은 적어도 정치 체계에서 다양한 선호를 표현하고 결정의 수용 가능성을 높인다. 권위주의 정권의 특징, 즉 갈등의 관점을 단순화하는 것은 기후 보호를 둘러싼 사회 내부의 분쟁을 더욱 심화시킴으로써 효과적인 기후 정책을 더 멀리 밀어낼 가능성이 높다. 하지만 반대로 잘못된 기후 정책이 정치적 권위주의를 조장하는 것 또한 사실일 수 있다. 기후 정책이나 그 실패가 사회적·정치적·문화적 양극화를 초래하는 경우가 여기에 해당한다.[53] 실제로 이는 기후 보호 조치를 둘러싼 정치적 논쟁에서 확인할 수 있다. 코로나19 팬데믹이 적당한 예시를 제공한다. 예컨대 팬데믹 기간에 정치적으로 개인의 자유를 제한하자 의사 결정 구조의 정당성에 의문을 제기하는 포퓰리즘적 반대 운동이 일어났다. 이런 민주적 제도의 정당성 상실은 기후 정책에서 더 큰 규모로 재현될 수 있다.

전 세계적 번영

자본주의적 근대는 보편성을 주장한다. 세계 일부 지역에서 성장과 경제적 번영이 먼저 나타날 수 있지만, 이는 일시적으로 앞서가는 것뿐이다. 어느 시점이 되면, 모든 국가가 그러한 번영을 따라잡을 것이다. 당장은 아니더라도 언젠가는 말이다. 지속적이고 광범위하게 번영할 것이라는 상상 속 미래는 자본주의적 근대의 포괄적 확신에 기반한 물질적 약속이다. 이런 "서구적 보편주의"[1]는 전후 시기의 발전 이론으로 특히 더 강력하게 표현되었다. 1950년대 후반 미국 경제학자 월트 로스토(Walt Rostow)가 언급한 도약(take-off) 개념에 따르면, 머지 않은 미래에 이른바 개발도상국도 성장의 소용돌이 속으로 끌려 들어올 것이다.[2]

이와 같은 미래에 대한 예측이 나온 지 60여 년이 지난 지금, 로스토 이론의 타당성에 대해서는 다양한 의견이 있다. 한편으로, 오늘날에도 수억 명이 여전히 절대 빈곤에 시달리고 있다. 지난 반세기 동안 경제적 번영은 미미한 정도에 그쳤고, 많은 사람이 중진국 함정(middle income trap)이라는 구간에 갇혔다. 반면, 수십억 명은 적어도 극심한 빈곤에서 벗어났으며, 1950년대만 해도 가난했던 일부 국가는 현재 눈부신 번영을 이룩했다.

중국이 의심할 여지 없이 가장 인상적인 사례다. 이 거대한 국가의 경이로운 발전 결과 중 하나는 약 8억 5000만 명이 빈곤에서 벗어났다는 것이다. 하지만 중국의 온실가스 배출량은 지난 30년간 3배 이상 증가했으며, 2008년 중국은 세계 최대 온실가스 배출국이 되었다. 또 빠르게 발전하고 있는 인도는 이 불명예스러운 목록에서 3위를 차지했으며, 이산화탄소 배출량도 빠르게 증가하고 있다.[3] 특히 중국은 재생 에너지에 상당한 투자를 하고 있지만 양국 모두 발전을 위해 화석 연료, 특히 자체 생산 석탄에 의존하고 있다.

기후 보호는 전 세계적으로 화석 연료의 사용을 줄여야만 달성할 수 있기 때문에 기온 상승을 제한하는 데에는 좋은 소식이 아니다. 재생 에너지를 확대한다고 해도 화석 연료의 사용이 줄어든다는 의미는 아니다. 영국, 일본 등 선진국의 석유 및 가스 소비가 줄어든다고 해서 **전 세계적으로** 그 분야의 소비가 감소하는 것도 아니다. 오히려 전 세계 인구 80퍼센트가 살고 있는 남반구 국가들의 경제 발전 및 인구 증가에 따라 더 많이 결정된다. 특히 신흥국이 급속도로 발전하고 있다. 그리고 아프리카 대륙은 금세기 말까지 인구가 3배 증가할 것으로 예상된다. 하지만 현재 아프리카 인구 중 6억 명은 여전히 전기 공급을 받지 못한다. 따라서 에너지 가용성 측면에서 보면, 만회해야 할

부분이 매우 크다. 기후 변화에 대한 대응이 부적절한 이유를 논의할 때 남반구 국가들과 세계 경제 시스템의 구조도 살펴봐야 할 필요가 있는 이유다.

남반구 국가들은 국민이 빈곤에서 벗어나 더 큰 번영을 이루기 위해 경제력을 확보해야 한다. 이는 더 많은 에너지를 공급해야만 달성할 수 있다. 하지만 역사적으로 이산화탄소를 거의 배출하지 않았던 국가들이 점차 주요 산업국이 된다면, 선진국에서 온실가스 배출량이 감소하더라도 절대량은 꾸준히 증가할 것이다.[4] 선진국 생활 수준이 전 세계로 확대될 경우 전체 이산화탄소 배출량은 4배 증가한다.[5]

아마도 세계 경제 질서의 구조는 이런 발전을 허용하지 않을 것이다. 하지만 자본주의적 근대 메커니즘은 생활 수준이 낮은 국가에서도 똑같이 작동하고 있으며, 그런 곳에서도 성장이 일어나리라는 것은 자명한 사실이다. 기업은 새로운 사업 영역을 발굴하려 하고, 정치는 성장으로 빈곤 문제를 해결하려 노력하며, 국민은 부유한 북반구의 소비 세계를 따라 잡기를 꿈꾼다. 또한 천연자원을 추출해 이익을 얻거나 수익성 좋은 새로운 시장을 찾는 외국 대기업들도 있다. 가치 있는 투자 기회가 생기면 성장에 대한 열망은 지구 어디에서도 멈추지 않는다. 하지만 여기에는 다음과 같은 의미도 있다. 즉, 더 많은 국가가 경제적 번영을 이룰수록 세계는 점점 더 생태적 재앙을 향해 함께 나아가게 될 것이다. 남반구가 북반구와 같은 정도로 석탄, 석유, 가스를 태우지 않으면서 경제 발전 방법을 찾는다면 그렇지 않겠지만 말이다.

남반구의 많은 국가는 세계 경제 시스템 내에서 불리한 위치에 있기 때문에 발전을 못 한 채 계속해서 가난한 상태로 남아 있을 것이다. 냉소적으로 보면, 이는 적어도 기후와 관련해서는 좋은 소식이다. 하지만 반드시 그런 것도 아니다. 한편으로, 빈곤은 다양한 이유로 높은 출생률과 연관이 있으며 세계 인구 증가는 더 많은 자원 사용으로 이어진다. 다른 한편으로 석유, 가스, 금속 같은 많은 천연자원과 비옥한 농경지는 주로 남반구 국가에 있다. 이런 자원은 종종 이들 국가의 가장 중요한 경제적 자산이다. 예를 들어, 콩고와 에콰도르에서는 석유 생산이 국가 수입의 상당 부분을 차지한다. 칠레에서는 주로 구리와 리튬 같은 금속을 채굴한다. 인도네시아에는 니켈 매장량이 꽤 많을 뿐만 아니라, 열대 우림을 개간하고 야자수를 심어 만든 농경지도 보유하고 있다. 특히 야자수 열매의 기름은 무엇보다도 유럽인이 아침 식사 때 빵에 발라 먹는 초콜릿 크림의 원재료다. 대안이 없다는 점을 고려할 때, 자원이 풍부한 국가는 다국적 기업의 도움을 받아 계속해서 보물을 추출해 부유한 국가에 판매할 것이다. 최악의 경우, 군벌이나 외국 용병의 통제하에 국가 구조가 붕괴한 상황에서 자원 착취가 일어날 수 있다.

지구가 계속 뜨거워지지 않으려면, 화석 연료를 채굴해서는 안 된다. 그리고 자원 채굴로 인해 파괴된 생태계는 기후 변화 억제, 생물다양성 보존, 환경 오염 방지를 위해 보호해야 한다. 남미, 콩고 분지, 남아시아의 열대 우림은 거대한 이산화탄소 저장소다. 아마존 열대 우림의 추가 삼림 벌채는 지구 기후의 잠재적 전환점으로 간주되며, 최악의 경우 이 지역은 대초원 지형으로 변할 수 있다. 그럼에도 불구하고 원시림의 삼림 벌채가 놀라운 속도로 진행되고 있다. 2022년에만 전 세계적으로 스위스 면적 정도의 삼림이 벌목으로 사라졌다.[6] 국가 차원에서 보면, 삼림은 막대한 경제적 자원이다. 삼림에는 목재를 비롯해 가치 있는 금속 및 다양한 원자재가 포함되어 있으며, 삼림 벌채를 통해 새로 개간한 땅에서는 농업 생산이 가능해진다. 삼림에서 추출한 원자재와 농산물은 종종 북반구나 중국으로 수출되고, 현지의 생활 수준을 높이는 데 이바지한다. 현재까지 아마존 열대 우림의 약 17퍼센트를 벌목한 것으로 추정된다. 일부 학자들은 전체 면적의 5퍼센트만 더 벌목하면, 아마존의 기후 시스템이 완전히 붕괴할 것으로 예상한다.[7]

경제 성장을 위해 더 이상 자연이 희생되는 걸 막으려면, 전 세계적인 공조로 남반구 국가에 상당한 지원을 해야 한다. 기후 변화는 전 세계의 공동선과 관련된 문제다. 하지만 자원 착취에 대한 이해관계를 뛰어넘을 수 있는 정치적 통제 능력이 상실된 상태다. 자원을 추출할 수 있는 국가는 자국의 개발 모델을 그 자원을 통해 얻는 수익에 의존한다. 이런 국가들이 겪는 빈곤과 세계 경제 질서에서 의미 있는 가치 창출을 이뤄낼 경제적 대안의 부족으로 인해 이들 국가엔 다른 선택의 여지가 없다. 이들의 손실 소득을 보상하기 위해 북반구에서 광범위한 보조금 지급을 결정하거나 세계 경제 시스템을 근본적으로 재편해야 이런 상황이 바뀔 것이다. 국제 기후 회의의 모든 미사여구에도 불구하고 필요한 지원 조치는 시작되지도 않고 있다. 2장에서 설명했듯 여러 세기 동안 식민지 자원 착취에 기반해온 세계 경제 시스템도 재편되지 않을 것이다. 국제 분업의 시각에서는 남반구에서 채취한 천연자원을 북반구로 가져와 가공하고 소비함으로써 이뤄지는 가치 창출을 구상한다. 현재 원자재 주요 수입국으로 부상한 신흥 개발도상국들로 인해 이런 상황이 부분적으로 바뀌고 있다. 그 대표적인 국가가 중국이다. 하지만 지난 500년 동안 이어져온 자본주의적 근대의 경제적 구조를 지리적으로 변화시킨다고 해도, 이와 같은 경제 번영의 확대는 전 세계적 에너지와 원자재에 대한 욕망을 증대시킬 뿐이다.

콩고민주공화국의 사례는 자원 채굴이 환경에 어떤 영향을 미치는지 잘 보여준다. 콩고민주공화국 정부는 2022년에 음페카(Mpeka) 지역의 석유 채굴권을 매물로 내놨다. 알려진 정보에 따르면, 이 지역에서는 하루 최대 100만 배럴의 원유를 추출할 수 있다고 한다. 연간 수입은 총 320억 달러에 달할 것으로 예상되며, 이는 현재 콩고민주공화국 국내총생산의 절반 이상을 차지한다.[8] 하지만 음페카의 열대 우림과 이탄지(泥炭地)는 거대한 이산화탄소 저장소다. 석유 생산으로 인한 생태학적 결과는 엄청날 것이다. 열대 우림 생태계는 석유 생산에 따른 화학적 공정으로 오염될 뿐만 아니라, 주거지로 변모해가는 과정에서 지속적으로 줄어들어 더 큰 피해를 안겨줄 것이다. 거기에다 석유를 태워 발생하는 배출 가스도 여기에 더해진다.

콩고민주공화국 정부는 열대 우림에서 석유 생산이 생태계에 미치는 심각한 영향을 잘 알고 있음에도 북반구의 압박에 저항하고 있다. 2022년 가을 미국 기후 특사 존 케리(John Kerry)가 일부 지역에서만이라도 채굴 허가를 내주지 말라고 요구하자, 에브 바자이바(Ève Bazaiba) 환경부 장관은 국가 경제 발전을 저해할 우려가 있다며 이를 거부했다.[9] 기후 변화에 대한 책임은 북반구에 있다면서 말이다. 석유 생산을 반대하는 것은 경제 발전에 대한 콩고민주공화국의 권리를 부정하는 것이다. 또 다른 정부 관계자에 따르면, 콩고민주공화국의 우

선순위는 경제 발전을 통해 빈곤을 줄이는 것이지, 지구를 구하는 것이 아니다.[10]

이 사례는 매우 불평등한 세계 경제 시스템이 궁극적으로 전 세계에 없어서는 안 될 생태계를 보호하는 데 어떻게 작용하는지 보여준다. 콩고민주공화국에서 재원을 조달하는 유일한 방법은 자국의 천연자원을 채굴하는 것이다. 빈곤 퇴치를 기후 보호보다 더 우선해야 하므로 생태적 고려 사항은 뒷전으로 밀릴 수밖에 없다. 최빈국에선 화석 연료를 추출하고 활용하는 것이 온실가스 배출을 줄임으로써 얻을 수 있는 것보다 더 높은 삶의 안정을 가져온다.

하지만 자연을 파괴하는 남반구의 자원 착취가 북반구의 의지에 반해 일어난다고 생각한다면 완전한 오판이다. 미국 기후 특사 케리의 항의는 철저히 위선적인 것이다. 그 자원들은 서구와 (점점 더) 중국 기업의 도움을 받아 추출될 뿐만 아니라, 거의 모든 것이 북반구에서 가공 및 소비된다. 콩고민주공화국의 석유는 유럽인이 여름 휴양지로 이동하는 데 쓰이는 휘발유로 정제된다. 환경적 측면에서 심각한 영향을 미치고 높은 사회적 비용을 투입해 채굴하는 콩고민주공화국산 코발트는 유럽과 미국의 에너지 전환을 주도하고 있는 전기차의 배터리에 쓰인다.

기후 논쟁에서 남반구 국가들은 무분별한 천연자원 착취 때문에 비난받는다. 하지만 국제 분업의 불평등은 믿을 수 없는 위선을 만들어낸다. 이 무분별한 착취의 혜택이 결국은 기술과 자본금으로 이 모든 것을 가능케 하는 북반구 국가에 돌아가기 때문이다. 독일 정부는 국내에서 열펌프와 풍력 터빈을 홍보하는 한편, 다른 나라의 화석 연료 추출을 확대하는 데에도 관여한다. 러시아산 가스를 대체하기 위해 예를 들어 세네갈과 모리타니에서 새로운 가스전 개발에 참여하고 있다. 세네갈은 매년 1000만 톤의 액화천연가스를 독일에 공급할 예정이다.[11] 열대 우림 보호에도 똑같은 이중성을 적용한다. 다국적 기업과 투자자들은 자본 수익 창출의 원천으로 열대 지방의 농경지에 점점 더 집중하고 있다. 관련 국가는 그들이 수익을 약속하기 때문에 이와 같은 투자를 허용한다. 하지만 발생한 수익 대부분은 북반구의 자본 소유자에게 돌아간다. 부유한 국가의 부를 늘리기 위해 토지를 빼앗아 자연을 파괴하는 식민지 패턴이 반복되고 있는 것이다.[12]

세네갈이든 콩고민주공화국이든 남반구 국가에서는 절실히 필요한 수익을 원자재 판매와 농지 확장으로 확보한다. 이러한 자원 개발이 실제 빈곤 퇴치에 기대할 만한 결과를 가져오는지는 또 다른 문제다. 대부분의 경우 그 이익은 일반 대중보다는 다국적 기업과 지역 엘리트층에게만 분배되는 경우가 많은데,[13] 이는 경제학에서 "자원의 저주"라고 알려진 현상이다.[14] 1960년대부터 시작된 나이지리아의 석유 붐이 대표적인 사례다. 나이지리아는 빈곤에서 벗어나지 못했으며, 니제르강 삼각주의 엄청난 환경 파괴를 초래하고 부패한 정치 구조를 정착시켰다.[15] 하지만 이런 온정주의적 반대에도 콩고민주공화국 정부의 계획은 멈추지 않을 것이다.

이와 같은 계획은 콩고민주공화국만 갖고 있는 것이 아니다. 알제리, 나미비아, 모잠비크, 나이지리아, 우간다, 가나, 탄자니아 같은 다른 아프리카 국가들도 가스와 석유 판매로 수십억 달러의 수익을 기대하고 있다. 현재 우간다와 탄자니아는 새로운 프로젝트를 추진 중이다. 석유를 (양국을 통과하는) 약 1500킬로미터 길이의 파이프라인을 통해 인도양으로 보낸 다음, 그곳에서 배편을 이용해 전 세계로 운송하는 계획이다. 이로 인해 환경에 지대한 영향을 미치고 지역 주민들의 이주와 재정착 등 사회적 비용이 많이 소요될 것으로 예상된다. 두 나라는 이 프로젝트로 매년 20억 달러의 국가 예산을 창출할 것이라고 내다본다. 탄자니아 정부는 콩고민주공화국과 같은 논리로 이에 대한 비판에 맞서고 있다. 탄자니아 에너지 장관에 따르면, 이 원유 개발 프로젝트를 비판하는 것은 북반구의 "탄화수소 특권에 대한 갈망"의 또 다른 표현이다.[16] 아프리카연합은 "사회적으로 책임 있는 기후 친화적 경제로의 전환을 위해 가스 생산의 확대"가 필요하다며, 기후를 보호하자는 북반구의 호소와 반대 입장을 취한다.[17] 전 세계 온실가스 발생에서 아프리카가 기여하는 비율은 4퍼센트 미만이다. 수출을 통한 수익은 자체 에너지 전환을 위한 그들 국가의 재정적 기반이다.

현재 석유와 가스 생산이 확대되는 중요한 동기는 북반구의 화석연료 수요가 중기적 시각에서 감소할 것으로 (아프리카에서도) 예상한다는 점일 수 있다. 그러면 아프리카의 자체 자원은 적어도 수출을 통한 수익 확보 측면에서 경제적으로 평가 절하될 것이다. 여기서도 이익을 지속적으로 극대화하는 방법과 관련해 의문이 제기된다. 아마도 이를 위해 매장지의 신속한 개발과 추출이 필요할 수도 있다. 매우 시급하게 말이다.[18] 그러면 북반구 에너지 전환의 역설은 더 적은 양의 화석연료를 사용하는 미래에 대한 기대감을 조성해 단기적인 연소를 강화하는 것일 수 있다.[19]

당연히 아프리카 국가들은 2022년 우크라이나 전쟁으로 인한 에너지 위기를 기회로 전 세계 수요 충족에 이바지하겠다고 제안했다. 예를 들어, 이집트는 액화천연가스 가격이 크게 오르자 유럽으로의 가스 수출을 확대하려 했다. 이는 더 많은 수익을 약속하는 시장 가격에 반응한 것이다. 유럽은 이 가스 수입 덕분에 러시아 파이프라인 봉쇄가 초래한 장기적 에너지 위기를 피하고 긴장된 정치적 상황을 진정시킬 수 있었다. 하지만 이집트 내에서는 이 수출로 인해 에너지 부족 사태가 발생했다. 액화천연가스 수출을 위해 정부는 국민들에게 가스 절약을 장려하고, 자국 발전소에서 연소할 때 가스보다 더 많은 이산화탄소를 배출하는 중유를 사용했다.[20] 그 결과 이집트의 온실가스 배출량이 급격히 늘어났다. 이는 전 세계 권력 불평등이 기후에 미치는 영향을 구체적으로 보여주는 대표적 사례로 볼 수 있다.[21] 또한 가격 신호(묵시적 담합의 한 형태로, 다른 기업이 따라줄 것을 기대하면서 가격 인상을 발표하는 것—옮긴이)의 효과와 온실가스 배출지가 남반구로 어떻게 이동하는지 등을 보여주는 유의미한 지표다.

따라서 고도로 산업화한 국가에서 화석 연료 소비가 중기적으로 감소하더라도 이것이 반드시 전 세계적으로 석탄·석유 및 가스 생산량의 감소를 의미하는 것은 아니다. 수출은 화석 연료를 활용하는 방법 중 하나일 뿐이다. 예를 들어, 중국과 인도는 석탄을 대규모로 수출하지 않고 자국의 에너지 수요 증가를 충족하기 위해 사용한다. 아프리카 국가들도 에너지에 대한 수요가 높아지고 있다. 유럽과 미국이 과거에 그랬듯 아프리카도 마찬가지다. 즉, 에너지 가용성을 높여야만 발전을 할 수 있다. 더 많은 에너지가 있어야 아직 전기 없이 생활하는 6억 명의 아프리카인에게 전기를 공급할 수 있다. 특히 아프리카 대륙의 높은 인구 증가율로 인해 에너지 수요는 계속 늘어나고 있다. 예를 들어, 이집트에서는 매년 200만 명씩 인구가 증가하고 있는데, 이는 2015년 이후 국가 에너지 수요가 3분의 1 이상 증가한 이유 중 하나다.[22]

이와 같은 에너지 수요 증가 자체가 무엇보다 기후 변화를 부추긴다. 지구상에서 가장 더운 지역 중 상당수는 남반구에 있다. 점점 더 극심해지는 더위로부터 스스로를 보호하기 위해 더 많은 냉방 시설이 필요하다. 아시아에서만 2030년까지 에어컨 10억(!) 대가 추가로 판매될 것으로 예상하며, 이는 전력 소비가 급격히 증가하고 냉각수로 인한 환경 오염이 더욱 심화할 것이라는 뜻이다. 실증적 관찰에 따르면, 1인당 국민소득이 약 1만 달러 수준으로 늘어날 경우 에어컨 시설에 대한 수요가 폭발적으로 증가한다. 국제에너지기구는 냉방 장치로 인해 전력 소비가 금세기 중반까지 3배 증가할 것으로 추정한다.[23] 인도·베트남·태국처럼 장기간 폭염의 영향을 많이 받는 국가에서는 주로 기후에 매우 해로운 석탄으로 전기를 생산하는 경우가 많으며, 에어컨 시스템에 쓰이는 냉매도 배출될 때 대기를 오염시킨다. 그 배출량은 비교적 적지만 기후에 미치는 영향은 이산화탄소보다 수천 배 더 해롭다. 개인을 기후 변화의 결과로부터 보호하려는 조치가 기후 변화에 더 악영향을 미치는 악순환을 낳는 것이다.

남반구의 인구 증가와 경제 성장으로 지구 온난화가 더 이상 촉진되지 않으려면, 이들 국가가 재생 에너지에 기반한 개발을 추진해야 한다. 지금까지의 결과를 보면, 매우 엇갈린 모양새다. 중국은 전 세계에서 재생 에너지를 가장 적극적으로 확대하고 있는 국가이면서 한편으로는 화석 연료 소비가 지속해서 증가하고 있다. 또 모로코와 케냐 같은 일부 아프리카 국가가 재생 에너지에 크게 의존하는 반면, 가나 같은 다른 국가에서는 재생 에너지의 역할이 거의 없다. 전반적으로 전 세계 재생 에너지 투자의 2퍼센트만이 아프리카에서 이루어지고 있는 것으로 추정된다.

재생 에너지가 확대될 경우, 전력선이나 액화 수소 형태의 에너지 수출에 대한 기대가 에너지 정책 결정에 영향을 미친다. 모로코는 2025년부터 약 1만 톤의 친환경 수소를 생산해 수출할 수 있는 파일럿 플랜트(pilot plant: 새로운 공법이나 신제품을 도입하기 전에 시험적으로 만드는 소규모 설비-옮긴이) 건설을 위해 독일에서 3800만 유로를 지원받았다. 나미비아는 4건의 수소와 암모니아 개발 프로젝트를 위해 독일로부터 3000만 유로를 지원받고, 총 수십억 달러 규모의 민간 투자를 추가로 계획하고 있다. 이를 통해 나미비아는 아프리카의 주요 수소 수출국으로 발전할 것이다. 지역 주민들은 이런 에너지에서 혜택을 보지 못한다. 나미비아에서는 인구의 절반 이상 정도만 전기를 사용할 수 있으며,[24] 수소에 대한 수요는 없다. 여기서도 신식민주의적 자원 추출 정책이 분명히 드러난다. 이는 전 세계적 불평등을 미래로 이어지게 하며, 북반구에서만 기후 보호를 구현하게끔 하는 결과를 낳는다.[25] 아프리카 대륙의 전력 소비와 관련해서는 2030년에도 태양광 및 풍력 에너지가 전체 전력의 10퍼센트 미만일 것으로 추정된다.[26] 화석 연료를 사용하는 전력 생산에 훨씬 더 많은 투자가 이루어질 것이다. 발전소의 수명이 길기 때문에, 장기적으로 아프리카와 아시아의 많은 국가는 석탄·석유·가스를 계속해서 사용할 수밖에 없다.

앞서 언급한 이집트에서도 이런 현상을 볼 수 있다. 최적의 생산 조건임에도 불구하고 2022년 태양광과 풍력 발전의 비중은 이집트 전력 생산에서 5퍼센트 미만에 불과했다. 한때 목표는 20퍼센트였다. 미래에는 재생 에너지를 우선해야 하지만, 화석 연료를 대체할 수 있을지는 불투명하다. 이집트도 에너지 협력 관계를 통해서 유럽을 위해 친환경 수소를 생산할 예정이다.[27] 이집트는 자국 에너지 공급을 위해 주로 지중해에서 발견된 가스를 개발하는 데 의존하고 있다.[28] 2022년 말에는 시나이반도에서 또 다른 거대 가스전을 발견했다는 소식이 있었다.[29] 이로써 이집트는 화석 연료의 길을 따라 더욱 전진할 것이다.

대부분의 남반구 국가에서 친환경 에너지로의 전환이 더딘 이유는 필요한 인프라 구축에 막대한 투자가 필요하기 때문이다. 풍력 터빈과 태양광 패널을 설치하는 것뿐만 아니라, 효율적인 전력망을 구축하고 전력난에 대비해 저장 용량을 유지하는 것이 중요하다. 기반 시설이 부족한 국가는 완전히 새로운 에너지 시스템을 개발할 자원이 없다. 많은 지역에는 전력선조차 전혀 없다. 전기가 필요한 여유 있는 사람들은 디젤 발전기를 사용한다.

따라서 국제에너지기구는 개발도상국의 에너지 미래에 대해 매우 신중한 결론을 내렸다.

2021년 이후 기록된 청정에너지 투자 증가의 90퍼센트 이상이 선진국과 중국에서 이뤄졌다. ……높은 이자율, 불분명한 정책과 시장 구조, 재정적으로 취약한 공기업, 높은 자본 비용 때문에 많은 국가에서 투자를 꺼리고 있다. 놀랍게도 2021년 이후 선진국과 중국의 청정에너지 투자 증

가율은 전 세계보다 높다.[30]

2050년까지 기후 중립을 달성하려면, 현재 개발도상국의 재생 에너지 투자를 10년 동안 7배 늘려야 한다.[31] 이는 완전히 비현실적인 목표인데, 그 이유는 중국을 제외하곤 필요한 자본이 부족하기 때문이다. 이를 위해서는 수 세기 동안 남반구에서 북반구로 계속해서 흐르는 자원의 흐름을 바꾸어야 한다. 남반구 국가들은 금융 자본을 광범위하게 활용해야 한다. 하지만 이런 일이 일어나고 있다는 증거는 없다. 자본주의적 근대에 수 세기에 걸쳐 형성되어온 중심부와 주변부 간 사회적 불평등은 기후 변화에 대한 대응에서 부메랑으로 돌아온다.

북반구의 에너지 전환이 화석 연료 사용처를 단순히 옮기게 되는 것을 방지하기 위해서는 석유와 가스를 계속 매립된 상태로 남겨둬야 한다. 이는 특정 자원의 상품성을 없애고 삶의 자연적 기반을 구성하는 공유재로서 보존하는 데 이바지하도록 하는 문제다. 한 가지 제안을 하자면, 남반구 국가들이 석유와 가스 자원을 채굴하지 **않는** 대신 이산화탄소 저장소로 보존해 전 세계 공동선을 지켜주는 데 따른 보상을 하는 방법이 있다. 이산화탄소를 저장하고 높은 수준의 생물 다양성을 갖춘 열대 우림 같은 자연 서식지를 보호하는 것도 하나의 방법이다.

하지만 이는 어떤 조건에서 성공할 수 있을까? 전 세계적 협력이 필요하다. 10여 년 전 에콰도르에서 이와 관련해 흥미로운 실험을 진행했는데, 결과는 실패로 끝났다. 2007년 당시 라파엘 코레아(Rafael Correa) 에콰도르 대통령은 세계에서 가장 생물 다양성이 높은 지역 중한 곳인 야수니(Yasuní) 국립공원에 있는 10억 배럴에 달하는 유전에서 석유 생산을 중단하기로 합의했다. 국제 사회가 총 36억 달러를 신탁 기금에 지급해 수익 손실의 절반을 보상하라는 것이 에콰도르의 조건 이었다. 즉, 채굴을 하지 않음으로써 발생하는 비용을 에콰도르와 국 제 사회가 함께 부담하자는 것이다. 그리고 에콰도르에서 기금 사용 의 부패를 방지하기 위해 이 돈을 유엔에서 관리하도록 했다. 2013년 까지 모금된 금액은 합의한 액수의 0.5퍼센트에도 못 미치는 1300만 달러에 불과했다. 이후 에콰도르는 채굴 허가를 결정해 2016년 처음 으로 석유를 생산했다. 에콰도르는 가난하고 부채가 많은 나라로 석 유 수출을 통한 수익이 절실히 필요한 터였다.[32] 이러한 시도의 실패 는 기후 보호와 관련해 자본주의 경제의 구조적 문제, 즉 원자재 추출 을 통해서는 돈을 벌 수 있지만 자원을 활용하지 않음으로써 공동선 을 보존하는 것은 불가능하다는 걸 보여준다.[33]

기후 보호 및 기후 적응과 관련해 남반구를 지원하겠다는 약속이 깨지고 있는 것은 에콰도르에만 국한된 현상이 아니다. 2015년 파리 기후협정에서 선진국은 개발도상국의 기후 관련 조치를 지원하기 위 해 매년 1000억 달러를 투입하겠다고 약속했다. 이는 필요하다고 여 겨지는 금액에 한참 못 미치는 수준이다. 매년 그 금액의 10배, 즉 1조 달러가 필요하기 때문이다.[34] 하지만 이 약속조차 지켜지지 않았 다. 2020년까지 5년 동안 평균 지원금은 750억 달러에도 미치지 못했 다. 그 대부분도 신용기금 형태로 쏟아부어 국가의 부채를 더욱 높였 을 뿐이다.[35]

이 모든 것은 남반구가 특히 기후 변화에 영향을 받는다는 배경 아래 일어나는 일이다. 인도에서는 기온 상승으로 향후 농작물 수확량이 현저히 낮아지고 주식(主食)의 가격이 상승해 빈곤층의 기아가 증가할 것이다. 아프리카 중부에서는 점점 더 부족해지는 경제적 자원을 두고 여러 민족 사이에 잔인한 분쟁이 일어나고 있다. 나이지리아의 목축업자들은 전통적인 방목지가 점점 더 황폐해져 남쪽으로 이동할 수밖에 없었는데, 그로 인해 이전부터 그곳에서 농작물을 재배하던 농부들과 맞닥뜨렸다. 세계인의 눈에 띄지는 않았지만, 이 분쟁으로 지난 20년간 10만 명이 사망했다.[36] 그러나 변화된 기후 조건 때문에 부족한 경제 자원의 분배를 둘러싼 분쟁이 증가하는 것은 나이지리아만의 일이 아니다. 기후 변화는 사회 양극화를 심화시키고 사회의 단결을 와해한다. 그 결과는 비단 북반구에만 국한된 미디어 이슈가 아니다. 사람들이 기후로 인한 절망적인 상황에서 벗어나기 위해 이주하는 행렬은 지구상 부(富)의 경계에 따라 멈추지 않을 것이다.[37]

이 모든 것은 잘 알려진 사실이다. 그런데도 북반구의 지원을 보면 부끄러울 정도로 그 필요한 수준에 현저히 미치지 못한다. 이는 또한 2022년 이집트 샤름엘셰이크(Sharm el-Shiekh)에서 열린 기후변화협약 회의 때 채택한 '손실과 피해 대응을 위한 기금' 설립을 결정하는 데까지 영향을 미쳤다. 이 기금은 가난한 국가들에서 홍수나 허리케인 등 심각한 기후 관련 피해를 긴급히 복구하는 데 사용할 수 있는 피해 보험 역할을 한다. 기후 변화에 따른 비용을 추산하면 전 세계적으로 2010년에 이미 5000억 달러가 넘었으며, 이 중 80퍼센트 이상이 남반구에서 발생했다. 2030년까지 이 비용은 거의 2배 증가할 것으로 예상된다.[38] 이 기금은 개발도상국의 강력한 압박으로 인해 생겨났는데,

얼마나 조성되었는지는 알려지지 않았다. 남반구 국가들은 기존 기금이 다른 용도로 쓰이지 않았을까 우려하는데, 그 근거가 전혀 없는 것은 아니다. 북반구와 개발도상국 및 신흥국 사이의 불평등한 권력 구조로 인해 남반구 국가들은 대개 무시해도 좋은 요구를 하는 청원국으로 전락해 있다. 이는 기후 변화에 대한 선진국의 역사적 책임과는 무관하게 적용된다. 국제 질서는 도덕적 의견에 반응하지 않는다. 하지만 이는 남반구 국가의 기후 보호 및 기후 적응 조치 기회를 감소시킨다. 그 결과는 전 세계에 걸쳐 나타난다.

2021년 남아프리카공화국을 위해 마련된 국제 원조 기금을 보면 알 수 있다.[39] 미국과 유럽이 85억 달러의 기금으로 남아프리카공화국의 에너지 전환을 지원하기로 했다. 남아프리카공화국은 전력의 70퍼센트를 노후화된 석탄화력발전소에서 생산해 이산화탄소 배출량이 많은 국가다. 또 에너지 부족 현상이 심각해 정기적으로 전력 배급과 정전 사태가 발생한다. 재생 에너지 전환은 지구 온난화와의 싸움에서 매우 중요하다. 하지만 그렇게 할 수 있을까? 우선 재정 지원이 너무나 부족하다. 현재 남아프리카공화국의 에너지 전환 계획에 따르면, 국제 기금의 지원을 받아도 2050년까지 39억 톤의 이산화탄소를 여전히 배출할 것으로 예상된다. 올바른 변화 과정을 가속하기 위해 2023년부터 2028년까지 약 1000억 달러의 국제 지원이 필요하다.[40] 부분적으로는 남아프리카공화국 에너지 기업들의 경영 문제로 재원이 확보되지 않아 기금을 사용할 수 없다. 하지만 결과적으로 보면, 기후 친화적 에너지 생산을 위한 재원이 부족한 것은 분명하다.

남아프리카공화국의 기후 기금 프로젝트 구성을 보면, 남반구에서 에너지 전환 자금을 조달하는 것이 얼마나 어려운지 알 수 있다. 85억 달러 중 4퍼센트만이 보조금이고 나머지는 차관이다.[41] 차관을 통한 수익은 북반구에서 발생한다는 뜻이다. 실제로 이런 경우, 자금 조달 비용은 재생 에너지 투자의 주요 장벽이다. 남반구의 국가와 기업은 높은 부채 수준과 (일부 특정 국가의 경우) 국내 위기 상황으로 신용 등급이 낮아 대출 이자를 몇 배나 더 부담해야 하는 경우가 많다.[42] 국제적 자금 공여자가 요구하는 담보를 제공할 수 없어 종종 약 15퍼센트 내외의 이자를 내기도 한다. 콩고민주공화국 기업들은 어떻게 대출 기관의 정치적·경제적으로 안정적인 기본 조건을 보장할 수 있겠는가? 금융 시장의 의사 결정 논리도 기후 보호에 반대한다.

이런 상황은 가난한 국가에 대한 포괄적 부채 탕감으로 완화할 수 있지만, 그 비용을 누가 부담하겠는가? 부채 탕감에 대한 정치적 논쟁에도 불구하고, 이것이 어느 정도 실현될 것이라는 징후는 없다. 오히려 그 반대다. 남반구의 재정적 부담은 계속 증가하고 있다. 예를 들어, 오늘날 인프라 사업에 대한 투자는 민간 투자자의 자금을 조달하는 개발 전략이 지배적이다. 하지만 민간 자본이 투자에 참여하기 위해서는 계약상 관련된 위험을 면제하게 하는데, 이를 디리스킹 (derisking)이라고 한다. 즉, 민간 자본은 기후 보호와 관련해 위험 부담 없이 투자받길 원한다. 이런 위험은 수혜국이 부담해야 한다. 그리고 만약 위험이 현실화한다면, 수혜국의 부채는 계속해서 늘어날 것이다.[43] 따라서 국가가 지원하는 민간 투자는 공공 예산의 시한폭탄이 되고 있으며, 그중 일부는 이미 터진 상태다. 예를 들어, 가나에서는 민간 가스 추출 사업에 대한 리스크를 국가가 떠안으면서 연간 정부

보건 예산의 절반에 해당하는 부담이 발생했다.[44]

사실 기후 위기는 지정학적 구조와 불가분의 관계에 있다. 남반구 국가들의 빈곤과 부채 때문에 기후 보호에 적절한 투자를 못 하고, 각 국의 사회를 지구 온난화 여파에서 충분히 보호할 수 없다. 간단하게 말하면, 재원이 부족하기 때문이다. 북반구 국가들이 지배하다시피 하는 국제 금융 시스템은 기후 보호에 적극 맞서고 있다. 에콰도르 국민 대다수가 2023년 국민투표에서 야수니 국립공원 내 시추 유전 중 한 곳의 생산을 중단하기로 하자, 신용평가사 피치(Fitch)는 투표 며칠 전 "정치적 위험의 증대"라는 이유로 에콰도르의 국가 신용 등급을 강등 했다.[45] 여기서 정치적 위험이 의미하는 것은 바로 국민투표다. 부채를 많이 안고 있는 나라는 앞으로 더 높은 이자율을 지급해야 하고, 기후 보호를 위해 긴급한 조치를 취한 데 따른 대가를 치러야 하는 것이다. 이는 위험을 고려해 대출 금리를 설정해야 한다는 국제 금융 시스템 의 운영 원칙에 전적으로 부합한다. 리스크 평가 업무를 하는 기관은 석유 판매로 인한 향후 수입 감소로 에콰도르의 지급 상황이 더욱 악 화할 것이라는 점에만 주목한다. 채무 상환 중단은 국제 금융 시장에 서 배제되는 것을 의미하기 때문에 선택의 여지가 없다.

하지만 남아프리카공화국이 국제적 도움으로 재생 에너지를 대폭 확대한다고 해도 이것을 이산화탄소 배출량 감소와 동일시할 수는 없 다. 자본주의적 근대의 성장 동력은 당연히 남아프리카공화국에도 적 용되기 때문이다. 남아프리카공화국 정치인들은 이미 국가의 에너지 부족을 고려할 때, 석탄화력발전소를 폐쇄함으로써 성장을 희생할 준 비가 되어 있지 않다는 점을 분명히 밝혔다. 석탄을 포기하면 일자리가 없어지고 경제가 후퇴할 것이다. 물론 이게 만장일치의 정치적 의견을 아닐 것이다. 또한 새로운 석탄 광산과 발전소에 대한 환경 단체의 반대도 상당하다.[46] 하지만 석탄 산업을 보호해야 한다는 주장도 역시 많다. 그 이면에는 기업의 이해관계도 있지만, 식민주의 경험과 (민간 부문하고 더 강하게 결합한) 미래 에너지 산업이 주로 서구 에너지 기업에 이익을 줄 것이라는 두려움도 있다.[47] 또한 남반구 국가들은 계속해서 빈곤 상태에 놓이기를 원하지 않고, 선진국들은 남반구의 에너지 전환에 필요한 비용을 낼 준비가 되어 있지 않기 때문에, 이산화탄소 배출량은 지속해서 늘어나고 천연자원이 파괴될 것이다.

끝없는 소비

화석 연료에 대한 투자를 조속히 중단해야 하는가? 이 질문에 에너지 기업 라인베스트팔렌 전력회사(RWE)의 최고경영자는 최근 "지금 당장 석유, 가스, 석탄 사용을 중단한다면 무책임한 결과를 낳을 것이다. 문명이 무너질 것이다"라고 단호히 말했다.[1] 이를 화석 연료 추출을 통해 더 많은 수익을 창출하려는 자체 비즈니스 모델의 지속을 정당화하는 것으로 해석할 수도 있다. 하지만 에너지 공급에 문제가 생기면, 실제로 사회가 붕괴할 것이라는 현실을 외면하기 어렵다. 두 세기에 걸쳐 인류는 에너지 중독자가 되었다. 기후 변화에 대한 적절한 대응책을 찾지 못하는 것은 현대 생활 방식이 역사상 유례없이 높은 에너지 소비에 의존하고 있다는 점을 고려하지 않고는 이해할 수 없다.

수치를 다시 한번 살펴보자. 1820년 전 세계의 에너지 소비량은 석유로 환산해 약 3억 6400만 톤으로 추정되며 1900년에는 그보다 3배

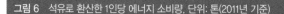
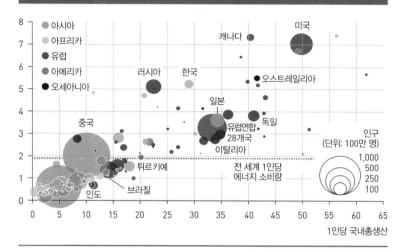

많았다. 그리고 1950년에는 20억 톤을 넘었고, 2021년에는 거의 140억
톤에 달했다.[2] 따라서 오늘날 전 세계는 200년 전보다 40배나 많은 에
너지를 소비하는 셈이다. 물론 이런 에너지 소비 증가는 고르게 분배
되지 않고 주로 선진국에 집중되어 있다. 서유럽의 예를 들면, 이 기
간에 1인당 에너지 소비량이 약 10배 증가했다.[3] 평균 에너지 소비량
이 경제적 번영에 따라 달라지는 것은 분명하다. 즉, 사회가 부유할수
록 주민 1인당 에너지 소비량도 높아진다(그림 6 참조).

　에너지 소비의 증가는 대량 소비의 확대와 관련이 있다. 과잉 소비
는 매우 오래전으로 거슬러 올라가는 현상이지만 소수의 사회적 엘리
트층에만 국한되어 있었다. 이 엘리트를 제외한 사람들은 대부분 매우

낮은 수준의 소비와 그에 따른 낮은 수준의 에너지를 소비했다. 대중의 소비 확장은 19세기 말에 본격적으로 시작되었으며, 미국이 선도했다. 1920년대 황금기(Roaring Twenties)는 대중 소비의 맛을 보게 해주었지만, 그 소비가 폭발적으로 확산하기 시작한 것은 제2차 세계대전 이후였다.

전후 1945년부터 1975년까지를 사회과학에서는 '영광의 30년'이라고 부른다. 유럽과 미국은 전쟁으로 인한 파괴와 궁핍 이후 수십 년간 꾸준한 경제 성장을 이뤘다. 많은 인구가 처음으로 현대적이고 풍요로운 사회의 편의 시설을 경험할 수 있었다. 자동차 소유, 해외 여행, 세탁기, 냉장고, 전기 레인지, 중앙난방을 갖춘 현대식 대형 주거 시설……. 이 모든 것에 대한 진입 장벽이 점차 낮아지고, 일반적인 생활 수준으로 자리 잡았다. 전후 수십 년은 평등, 인종차별, 문화적 편협성 측면에서 비판적으로 검토되곤 하지만, 실제로는 번영 확대라는 관점에서 예외적인 위치를 차지하고 있다.

선진국에서는 광범위한 중산층이 형성되어 전례 없는 수준으로 소비자 욕구가 충족되었다. 꾸준한 경제 성장과 구매력 증가로 인해 아직 그와 비슷한 수준의 번영을 누리지 못하는 사람들에게도 가까운 미래에 사회적 사다리를 올라갈 수 있다는 게 현실적으로 보였다. 이런 소비 확대는 편의 시설이 늘어난 것 이상의 의미가 있으며, 사회적 계층 상승에 대한 현실적 희망은 제2차 세계대전 이후 사회 통합과 정치적 안정에 크게 이바지했다. 번영의 확산으로 선진국에서는 대부분 19세기와 20세기 초 계급 갈등이 진정되고 사회 질서의 안정을 맞게 되었다. 이것은 엄청난 성과였다.[4]

생태학적 관점에서 이 시기를 바라보면, 전혀 다른 판단을 내리게 된다. 대량 소비가 확산하면서 에너지 소비의 폭발적 증가로 이어지는 생활 방식이 부유한 선진국에 자리 잡았다. 미국의 생활 방식과 석유 붐은 동전의 양면과 같다.[5] 이런 발전은 1970년대와 1980년대의 석유 파동으로 잠시 주춤했을 뿐이다. 경제 성장과 그에 따른 소비는 하나의 길, 즉 상승 곡선만을 그렸다. 1990년대 이후 특히 중국 같은 신흥 국가들의 국민소득이 많이 증가하면서 기후 변화는 한층 가속화되었다. 여기서도 똑같은 원칙이 작동했다. 즉, 성장과 번영은 사회적·정치적 갈등을 완화한다. 소비가 사회를 통합시키는 것이다.

소비 확대는 수익을 추구하는 기업과 정당성에 의존하는 국가에서만 나오는 것이 아니다. 소비자 자신과 그 소비자가 오늘날 사회 통합에 이바지하는 역할을 빼놓고서는 이해할 수 없다. 하지만 무엇보다도 소비는 기업에 필수 불가결한 요소다. 시장에 공급되는 모든 제품은 수요가 있을 때에만 기업의 이익으로 이어질 수 있다. 민간 소비가 경제력에 얼마나 중요한지는 쉽게 알 수 있다. 이것이 경제 성장에서 차지하는 비율이 독일에서는 절반 이상이며, 미국에서는 3분의 2 이상이다.[6] 성장을 지향하는 경제는 지속적인 소비 증가라는 원동력에 의존한다.

물론 사람들은 계속해서 더 많은 소비를 원한다. 하지만 이런 소비 욕구 증가가 자연스러운 현상은 아니다.[7] 오히려 역사적 연구에 따르면, 자본주의적 근대가 발전하면서 사람들은 소득과 소비를 극대화하기 위해 고정된 소비 수준을 지향하는 전통적인 생활 방식에서 벗어나는 방법을 천천히 배웠다.[8] 산업화 초기에는 소득을 높이기 위해 노동 시간을 늘리는 게 아니라, 원하는 소득 목표에 도달하자마자 일을 그만두거나 일을 덜 하는 경우가 많았다.[9] 자본주의적 근대의 문화적 기반이 광범위하게 확립된 후에야 소비 증가는 한층 자연스러워졌다. 개인주의와 진보에 대한 이해가 발달해 소비를 자유의 행사로 인식하고, 개인은 소비 선택에 따라 서로를 비교하며(아울러 자신의 사회적 지위를 인식하며) 자신의 소비 기준이 계속 향상될 것이라고 상상한다.

하지만 오늘날까지도 소비자들은 "새로운 욕구를 충족하기 위해 잉여 소득을 반드시 사용해야 하는 것은 아니다".[10] 현대 자본주의에서도 소비는 국가와 기업의 개입으로 계속 '촉진'되어야 한다. 국가는 대출이나 소비자 보호에 관한 규칙을 마련하는 등 여러 규제를 통해 소비를 촉진한다. 기업은 새롭고 매력적인 제품을 지속적으로 제공하고 판매를 늘려 소비를 자극한다. 마케팅은 소비자의 욕구를 불러일으켜—욕구를 강화하고 유도해—기업의 매출을 증가시킨다. 국가의 경우, 소비는 세수로 이어져 행정 업무에 필요한 자금을 조달하는 데 도움을 준다. 기업과 국가뿐만 아니라, 사회 전체가 번영을 증진해 사회를 안정시키는 이익을 얻는다. 따라서 점점 더 많은 상품을 구매하는 것이 자본주의 경제, 국가 재정 그리고 자본주의 근대성 사회 모델의 기본이다.[11]

자본주의적 근대에서 소비의 중요성을 설명하기 위해 월트 로스토로 다시 돌아갈 필요가 있다. 그는 자신의 저서 중 가장 유명한—1960년대에 출간된—《경제 성장 단계론》에서 사회의 발전 단계 이론을 소개했다.[12] 그에게 진화의 가장 높은 단계는 광범위한 인구층이 높은 수준의 소비를 할 수 있도록 성장한 소비 사회다. 분명 당시 미국 사회의 모델을 염두에 두었을 것이다. 이런 수준의 사회는 물질적 재화 공급 측면에서 다른 사회보다 우월할 뿐만 아니라, 소비 선택의 자유를 보장해 문화적으로도 특별한 지위를 갖는다.

로스토는 1930년대 경제학에 도입된 소비자 주권 개념을 가리킨다. 최근 필리프 레페니스(Philipp Lepenies)가 보여준 것처럼,[13] 이 개념이 프리드리히 하이에크(Friedrich Hayek)와 밀턴 프리드먼 등 신자유주의 사상가들의 자유 개념과 밀접한 관련이 있다는 것은 인상적이다. '주권적으로,' 즉 제약 없이 소비를 결정할 수 있다는 게 이 경제학자들이 말하는 시장 중심적 자유 개념의 핵심이다. 시장만큼 명확하게 선호도를 실현할 수 있는 곳은 없다. 요컨대 사적 소비에 대한 규제 개입은 경제적 효율성뿐만 아니라 자유라는 정치적 가치를 훼손할 수 있으므로 거부해야 한다. 방해받지 않고 소비할 수 없는 사람은 자유권을 제한낭하는 것이다.[14]

흥미롭게도 기업 지도부와 업계 로비스트들은 자사 제품이 환경에 미치는 영향에 대해 이와 같은 문화적 논쟁을 계속해서 소급한다. 아우디의 전 최고경영자 마르쿠스 뒤스만(Marcus Duesmann)은 대형 SUV 판매에 관한 질문에 다음과 같이 간결하게 대답했다. "고객이 사고 싶은 것은 고객이 결정합니다. ……자유 시장에서는 수요가 공급을 결정합니다."[15] 따라서 제품 소비와 관련된 이산화탄소 배출에 대한 소비자의 책임이 증가한다. 이때 기업은 일부 정치인들로부터도 부분적인 지원을 받는다. 독일 재무부 장관은 2023년 한 토크쇼에서 "사람들은 이동을 원하기 때문에 기후 목표를 달성하지 못하는 것은 바로 국민이다"라고 말했다.[16] 이 발언의 의미를 과소평가해서는 안 된다. 사실, 의무로부터의 해방과 낭비적 소비로 가능해진 편리함은 자본주의적 근대의 사회 모델이 갖는 매력의 핵심적인 부분이다.

　기후 변화에 대응할 때 딜레마는 분명히 존재한다. 한편으로는, 화석 연료가 지배하는 경제에서 소비는 이산화탄소 배출량을 증가시키고 생물 다양성 훼손 같은 다른 환경 피해도 초래한다. 더 많이 소비할수록 환경에 미치는 영향도 더 커진다. 반면 사회 시스템은 경제적·정치적·문화적 측면에서 이러한 소비와 그 증가에 기반을 두고 있다. 즉, 자연과 자본주의적 근대의 기능적 원리 사이에는 긴장이 존재한다. 그런데 왜 자연은 이런 갈등에서 패자가 될까?

　이 질문에 답하기 위해서는 먼저 대량 소비가 기후에 미치는 영향을 줄일 수 있는 두 가지 근본적인 대안을 생각해보는 것이 도움이 된다. 하나는 개인이 소비를 제한하는 것이다. 다른 하나는 이산화탄소 배출량을 줄이는 방식으로 소비하는 것이다. 이런 변화를 이루기 위한 권력 및 인센티브 구조는 어떤 모습일까? 이번 장에서는 비(非)소비에 초점을 맞추고, 다음 장에서는 소비와 생산의 기후 중립적 전환을 살펴보겠다.

　원칙적으로 충분한 생활 수준을 갖춘 모든 개인은 소비를 줄이기로 결정할 수 있다. 이와 같은 행동은 제한된 범위 내에서나마 가능하다. 개인의 이산화탄소 배출량을 최소화하기 위해 극단적인 금욕주의적 생활을 하는 사람들에 대한 글을 접할 때가 종종 있다. 상당수 사람이 육류 소비를 줄이고, 자가용을 사용하지 않고, 비행기 대신 기차를 이용하거나 가까운 곳으로 휴가를 떠나는 등 소소한 이바지를 하기로 결심한다. 이런 행동의 원동력엔 너무 많은 물건을 소유하는 데 따른 피로감, 변화된 생활 방식, 개인의 탄소 배출량을 줄이고자 하는 욕구 등이 부분적으로 작용한다.

하지만 소비를 중단하려는 대중의 움직임은 없다. 이는 의심할 여지 없이 기존 인프라와도 관련이 있다. 일, 쇼핑, 여가, 일상생활을 하려면 화석 연료를 상당 부분 사용해야 한다. 그리고 이 모든 게 에너지 집약적 부가가치가 높은 제품을 사용하는 방식으로 이뤄져 있으므로, 여러 측면에서 봤을 때 환경에 해로운 소비 없이 일상생활을 영위할 수 없다.[17] 아무리 최선의 의지가 있더라도, 개인의 생활 방식 영역에서는 기후 변화에 맞서 싸워 이길 수는 없다. "생태학적 지속 가능성을 향한 모든 개인의 노력은 기존 인프라로 인해 무효화될 뿐이다."[18]

하지만 이는 기후 변화에 대한 인식에도 불구하고 소비가 흔들림 없이 확대되는 이유 중 하나일 뿐이다. 현대 사회에서 소비가 갖는 중심적 의미를 고려하면, 더욱더 중요한 또 다른 이유가 드러난다. 사회학자들은 사람의 사회적 정체성과 사회 집단의 형성에 소비 스타일이 얼마나 중요한지 분명히 설명해왔다.[19] 소비는 물질적 욕구를 충족하는 것뿐만 아니라, 항상 차별화된 사회 구조에서 개인의 위치를 규정하는 역할도 한다. 이는 과거의 사회에서도 적용되었지만, 당시에는 사회 엘리트층에 국한된 현상이었다.

그러나 자본주의적 근대에서 새로운 점은 개별화된 소비의 확대만이 모든 사회 계층의 사회적 지위를 나타내는 지표는 아니라는 것이다. 이 외에도 사회 계층화에 따른 지위가 공식적으로 열려 있다.[20] 이것이 의미하는 바는 무엇인가? 계급 사회에서 사람의 사회적 지위는 이미 태어날 때 결정된다. 즉, 농노·귀족·자유 시민으로 태어나고, 그에 따라 개인적 삶의 기회가 미리 결정된다. 자본주의적 근대의 자유주의 질서는 적어도 형식적으로는 침투 가능한 계급 구조를 확립했다. 원칙적으로, 식당에서 설거지하는 사람도 누구나 백만장자가 될 수 있다. 사회 구조의 이러한 공식적인 개방은 개인이 사회적 지위를 높이기 위해 노력하는 데 큰 원동력이다. 이 과정에서 생성되는 기업가적 에너지는 자본주의 경제에서 성장 동력의 핵심 원천이다. 하지만 이런 역동성은 기업가에게만 국한된 것이 아니다. 직원도 사회적으로 발전하고, 사회 구조 내에서 존경받는 위치를 추구하기 때문이다. 계급 사회에서는 사회적 지위를 결정하는 경쟁이 계급에 따라 제한되지만, 시민 사회에서는 이런 경쟁이 보편화되었다. 그리고 이 경쟁에서 개인의 성공은 사회적 지위를 나타내는 지표가 된다.

여기에 소비가 작용한다. 사회에서 자신의 사회적 지위는 주로 개인의 소비 관행과 소득 또는 부로 가능케 된 생활 방식을 통해 전달되기 때문이다. 자동차와 잘 관리된 주거지를 갖고 흥미를 불러일으킬 만한 휴가를 보내면 중산층이라고 인식하는 식이다. 만약 이러한 소비 수준이 더 높아진다면, 이는 사회적으로 발전했음을 의미한다. 동시에 더 이상 보조를 맞출 수 없는 사람들과의 상대적인 사회적 분류가 해체된다는 것을 의미한다. 원칙적으로 이는 모든 사람이 물질적 필요성과 상관없이 소비를 계속 늘리려는 동기를 부여하는 무한 성장 동력을 창출한다. 소비 역학은 시장에서 기업가적 경쟁이라는 성장 필수 요소에 대한 사회적 대응책이다. 여기서 벗어나는 것은 불편함을 초래할 뿐만 아니라, 대부분이 직면하고 싶어 하지 않는 상당한 사회적 압력을 불러일으킨다. 이럼에도 불구하고 이를 실천하는 사람은 시장의 발전을 인식하지 못해 도태되는 기업가처럼 사회적으로 배제된다.

따라서 소비의 힘은 자본주의적 근대의 구조에서 비롯된다. 즉, 소비를 통해 이윤과 세수를 창출하는 기업과 국가의 행동 논리뿐만 아니라, 사람들의 차별화된 소비 참여로 사회 질서를 만들고 역동적인 경쟁을 제도화함으로써 형식적으로나마 항상 사회적 발전이 가능하다. 이런 경쟁의 최전선에는 매년 1만 톤의 온실가스를 배출하는 수십 미터 길이의 요트가 있다.

위에서 언급한 맥락을 고려하면, 수요가 완화되지 않고 기업과 국가에 의해 큰 저항 없이 더욱 촉진되는 것도 놀랍지 않다. 기업, 국가, 시민은 서로 손을 잡고 있다. 예를 들어, 기업은 국가나 시민의 저항 없이 거대한 마케팅 산업을 통해 소비를 촉진한다. 2023년 기업 마케팅 활동에서 광고에만 전 세계적으로 8000억 달러 이상을 지출한 것으로 추정된다.[21] 제품에 대한 고객의 관심을 계속 유지하기 위해 막대한 비용을 지출하고 있는 것이다. 특히 수요를 창출하는 데 효과적인 디지털 광고는 현재 광고 시장의 75퍼센트를 차지한다.[22] 페이스북이나 틱톡 같은 소셜 미디어는 다른 기업이 목표 지향적 타깃팅 방식으로 그들의 상품을 광고할 수 있게끔 해준다는 경제적 중요성을 갖고 있다. 이 과정에서 마케팅은 모든 심리적 수단을 동원한다. 자발적 소비 제한은 이런 맞춤형 유혹에 빠지지 말아야 하는 어려움에 직면한다.

기후 변화의 위험성을 고려하면, 소비를 늘리려는 이런 노력은 편견을 가진 관찰자에게는 다소 이상하게 보일 수도 있다. 소비가 기후 변화에 기여한다는 게 입증되었는데, 그와 동시에 소비를 점점 더 늘리도록 장려하기 위해 막대한 비용을 지출한다는 걸 어떻게 바라봐야 하는가? 하지만 자본주의적 현대성의 맥락에서는 소비자가 자신의 삶에 분명히 해로운 행동을 하도록 장려하는 게 지극히 정상적인 것처럼 보인다. 아웃사이더는 광고를 철저히 제한하라고 주장할 수도 있다. 담배 소비와의 싸움을 이와 비슷한 모델로 볼 수 있다. 담배 광고를 금지하고, 과감한 문구를 사용해 제품의 유해성을 강조함으로써 수요를 줄이는 것이다. 하지만 이런 문구와 금지 조치를 확대한다고 해서 전체 소비가 줄어들 가능성은 매우 낮다. 앞서 언급했듯 기업은 이익을 창출하기 위해 수요가 필요하고, 국가는 세금을 징수하기 위해 소비가 필요하며, 소비자는 개인의 성공을 가시화하고 사회적 인정을 추구하는 '기대(期待)' 소비를 통해 사회적 정체성을 형성한다. 이런 점에서 아우디 최고경영자가 SUV를 "묵직하지 않고 아름답다"고 말한 것은 모순이 아니다.[23] 이를 통해 그는 제품에 대한 고객의 실제 평가를 반영하면서도 회사의 경제적 이익을 대변한다. 말 그대로, 기후는 뒷전으로 밀려나고 만다.

원칙적으로 소비를 제한하는 다른 방법도 이와 같은 이유로 실행에 옮기지 않는다. 꼭 필요하지 않은 소비에 더 많은 세금을 부과해 수요를 약화시키는 좁은 의미의 대응도 있을 수 있다. 사치품에 추가 세금을 부과하는 경우가 여기에 해당한다. 하지만 이는 드물고 오히려 특이한 예외다. 기후 보호를 위해 특별 탄소세를 부과함으로써 제품이 기후에 미치는 유해성과 상품 가격 간의 연관성을 확립할 수도 있다. 이는 현재 논의되고는 있지만, 화석 연료에 대한 탄소세 부과가 가격 경쟁력을 약화시키는 요소이므로 소극적으로 이뤄지고 있을 뿐이다. 이런 세금은 너무 낮고 일부 국가에서만 한정적으로 시행하고 있는데, 면제 항목이 너무 많아 배출로 인한 환경 비용을 충당하기엔 매우 부족하며 어떤 방식으로도 소비를 효과적으로 유도하지 못한다. 그 목표 또한 소비를 줄이는 게 아니라, 소비를 다른 제품으로 전환하는 데 있다.

이런 점을 고려하면, 세금을 통해 소비에 심도 깊게 개입하지 않는 것도 놀랍지는 않다. 소비를 더 비싸게 만들면, 더 높은 사회적 지위를 얻기 위해 소비자들의 노력을 방해할 수 있다. 그러면 소비자는 더 이상 많은 소비재를 구매할 여유가 없어진다. 소비에 대한 과세는 기후 관점에서 보면, 사회적 재분배 효과가 있어 정치적 갈등의 또 다른 영역이 된다. 즉, 돈이 많은 사람은 높은 가격에 영향을 덜 받는다. 반면 돈이 부족하고 사회적 상승 기회가 불투명한 사람들은 그 결과에 더 많은 타격을 받을 것이다. 육류 소비에 다른 환경 비용을 반영하면 소고기는 1킬로그램당 거의 10유로는 더 비싸져야 한다.[24] 휘발유 가격이 높아지면 도시 사람들보다 시골 사람들에게 훨씬 더 큰 영향을 미친다. 시골에 거주하는 사람들은 대개 버스로 갈아탈 수도 없고, 높은 주거 비용 및 고향과의 유대 관계 때문에 쉽게 도시로 이주할 수도 없다. 자본주의적 근대에서 소비 비용 증가는 소비자의 자유와 사회적 인정을 얻기 위한 경쟁을 방해한다고 여겨지기 때문에 사회 모델의 경제적·문화적 원칙과 모순된다.

정치적으로 이런 기후 관련 가격 신호는 자유를 잃었다는 인식이 보상되는 방식으로만 실현 가능성이 있다. 이에 대한 방안을 고려하고는 있지만 아직 실행되지는 않고 있다. 독일에서 제안한 (아직 시행되지 않은) 1인당 '기후 보조금' 조치도 저소득층이 느끼는 더 큰 부담을 완전히 해소하지는 못할 것이다. 필요한 것은 도시와 농촌의 차이 같은 구체적인 생활 여건도 고려한 소득 기반 보상이다. 독일 사민당 출신 노동부 장관이 2022년 이와 같은 모델을 제안했을 때 자민당 출신 재무부 장관은 곧바로 "자금 조달 방법을 기대하겠다"고 대응했다.[25] 정치적으로 시장 통제 수단에 의존하는 사회에서 사회·정치적 보상을 통해 과감한 기후 보호 조치를 취하려는 국가의 재분배는 분명 실현 불가능하다.

더 높은 세금으로 소비를 제한하는 것 외에 새 제품으로 바로 교체하는 대신 내구성을 높이고 수리를 통해 재사용함으로써 소비를 줄일 수도 있다. 유럽연합은 제조업체의 제품 수리 의무를 확대하는 입법 계획을 추진할 예정이다. 아직 결정되지는 않았으나 이 계획은 기업의 저항에 부딪힐 것이다. 이와 같은 지속 가능성 요소는 비용 절감을 지향하는 기업의 방향성과 모순된다. 돈은 상품의 빠른 유통을 통해 버는 것이지, 오랜 내구성과 수리를 통해 버는 것이 아니기 때문이다.

하지만 경제만을 탓하는 것은 지나치게 단순한 접근 방식이다. 지속 가능한 경제 요소로서 '내구성'은 이윤 추구라는 경제적 논리와 모순된다. 그뿐만 아니라 소비주의의 사회적 논리와도 모순된다. 소비주의에서 상품에 대한 욕구는 오래 사용하는 것이 아닌, 사회적 지위에 대한 경쟁에서 새로운 제품을 계속 구매함으로써 더 유리한 입지를 차지하려고 한다.[26] 가장 눈에 띄는 사례는 의심할 여지도 없이 바로 패션 산업인데, 그들의 비즈니스 모델인 빠른 회전은 생태학적 재앙이라고 알려져 있다. 면화 생산으로 인한 환경 피해와 거의 입지도 않고 버려지거나 대부분 소각되는 산더미 같은 의류를 생각해봐야 한다.[27] 전 세계적으로 섬유의 약 30퍼센트가 단순히 과잉 생산되고 있다. 한 번도 입지 않은 채 버려진다. 이런 비즈니스 모델은 기업가적 합리성에 근거한다. 하지만 그러한 성공은 최신 트렌드 제품을 입음으로써 자신의 사회적 지위를 정의하는 소비자 없이는 이해할 수 없다. 단지 바지의 기능만 충족한다고 해서 그 바지를 입는 사람은 거의 없다.

마지막으로, 금지를 통해 소비를 제한할 수 있다. 어떻게든 개인의 소비를 '소비 할당량'으로 제한하는 것이다. 이런 제안은 이론적으로 매우 터무니없어 정치적 실행을 걱정할 필요는 없다. 독일 고속도로의 일반적인 속도 제한 같은 간단한 조치조차도 관철되지 못했으니 말이다. 아우디 최고경영자 마르쿠스 뒤스만은 일반적인 속도 제한에 관한 질문에 "독일에 속도 제한이 없다는 사실을 전 세계 누구나 알고 있으며, 이는 우리가 이곳에서 누리는 자유의 표현이다"라고 대답했다.[28] 유럽연합이 2023년부터 내연 기관 자동차의 신규 등록을 금지하려 하자, 일부 자동차 업계뿐만 아니라 자동차 운전자, 즉 유권자 상당수가 지지하는 정당에서조차 이를 반대했다. 녹색당은 2013년 공공 구내식당에서 '채식의 날'을 도입하자고 제안했다가 몇 년 후 정치적 대가를 치러야 했다. 강압과 통제로 소비를 제한하는 정책만큼 소비자 주권이라는 이상에서 동떨어진 것은 없어 보인다.[29] 기업의 로비스트들은 구속력 있는 소비 규제 제안을 "권위주의적 미끄럼틀"이라고 비방하며,

그 길의 끝에 도사리고 있는 "생태적으로 선한 국가"를 정치적으로 일 축하기 쉽다.[30]

소비와 사회적 불평등 사이의 관계를 더 자세히 살펴볼 필요가 있 다. 소비를 제한하자는 주장은 사회적 불평등 문제와 불가분의 관계가 있어 정치적으로도 실현 불가능하다고 이미 언급한 바 있다. 온실가스 배출량의 국가 간 및 사회 내 분포를 살펴보는 것이 유용하다. 전 세 계 시민은 연간 1인당 평균 6.3톤의 이산화탄소를 배출한다. 미국에서 는 14톤, 유럽연합에서는 7톤을 상회하고, 나이지리아에서는 0.5톤 미 만이다.[31] 이런 차이는 자본주의적 근대의 글로벌 권력관계, 즉 세계 국가 질서에서 매우 불평등한 부의 분배를 만들어낸 조건을 반영한 다. 하지만 부의 차이는 사회 내의 이산화탄소 배출량 분포에서도 분 명히 나타난다. 유럽연합에서 소득 기준 하위 50퍼센트는 이산화탄소 를 연간 5톤 미만 배출한다. 하지만 상위 1퍼센트의 경우는 24톤에 달 한다.[32] 일반적으로, 개인의 번영 수준이 높을수록 이산화탄소 배출량 도 늘어난다. 유엔의 기후 보고서에 따르면, 세계 인구 중 가장 부유 한 10분의 1이 전 세계 탄소 배출량의 36~45퍼센트를 차지한다. 〈포 브스〉가 선정한 글로벌 부자 명단에 오른 20명은 평균 연간 8200톤이 라는 엄청난 양의 온실가스를 배출한다.[33] 과도한 사치품 소비를 통해 배출되는 온실가스는 기후에 상당한 영향을 미친다. 전 세계적으로 약 1만 대의 개인용 슈퍼요트(길이 24미터 이상)가 정상적으로 운용되면 연 간 수천 톤의 이산화탄소를 배출할 것으로 추정된다. 계속 늘어나는 민간 항공기는 3700만 톤의 이산화탄소를 추가로 배출한다.[34]

유엔은 기온 상승을 섭씨 2도 이하로 유지하기 위해 1인당 연간

2.5톤의 이산화탄소 배출량을 최대치로 정했다. 전 세계 인구 중 가난한 절반은 이 한도 이내에 있다. 기후를 파괴하는 것은 부유한 국가, 특히 부유층의 생활 방식이다. 그래서 무엇보다 부유층의 소비를 줄여야 한다. 하지만 그런 일은 일어나지 않을 것이다. 기후를 파괴하는 "보여주기식 소비"[35]는 단순히 도덕적 잘못을 표현한 것이 아니라, 사회 질서의 일부이기 때문이다. 부유층과 초부유층이 생활 방식을 강제로 바꾸고 그 밖의 사람들과 함께하도록 하는 것은 이런 사회 구조를 포기하는 걸 의미한다.

사회에서 가장 막강한 권력을 가진 사람들이 소비 관행으로 자신의 특별한 지위를 가시화하지 않도록 정치적으로 어떻게 설득해야 할까? 특히 그들은 기후 변화에 따른 피해를 가난한 사람들만큼 심하게 받지 않을 가능성이 높기 때문에 더욱 그렇다.[36] 누가 개인 항공기, 요트, 전 세계에 걸쳐 이동하는 생활 방식을 진지하게 중단하고 싶어 하겠는가? 예를 들어, 특정 형태의 징벌적 탄소세를 통해 기후로 인한 피해를 줄이자는 제안은 나쁘지는 않지만 정치적으로 완전히 비현실적이다. 이런 상황은 만연한 사회적 불평등을 해소하기 위해 수년간 지속적으로 재분배형 부유세를 요구한 것과 다르지 않다.[37] 이런 정치적 아이디어는 세금을 내야 하는 사람들의 저항으로 실패한다. 지난 수십 년 동안 여러 국가에서 달성한 이산화탄소 배출량 감소는 주로 중하위 사회 계층의 노력 덕분이다. 하지만 부유층의 이산화탄소 배출량은 기후 논쟁의 영향을 받지 않은 채 계속해서 증가해왔다는 사실은 아이러니하다.[38]

부유층의 막대한 탄소 배출은 동시에 다른 모든 사람의 행동에 영향을 미치고 기후 보호 정책의 필수적인 조정을 방해한다. 앞서 설명한 바와 같이 기후 관련 논쟁에서 가난한 국가들은 기후 보호에 대한 호소를 의미 없다고 지적한다. 자국의 낮은 배출량과 착취로 인한 빈곤을 고려할 때, 그들은 더 많은 배출량이라는 희생을 치르더라도 개발을 진행하고 소비를 늘릴 권리가 있다고 주장한다. 부유한 국가에서는 자본주의적 근대의 사회적 모델로 인해 기후를 파괴하는 사치품 소비를 경멸하는 광범위한 사회 운동이 일어나지 않는다. 개인의 상향 이동성이 거의 무한하다는 환상을 품고 있는 사회에서 사람들은 부유층의 소비 관행과 생활 방식을 자신이 원하는 미래 모습의 일부라고 여긴다. 또한 (중상위) 중산층도 이런 생활 방식 중 일부를 누릴 수 있다. 큰 자동차든 장거리 휴가든 말이다. 개인 요트를 소유하는 대신 크루즈를 이용한다고 할지라도. 하지만 그게 어디인가. 크루즈를 타면 자신의 배로 여행하는 사람들을 더 잘 이해할 수 있다. 사실, 직접 자신의 배를 타고 싶을 것이다. 생활 방식은 서로 대립하지 않고, 사실상 오히려 모든 사람을 공범으로 만든다. 그리고 기후 보호에 진심으로 이바지하는 사회 집단은 기후 보존을 위한 싸움에 무임승차하는 것을 불합리하다고 여긴다.[39] 자신은 지구 온난화와 상관없다는 듯 슈퍼요트와 광폭 타이어를 장착한 SUV를 타면서, 가스를 절약하고 열펌프를 설치하고 육류 소비를 줄이는 검소한 생활을 하는 사람들에게 확고한 윤리 규범을 기대할 수 있겠는가?

자본주의 성장의 원동력이자 사회적 지위를 과시하는 수단으로 소비의 중요성을 고려할 때, 기업의 책임자들이 욕구를 포기하는 게 기후 변화에 대처하는 현명한 방법이 아니라고 재차 주장하는 것은 놀라운 일이 아니다.[40] 그리고 정치인들도 기꺼이 그 뒤를 따르고 있다. 예컨대 독일 정부는 '이동을 줄이지 말고, 다른 방법으로 움직이세요'라는 제목으로 지속 가능한 이동성에 관한 정보 페이지를 운영하고 있다.[41]

원치 않는 경제적·사회적 결과로 인해 소비를 제한하는 방안조차 모색되지 않자, 기업가와 정치인은 약속을 전략으로 삼고 소비자는 상징적인 대안에 집중한다. 그들은 향후 생태학적으로 지속 가능한 기후 예산을 준수할 수 있도록 신기술을 이용해 생산과 소비를 재설계하겠다고 약속한다. 하지만 이는 영특하게 미래를 내다보는 게 아니라, 나중에 행동하겠다고 약속하면서 단기적 위험을 피하려는 욕구에 기반한 것이다. 목표는 수년 후의 일이다. 그 긴 기간 동안 실제로 어떤 일이 일어날지 예측할 수 없으며, 현재의 의사 결정권자들은 더 이상 책임질 필요가 없다. 앞서 2장에서 설명했듯 이와 같은 시간적 논리는 기후 위기에서 정치인과 기업가의 행동 모두를 특징짓고 무한한 성장 모델을 보호한다.

수소 항공기의 기술적 비전과 관련한 사례는 그와 같은 약속이 얼마나 빨리 실현 불가능한 것으로 판명 나는지를 보여준다. 2022년 말, 에어버스 그룹의 대표 기욤 포리(Guillaume Faury)는 늦어도 2029년에는 첫 프로토타입을 출시할 것이며, 2035년에는 정기 항공편의 승인과 이용이 시작될 것이라고 발표했다. 하지만 그로부터 불과 6개월 만에 이 계획은 허공으로 사라졌다. 이 대기업은 수소 관련 기술을 현재의 항공 교통 부문에서 이산화탄소 배출량을 줄이기 위한 '하나의 방법'으로만 봤다. 실제 이런 항공기를 제작하는 데에는 세부적으로 엄

청난 기술적 과제가 있으며, 지금의 공항 인프라에서는 오랫동안 그 기술을 사용하지 못할 터였다.[42]

이처럼 순식간에 증발해버리는 기술적 비전을 보더라도 소비 제한 요구를 거부하는 것이 얼마나 위험한 일인지 분명해진다. 그 방정식은 간단하다. 즉, 소비가 증가할수록 온실가스 배출량도 높아진다. 이 방정식은 생산과 소비의 광범위한 탈탄소화를 통해서는 깰 수 있다. 하지만 전 세계적으로 이를 위해 필요한 사회·기술적 인프라 구조의 심도 있는 변화와 현재 진행 중인 기술 혁신 그리고 "제한된 시간표"[43]를 고려할 때, 이와 같은 변화는 원하는 만큼 빠른 속도로 이루어질 거라고 기대하기 어렵다. 게다가 생태계 위기는 지구 온난화뿐만 아니라, 환경 오염 및 생물 다양성에 대한 위협과도 관련이 있다. 이러한 위기 속 위기는 에너지 공급의 변화가 아니라, 전반적인 자원 사용 절감으로만 해결할 수 있다.

전문가들은 기후 목표를 달성하기 위해서는 에너지 소비를 줄여야 한다는 데 동의한다. 하지만 이는 재생 에너지로의 전환이 너무 오래 걸리고 에너지 소비의 효율성 개선이 충분한 속도로 이루어지지 않기 때문에 쉬운 일이 아니다. 계획대로 2030년까지 독일에서 에너지 소비를 4분의 1까지 줄이기 위해서는 에너지 효율을 매년 3.2퍼센트씩 높여야 한다.[44] 하지만 지난 15년간 실제로는 1.4퍼센트의 증가에 그쳤다.[45] 따라서 생산과 소비가 감소하지 않고는 불가능하다. 수요가 줄어야만 재생 에너지와 효율의 증가도 향상될 것이다.[46] 자동차 수를 줄이고, 크루즈선을 줄이고, 주거지 면적을 줄이는 것이 현재 시급히 이행해야 할 일들이다. 하지만 그런 일은 일어나지 않을 것이다. 경제 성장과 소비주의에 기반한 자본주의적 근대에서 정치적으로 규정한 경제 축소는 실현 불가능하다.

결국 소비자가 스스로 나서야 한다. 기후 변화의 위험성을 인식한 사람들은 자발적으로 기후에 해를 덜 끼치는 제품으로 바꿀 수 있다. 이렇게 되면 기업들은 신속하게 제품군을 변경하도록 자극받을 것이다. 현재의 사업 모델이 더 이상 유효하지 않으면 기후에도 도움을 줄 것이다. 시장 체제 내에서는 판매되는 상품의 도덕적 특성에 관심이 없으므로, 소비 관행을 바꾸는 것은 전적으로 시장과 호환되는 메커니즘에 달려 있다. **어떤** 제품이나 서비스가 성장과 이윤을 창출하는지는 중요하지 않다. 소비자가 기후에 덜 해로운 제품에 수요를 집중시키고 그에 따른 가격 프리미엄까지 지불할 준비가 되어 있으면, 기업은 이 지속 가능한 제품을 제공할 것이다. 수요 측면에서 제품을 비용과 수익률로만 평가하지 않고, 기후 보호 또는 사회 정의 기준을 고려하면 시장은 "도덕화"된다.[47] 이런 윤리적 시장은 지난 수십 년 동안 대중과 사회과학계에서 많은 관심을 받아왔다.

하지만 그 결과는 냉정하다. 궁극적으로 이는 우려하는 국민이 개인의 행동으로 기후를 구하기엔 사회적 힘이 너무 강하다는 사실을 감추기 위해 이용되는 대체적 성격의 상징적 조치에 지나지 않을 것이다. 그나마 소비를 생태적 요구에 맞게 조정하려는 사람들이 일부 있기는 하다. 하지만 연구에 따르면, 사람들은 스스로에게 기대하는 것과 실제 행동 사이의 불일치를 반복적으로 보여준다.[48] 친환경 제품에 대한 실제 지출은 소비자가 그런 제품에 지출할 의향이 있다고 밝힌 금액의 10분의 1에 불과하다는 연구 결과도 있다.[49] 따라서 선호도에 따른 제품 수요의 변화는 실제 환경에 긍정적 영향을 미치기에는 너무나 미약하다. 윤리적 기준에 따라 생산한 의류는 전 세계 의류 시장의 0.4퍼센트 미만이다.[50] 패션 산업이 항공과 해운을 합친 것보다 더 많은 이산화탄소를 배출한다는 사실에도 불구하고 말이다.

심리학자와 행동경제학자들은 태도와 실제 행동 사이의 격차에 대해 유의미한 해석을 내놓는다. 예를 들어, 사람들이 어느 한 영역에서 지속 가능하게 행동하더라도, 이전에 취했던 조치들로 이미 기후를 위해 무엇인가를 했다고 자부하기 때문에 후속 조치에서는 기후에 미치는 영향을 무시하게 되는 경향이 있다. 환경에 해를 끼치는 행동이 머릿속에서 선한 행동을 했다는 기억으로 "상쇄"되는 것이다.[51] 종합적으로 보면, 관련 비용과 그에 따른 불편함이 적을 때 "친환경적 행동"을 기대할 수 있다.[52] 하지만 저비용의 효과적이지 않은 기후 조치 때문에 고비용이지만 효과적인 조치가 밀려날 위험이 있다.[53] 친환경적 인식과 친환경적 조치 사이의 간극을 좁히기 위해서는 인지 부조화를 최소화하는 전략을 사용해야 한다. 사람들은 어차피 혼자서는 기후를 구할 수 없다고 말하거나 환경에 더 해로운 행동을 하는 이들, 즉 부유층, 중국인, 장거리 휴가를 떠나는 이들, SUV 운전자 또는 일반적으로 "다른 사람들"을 지적하면서 자신의 생활 방식을 고수하는 걸 정당화한다.

도덕적 동기 부여를 하는 시장을 만들기 위한 개별화 전략이 실패하는 또 다른 이유는 투명성이 부족하기 때문이다. 식품에 '유기농'이라는 이름이 붙은 것은 정확히 무엇을 의미하는가? 기후를 고려해 생산한 청바지는 무엇인가? 이른바 그린위싱을 둘러싼 논란을 보면, 구매자는 실제 생산 조건이 어떤지 전혀 알 수 없다. 환경 친화적 제품이라고 홍보하는 데 쓰이는 다양한 라벨에 포함된 정보도 제한적이기 때문에 실제로 큰 도움이 되지 않는다. 상황에 따라서는 원산지를 잘 알지 못하거나, 상표를 바꿔치기한 중간 제품을 구매한 회사가 공급망에 포함되어 있어 정확한 생산 조건을 파악할 수 없는 경우도 있다. 예를 들어, 100퍼센트 해양 플라스틱 폐기물로 만들어졌다고 알려진 가방의 실제 폐기물 함량은 59퍼센트에 불과했다는 사실이 언론을 통해 알려졌다.[54] 도덕적인 소비자가 지불하는 가격 프리미엄은 단순히 추가 수익일 뿐이다. 경제 활동의 이윤 지향적 논리는 소비자의 도덕적 동기에 좌우되지 않는다. 따라서 지속 가능성과 기후 중립성을 인증하는 라벨은 사기일 뿐이라는 의심을 받는다. 2020년 유럽연합에서 실시한 연구에 따르면, 유럽연합에서 환경 및 기후 친화적이라고 홍보한 광고의 절반 이상이 "모호하거나, 오해의 소지가 있거나, 근거가 없고" 40퍼센트는 "근거가 빈약했다".[55] 소비자와 일부 기업이 친환경 라벨을 외면하는 것은 정당하지 않다.[56]

기후 친화적인 조치를 뒷받침하기 위한 개별화 전략에는 발생한 배출량에 대한 자발적 보상 인증서도 포함된다. 이 인증서를 구매하면 기후 보호 조치를 지원하는 셈이다. 이 제도는 2005년 발효된 교토 의정서로 거슬러 올라간다. 개인의 상품 소비나 생산으로 발생되는 이산화탄소 발자국이 인증서 구매를 통해 탄소 배출 감축 활동에 자금을 지원함으로써 상쇄되는 것이다. 자발적으로 이루어지는 보상 인증서의 대부분은 재조림(再造林) 프로젝트, 또 다른 부분은 댐 건설 프로젝트, 또 다른 부분은 전기차 구매 프로젝트를 지원한다. 삼림 인증서의 경우, 기후에 해를 입히는 생산 과정에서 배출된 이산화탄소가 추가 조성한 삼림에 흡수되거나 기존 삼림을 보호 및 유지하는 데 쓰인다. 이런 인증서를 구매하면 소비자는 기후에 대해 갖는 양심의 가책을 누그러뜨릴 수 있고, 기업은 올바른 관점을 갖고 있는 '기후 중립적' 회사라는 홍보 효과가 있다.

하지만 많은 연구에 따르면, 이런 조치가 기후에 미치는 영향은 미미하거나 없는 것으로 나타났다. 또한 일부 보조금 지원 프로젝트에서 부정적인 사회적 영향과 인권 침해에 대한 불만이 제기되고 있다.[57] 인증서는 마치 마술 상자에서 꺼내 녹색 칠을 하는 것과 같다. 수치적으로도 이를 확인할 수 있다. 2016년 유럽연합의 의뢰로 진행한 프라이부르크 생태연구소의 연구에 따르면, 조사 대상 프로젝트의 85퍼센트에서 추가적인 이산화탄소 감축으로 이어지지 않았을뿐더러 실제 달성한 이산화탄소 감축량보다 더 많은 인증서를 발급한 것으로 밝혀졌다.[58] 이런 거래에 참여하는 '임팩트 투자자(impact invester: 사회적·환경적 영향을 최대화함과 동시에 금융 수익을 얻으려는 투자자 — 옮긴이)'는 이에 무관심하다. 그들에게 인증서는 손해 보지 않는 사업이다.[59] 현재 이 시장의 규모는 20억 달러로 추정되며, 2030년까지 5배로 증가할 것으로 예상된다. 인증서를 구매하는 기업은 기존의 화석 연료 사업 모델을 친환경적으로 바꾸고, 소비자의 죄책감을 누그러뜨릴 수 있다. 모두에게 윈-윈인 것이다. 단지 기후만 여기에 해당되지 않을 뿐이다.

시장에서 개인 윤리에 입각한 소비자 행동으로는 기후를 파괴하는 생산 방식의 지속 가능한 변화를 기대할 수 없다.[60] 자본주의적 근대라는 딜레마에 빠졌음에도 불구하고, 기업가와 정치인은 사람들에게 이런 사실을 이해시키려 노력한다. 이는 행동심리학적 조치를 통해 구현되고 소비자의 결정을 유도하기 위한 개인주의적 이데올로기에 의해 뒷받침된다. 그리고 스마트폰으로 인증하거나 친환경 쇼핑 도우미를 통해 개인의 탄소 발자국을 실시간으로 알려줘 소비자가 올바른 행동을 하도록 '유도'한다. 하지만 소비자의 결정은 성장을 중시하는 정치경제, 기존 인프라 및 일상, 지위를 다투는 경쟁의 사회적 논리가 내재해 있어 기후 문제에 대한 해결책보다는 놀이 같은 장난이 될 가능성이 더 높다.[61]

중요한 것은 기후 친화적인 제품의 소비가 구매자의 지위를 차별화하는 수단으로 사용되어 그 자체가 사회적 우월성을 상징하는 것으로 정착할 가능성이 높다는 점이다. 여기서 지속 가능한 소비는 도덕적 우월성과 사회적 차별성을 입증하는 수단이 된다. 유기농 식품, 비건 식품, 화물용 자전거, 전기차 등 환경을 생각하는 소비는 사회학자들이 '문화의 축'이라고 부르는 것에 따라 사회를 구분한다. 생태적 생활 방식 뒤에 숨은 도덕적 신념을 모든 사회문화적 계층에서 공유하는 것은 아니다. 모든 사람이 높은 육류 소비가 문제라고 생각하지 않으며, 자전거가 대안적 교통수단이라고도 생각하지 않는다. 이런 생활 방식의 생태적 규범은 전통적인 환경을 재설정하고, 이는 우월성의 도덕적 범주에 맞서는 정치적 갈등으로 이어져 포퓰리즘적 반발을 불러일으킨다.[62]

하지만 소비가 기후 친화적으로 변화하는 정치적 배경에는 이런 사회문화적 차이 이상의 것이 내포되어 있다. 갈등은 사회적 불평등과도 관련이 있다. 부유한 사회에서도 많은 사람이 가난하거나 불안정한 환경에서 살고 있으며, 지속 가능한 제품의 높은 가격으로 인한 추가 부담을 감당하기 어렵다. 전기차는 기후 친화적일 수 있지만 확실히 더 비싸다.[63] 따라서 그걸 소유한다는 것은 환경에 대한 인식과 경제력을 보여주는 것이다. 테슬라를 운전하는 사람은 돈이 많을 뿐만 아니라, 기후를 보호하기 때문에 더 나은 사람이라고 인정받을 자격이 있다. 그 밖의 사람들은 수치심이나 분노만을 느낄 수밖에 없다.

녹색 성장

기후 변화에 어떻게 대응해야 하는가? 이에 대한 정치적 논쟁은 근본적으로 두 가지 입장, 즉 성장 제한이나 녹색 성장을 주장한다. 성장 제한을 지지하는 사람들은 주로 소비를 줄이고 순환 경제를 강화하자고 주장한다. 이를 통해 자원의 소비를 줄이고 온실가스 배출을 감축하는 동시에 환경을 보호하자는 것이다.[1] 반면, 녹색 성장을 주장하는 사람들은 자본주의 경제의 메커니즘이 향후 성장과 기후 보호를 동시에 달성할 수 있게 해줄 것이라고 믿는다. 기술 발전과 경제 구조의 변화로 기후 피해에서 벗어나게 될 것이라는 생각이다. 그러기 위해서는 초기에 높은 비용을 수반한 정치적 방향 설정이 이루어져야 하겠지만, 효과적인 기후 보호가 장기적 이득을 가져올 것이므로 기후 보호와 양립 가능한 경제 성장의 길을 찾을 수 있다는 원칙적인 낙관론이 타당하다고 본다.

널리 호평받는 언론인 울리케 헤르만(Ulrike Herrmann)[2]은 최근 자신의 저서에서, 이런 성장 낙관론을 거부하고 극단적으로 위축된 경제만이 기후 위기를 극복할 수 있는 **유일한** 방법이라고 소개했다. 그러한 주장은 유엔의 자료로 뒷받침된다. 기온 상승이 섭씨 1.5도를 넘지 않기 위해서는 2030년까지 기존에 합의된 수준의 온실가스에서 추가로 45퍼센트를 더 감축해야 한다는 것이다.[3] 헤르만에 따르면, 녹색 성장은 그런 드라마틱한 반전을 위한 방안이 될 수 없다. 이에 대해 그는 현재 북반구의 소비 패턴을 유지하는 데 필요한 에너지의 양은 당분간 계속해서 석탄, 석유, 가스 없이는 충당될 수 없기 때문이라고 설명했다. 그 외에 **모든** 추가적인 경제 성장은 에너지 사용 및 자원의 소비와 관련이 있으며, 그 결과 인간의 활동으로 지구 생태계 파괴가 증가할 뿐이라고 설명하는 저자들도 있다.[4] 경제 활동의 생태적 결과와 관련해 이산화탄소 배출 외에 다른 측면들도 고려한다면, 이와 같은 주장이 더 타당하다고 여겨질 것이다.

생활 방식을 생태적 요구 사항에 부합하도록 맞추기 위해 헤르만은 소비를 줄이고 산업 생산을 제한해야 한다고 설명한다. 개인 소유 자동차는 물론 항공기를 이용한 여행도 포기해야 하며, 주거 공간도 현저히 줄여야 하고 화학 산업은 그 규모를 절반으로 축소해야 한다. 이 외에도 사용을 마친 제품을 재활용하고 고장 난 물건은 새로운 물건으로 교체하는 대신 수리해야 한다.

나는 이와 관련해 제기된 주장들을 다양한 측면에서 재고해봐야 한다고 생각한다. 경제를 위축시켜야 하는 데는 긴급한 생태적 이유도 있지만, 문화적 이유도 있다. 다다익선이 옳지 않을 수 있다는 걸 뒷받침해줄 강력한 증거는 많다. 그리고 끝없이 성장하는 소비 증가를 추구하지 않는 사회에서의 삶이 어떤 모습일지 보여주는 소소한 사례들도 있다. 트랜지션 타운(Transition Town: 에너지 자립적인 전환 마을—옮긴이), 슬로 시티(Slow City: 전통과 자연 생태를 보전하면서 느림을 기반으로 지속적 발전을 추구하는 도시—옮긴이) 그리고 **공익 경제**는 자본주의적 근대가 갖고 있는, 성장에 대한 강박에 저항하는 공동체적 삶의 형태를 보여주는 콘셉트로 큰 매력을 갖고 있다. 하지만 이런 모델들이 어떻게 사회 전체로 확장될지는 여전히 불투명하다. 또한 소비에 대한 비판은 부유한 산업 국가에도 여전히 낮은 생활 수준에 허덕이는 사람이 많다는 점을 항상 고려해야 한다. 전 세계적으로 수억 명이 빈곤 속에 살아가고 있으며, 성장을 포기하는 것은 이들이 현재 상태에 머물 수밖에 없다는 것을 의미한다. 이 외에 실현 가능성 문제도 제기된다. 경제를 위축시키는 방향으로의 근본적 전환은 단순히 유토피아로의 역행 그 이상의 의미일 수 있는가?

나는 그렇지 않다고 생각한다. 나의 회의적인 입장은 자본주의적 근대의 성장 압박이 경쟁 중심의 시장과 사유 재산권이라는 시스템에 **구조적으로** 뿌리를 내리고 있다는 점에 근거한다. 앞서 설명했듯 자본을 소유한 자들은 끊임없이 혁신을 일으키는 역동적 과정을 요구한다. 이런 과정을 중단시키기 위해서는 자본에 대한 사유 재산권 자체를 폐지하고 자본주의 경제 체제에 마침표를 찍어야 한다.[5] 그러나 이는 그 어디에서도 정치적으로 실현 가능성이 없어 보이며, 이런 시스템 전환이 실제 환경에 도움이 될지도 불확실하다. 물론 기술 발전은 바라는 대로 급격히 느려질 수 있다. 하지만 이는 동시에 기후에 부담을 덜

주는 경제 방식을 가능케 해줄 새로운 기술 발전으로 향하는 문을 닫아버릴 위험도 있다. 또한 앞장에서 언급했던 경제 위축이 가져올 규범적 결과도 함께 고려해야 한다.

다른 한편으로, 산업 국가의 생활 수준을 의도적으로 낮추고, 남반구의 경제 발전을 포기시키는 정책은 기존의 권력 및 유인책 구조가 경제 위축 전략의 실행을 가로막아 **정치적으로** 실행 불가능하다고 생각한다. 이는 이윤을 추구하는 기업 때문이기도 하지만 국민의 소비 욕구 때문이기도 하다. 앞서 설명한 것처럼 현대 사회에서 분배의 갈등은 무엇보다 부의 성장으로 해소된다. 경제가 위축되면 분배를 둘러싼 갈등이 폭발적으로 증가할 것이다. 이 외에 지정학적 이유도 있다. 성장과 혁신의 길을 포기하는 국가는 시점의 차이가 있을 뿐 결국은 경제적·기술적으로 뒤처질 것이며, 결과적으로 지정학적 영향력을 상실할 것이다. 성장의 목적 중 하나는 지정학적 경쟁자들과의 경쟁에서 핵심 산업의 우위를 점하는 것이다.[6]

경제 위축이 실현하기 희박한 정책이라는 사실을 이해하는 데는 울리케 헤르만의 저서를 살펴보면 도움이 된다. 헤르만은 1940년 이후 영국의 전시(戰時) 경제를 예로 든다. 영국 정부가 부족한 자원을 히틀러가 이끄는 독일과의 전쟁에 투입하기 위해 국민의 소비를 대폭 제한했던 시기다. 하지만 이 사례는 현재 상황과 맞지 않는 부분이 있다. 당시 전쟁으로 인해 발생한 구체적 생존 위협은 영국 국민을 강하게 결속시켰으나, 오늘날 생태적 위협이 같은 효과를 가져올 것이라고 기대하기는 어렵다. 전쟁 위협과 달리 생태적 위협은 대개 추상적으로 느껴진다. 기후 보호는 전 세계적 공통 과제일 뿐만 아니라, 기후 변화가 불러일으킬 극단적 피해는 미래에나 비로소 완전히 드러날 것이기 때문이다.

이 외에 다른 사회적 차이점도 있다. 당시 영국 국민은 이후 40년 동안 이어진 개인주의와 소비 찬양 시기를 (아직) 경험하지 않은 상황이었다. 오히려 그들은 국가가 개입해 정치적으로 조정할 수 있는 사회에 살았다. 이는 오늘날에는 상상할 수 없는 일이며, 영국에서만 그런 것도 아니다. 따라서 오늘날 우리는 다음과 같은 질문을 제기하게 된다. 개인의 자동차 소유를 금지하고, 주거지를 제한하거나 개인 소유의 고급 요트를 금지하는 것과 같은 정치적 결정은 어디에서 내리겠는가? 이런 조치를 지지하는 다수가 존재하지 않기 때문에 경제 위축 정책은 실현되지 않을 것이다. 정치적 기반이 마련되지 않은 상태에서 "우리는 X를 해야만 한다"는 식의 선언은 공허한 구호에 불과하다.

그러면 녹색 성장으로 기후 보호를 달성할 가능성은 어떤가? 정치적 논의를 보면, 종종 현실성 있는 대안처럼 보일 때가 있지만 한쪽 선택지가 실현 불가능하다고 해서 다른 선택지가 무조건 실현 가능한 것은 아니다. 녹색 성장은 다음을 의미한다. 즉, 자본주의적 근대의 성장 기반 사회 모델은 유지하되, 혁신적 기술의 도움으로 생산과 소비를 탈탄소화하고 자원 소비를 줄이는 방식으로 전환하는 것을 말한다. 일반적으로 설명하면, 이산화탄소 1톤당 창출되는 부가가치를 증대시키는 것이다.[7] 이상적이게도 가치 창출과 온실가스 배출의 상호 관련성이 완전히 사라진다. 풍력 발전 터빈과 이모빌리티, 탄소 중립 설비, 열펌프, 저에너지 건물 등이 여기에 포함된다. 이러한 전환 과정에는 경제 활동의 구조적 변화, 특히 가치 창출에서 이산화탄소 배출량이

적을 것으로 기대되는 서비스 산업의 확장이 기여할 것이라고 본다.[8]

기후 보호를 자본주의적 근대의 논리적 범주 안으로 편입시키기 위해서는 경제의 근본적 개혁이 필요하다. 이를 위해 기업·국가·국민은 기후 친화적 제품 생산에 대한 투자가 경제적으로 유의미하거나, 적어도 곧 그렇게 될 것이라고 기대해야 한다. 동시에 기존의 화석 연료 기반 경제 모델은 높은 리스크를 수반하므로 자신의 경제적 이해를 위해 빠르게 포기해야 할 모델이라는 확신이 커져야 한다. 기후 보호는 '가격의 언어'로 번역해야 한다.

이런 전환은 오랜 기간 전혀 진척이 없는 것처럼 보였다. 하지만 최근 몇 년 사이 일부 국가에서 변화가 일어나기 시작했다. 재생 가능 에너지가 더욱 확대되고 전기차가 증가하면서, 점점 더 많은 주택 소유자가 열펌프로 난방을 하기 시작했다. 많은 기업이 이 변화를 수용하는 듯 보였다. 예를 들어, 철강 산업의 구조 조정이 시작되었고, 계획에 따라 탈석탄화가 진행되었으며, 생산 과정에서 불가피하게 발생하는 이산화탄소를 포집 및 저장하기 위한 시멘트 산업의 기술적 가능성이 모색되었다. 실제로 경제적으로 성장하면서도 온실가스 배출이 감소하는 나라가 많다. 그렇다면 우리는 낙관해도 될까?

그렇지는 않다. 기후 중립적이라고 예찬받는 기술로의 전환이 향후 몇십 년 동안 수조 유로의 투자를 통해 전 세계적으로 추진되고 중요한 경제적 변화를 일으킬 것이라고는 예상할 수 있다. 하지만 이런 투자는 기후 목표를 달성하기 위해 여전히 턱없이 부족하다는 사실이 곧 드러나고, 시간 또한 매우 많이 걸릴 것이다. 또 기후 친화적이라고 홍보하는 기술을 확대하는 것이 실제로 기후 변화와 생태적 위기를 막을 수 있을지도 의문이다. 재생 가능 에너지가 화석 연료를 사용하는 에너지를 단순히 대체하는 게 아니라, 상당 부분 추가적인 에너지로 소비할 것이라고 예상해야 한다. 녹색 자본주의는 에너지 생산 방식만 바꾸는 것이 아니기 때문이다. 이 외에 추가적인 성장도 끌어내야 하는데, 이는 에너지 소비를 늘리고 또 다른 피해를 발생시킬 것이다. 자원의 과잉 소비와 그로 인한 생태적 위기는 기후 위기를 극복하려는 바로 그 전환들 때문에 많은 분야에서 한층 더 커질 것이다. 나의 회의적 입장에 대한 근거는 이번 장과 다음 장에서 다룰 것이다. 여기서는 녹색 전환의 재정적·실체적 조건을 조명한 후, 8장에서 지구 위험 한계선의 문제에 대해 설명할 예정이다.

자본주의의 역사적 발전은 경제 질서를 규정하는 체제를 반영하는 결과로 분석할 수 있다. 이런 사회경제적 체제는 의사 결정을 규제하고, 향후 발전 경로에 대한 서사로 표현되길 기대하는 것에 기반을 둔다. 이런 서사는 제도적 구조로 뒷받침된다.[9] 사회경제적 발전에 대한 기대는 제도적 규칙과 결합해 기업과 정치의 불확실성을 감소시킨다. 그들은 결정을 조정하고 관리하는 데 도움을 주는 방향성의 틀을 만든다. "거대한 서사"[10]는 기업의 사업 계획, 거시경제적 성장 모델, 모두를 위한 번영 같은 사회적 유토피아 속에서 표현된다. 이것들은 민간 및 국가 차원의 투자, 기술 개발을 위한 연구 프로그램을 이끌며 금융 산업 규제를 위한 정치적 결정을 형성하고, 정당 정치 프로그램 및 소비자와 유권자의 행동에 영향을 미친다.

20세기에는 사회경제적 체제 중 포디즘(Fordism)이 가장 중요했다. 포디즘 체제에서 산업의 대량 생산 그리고 임금 상승을 통한 민간의 소비 수요 확대와 함께 경제 구조가 조직되었는데, 이때 국가의 강력한 개입이 이루어졌다.[11] 이 체제는 1970년대에 위기를 맞이했으며, 이후 시장자유주의 체제로 대체되었다. 두 체제 모두 경제 성장으로 생태적 문제를 일으키는 부분에 대해서는 무감각했다.

'녹색 성장'은 새로운 사회경제 체제로의 전환으로 이해할 수 있다. 우리는 '녹색'이라는 라벨을 통해 상당한 투자의 흐름, 기술 혁신 그리고 소비가 기후 중립으로 나아가는 자본주의 경제의 새로운 탈피 과정을 목도한다. 탈탄소화라는 개념 아래 공공 및 민간 자원은 적어도 기후 변화에 대한 대답을 약속하는 새로운 기술과 비즈니스 모델로 나아간다. 경제를 주도하는 사람들의 언어로 말하자면, 녹색 성장은 '엄청난 주제'다. 혹은 미국 자산운용사 블랙록(BlackRock)의 최고경영자 래리 핑크(Larry Fink)의 표현에 따르면, 기후 변화는 "역사적 투자 가능성"[12]을 열어준다.

녹색 성장이 경제에서 매력적인 이유는 자연에 기반한 삶의 토대를 보존하기 때문이 아니라, 새로운 이윤의 원천이 될 수 있고 기업의 사회적 정당성을 제공하기 때문이다. 녹색 투자의 규모는 결국 투자자와 정치적 다수가 기대하는 자본 수익률 및 소비자의 선호도에 따라 결정될 것이다. 지난 수십 년 동안 부유한 국가들의 성장률은 감소하는 추세였다. 실제로 투자자들로서는 급격히 늘어나는 민간 자산을 투자할 만한, 위험성이 적으면서도 수익성이 높은 투자처를 찾기가 점점 더 어려워지고 있다.[13] 다시 말해, 새로운 투자 가능성을 찾는 민간 자본의 과잉 상태다.

투자 수요의 방대한 규모 때문에 녹색 성장은 이런 거시경제적 문제에 대한 해답이 될 수 있다. 앞서 언급했듯 컨설팅 회사 매킨지에 따르면, 기후 보호를 위해 필요한 투자는 2050년까지 매년 9조 2000억 달러, 즉 세계 총생산의 7~8퍼센트로 추정된다.[14] 국제에너지기구에 따르면, 파리기후협정 목표를 달성하기 위해서는 2030년까지 에너지 전환에 대한 투자를 3배 확대해야 한다.[15] 다른 예측은 이보다도 한층 높게 추정하고 있다. 일반 국민들은 놀라면서 다음과 같은 질문을 제기할 것이다. 도대체 누가 이 모든 비용을 부담해야 하는가? 하지만 기업은 이 금액을 완전히 다른 시각으로 바라본다. 즉, 녹색 성장 분야에 현재 향후 수십 년간 가장 큰 규모로 자리매김할 시장들이 부상하고 있으며, 이는 엄청난 사업 기회를 의미한다. 기업들은 이 거대한 파이에서 한 조각을 차지하기 위해 준비를 서두르고 있다.

이와 같은 사업 기회는 국가가 개입해야만 생겨난다. 예를 들어, 수소를 기반으로 한 철강 생산은 전통적인 철강 제조 방식에 비해 비용이 더 많이 들기 때문에 녹색 투자는 종종 수익성이 낮다. 새로운 사업 모델은 기존 화석 연료 기반의 사업 모델과 경쟁해야 한다.[16] 국가가 녹색 기술에 보조금을 지급하고, 화석 연료 기반 사업 모델을 더 비싸게 만들며, 녹색 기술을 위해 장기적으로 안정적인 제반 여건을 조성할 때에만 민간 투자의 원동력이 생길 수 있다. 새로운 사업 모델은 앞서 언급한 디리스킹이 필요하다. 즉, 민간 투자자를 위해 국가가 위험을 대신 떠안고, 유리한 제반 여건을 조성할 필요가 있다.[17] 세금·보조금·규제는 녹색 전환을 지원하는, 가능한 한 강력한 연합을 형성할 수 있게끔 도입되어야 한다. 더불어 국가는 투자 결정을 실질적으로 이해할 수 있는 규제력 있는 전제 조건을 마련해야 한다. 구체적으로는 승인 절차의 신속화, 계획 확정 절차의 간소화, 건축 허가의 신속화, 충분한 원자재와 노동력 확보 등이 그것이다. 또 소비재 시장의 경우, 도덕적 신념이나 국가의 유인책으로 '녹색' 제품을 선호하는 소비자로부터 시장 발전이 촉진되어야 한다. 문제는 재정 흐름을 충분하면서도 신속하게 녹색 투자로 유도할 메커니즘이 존재하는지 여부다.

대부분의 경제학자는 이산화탄소 배출에 대한 과세 또는 배출권 거래제 도입이 경제의 탈탄소화를 가능케 해줄 완벽한 해법이라고 말한다. 이와 같은 조정 메커니즘은 이미 1970년대 미국 경제학자 윌리엄 노드하우스(William Nordhaus)를 중심으로 발전했다.[18] 그 원리는 간단하다. 즉, 이산화탄소 배출은 당사자가 배출 허가 인증서를 사전에 구매한 경우에만 허용된다. 그리고 인증서의 수량은 배출되는 온실가스가 기후 목표에서 명시한 양에 부합하도록 제한한다. 인증서는 거래소에서 사고팔며, 인증서의 수량이 적어질수록 그 가격은 높아지고 화석연료원의 수익성은 그만큼 더 낮아진다. 따라서 합리적인 경제 주체들은 가격 신호에 따라 기후 중립적인 사업 모델에 투자하고, 이산화탄소 집약적인 기술에 대한 투자를 줄일 것이다. 소비자도 자신들의 소비 결정을 조정하고, 그 결과 경제의 녹색 전환이 이루어질 것이다.[19] 이론상으로는 이렇다.

무엇보다 유럽연합은 캡 앤드 트레이드(cap-and-trade)라는 배출권 거래제로 기후 정책을 추진하고 있다. 유럽연합 배출권 거래제(ETS)에는 2005년부터 에너지 산업과 에너지 집약적 산업, 2012년부터는 유럽 항공 산업도 포함된다. 도로 교통 및 건물 부문은 아직 예외 대상이지만, 2027년부터 포함될 예정이다. 유럽연합 배출권 거래제는 1990년 대비 2030년까지 55퍼센트 감축을 달성하기 위한 핵심 수단이다.

이 고귀한 이론에도 불구하고, 유럽연합 배출권 거래제의 실제 성과는 미미한 수준이다.[20] 온실가스 배출량의 실제 감소 규모는 목표치에 크게 못 미쳤다. 여기에는 다양한 이유가 있다. 가장 큰 이유는 이산화탄소 배출을 인증서를 통해 효과적으로 통제하려면 배출 **총량**이 모두 배출권 거래 제도에 포함되어야 하는데, 현실은 그렇지가 않다.[21] 유럽연합 내에서도 온실가스의 겨우 45퍼센트만이 이산화탄소 가격 책정의 대상이며, 전 세계적으로 그 비율은 23퍼센트에 불과하다.[22] 즉, 전 세계 배출량의 4분의 3 이상이 이 시스템의 적용을 받고 있지 않으며, 앞으로 다른 국가들이 이산화탄소 배출에 대한 과세 시스템 채택에 참여할 가능성도 적어 보인다. 미국의 경우, 2022년 녹색 전환을 위한 중요 법안인 인플레이션감축법(Inflation Reduction Act)을 제정했는데, 배출권 거래제가 아닌 기후 친화적 기술에 대한 보조금 지원 방식을 선택했다.

또 유럽연합과 독일에는 배출권 거래 시스템을 원칙적으로 적용하는 영역에서도 많은 예외가 존재하며, 이에 따라 이 제도의 효과는 제한적이다. 특히 경쟁력 유지를 이유로 최근까지 배출권을 거의 모두 무료로 할당받은 산업 분야가 그렇다. 2027년까지 유럽연합 내 교통 및 건물 부문의 이산화탄소 배출은 계속 배출권 거래 제도에서 완전히 제외될 예정이다. 또한 너무 많은 배출권을 발급함으로써 그 거래 가격이 오랜 기간 경제적으로 배출을 감소시킬 만한 유의미한 경제적 이점을 제공할 수 있는 수준 이하에 머물렀다. 이 때문에도 실질적 유도 효과가 거의 없다. 게다가 배출권은 사용하지 않더라도 만료 기한이 없어 투기 목적으로 구매할 수 있다. 적어도 일부 기업은 초기에 저렴한 가격으로 배출권을 확보해 향후 가격이 상승하더라도 이산화탄소 배출로 발생하게 될 비용에 크게 영향을 받지 않으며 기존 사업 모델을 유지할 수 있다. 예를 들어, 유럽 최대 에너지 기업 중 하나인 RWE, 곧 라인베스트팔렌 전력회사는 라인 지역에서의 갈탄 연소를 위해 이미 몇 년 전 배출권을 저렴하게 구매해뒀다. RWE는 영리한 헤징(hedging) 전략 덕분에 이산화탄소 비용의 커다란 추가 없이 앞으로도 수년 동안 갈탄에 기반한 전력을 생산할 수 있다.[23]

하지만 이것이 끝은 아니다. 2021년까지만 해도 유럽 기업들은 일정 범위 내에서 개발도상국의 기후 보호 프로젝트를 통해 국제 탄소 크레디트를 확보하여 배출권으로 사용할 수 있었다. 이에 따라 배출권의 총량이 늘어나고 가격은 하락했다.[24] RWE도 이런 인증서를 구매해 갈탄 연소에 대한 '배상'으로 사용했다. 중국 정부는 전력 생산을 위해 구이저우성(貴州省) 협곡 지역에 다수의 대규모 댐을 건설할 때 이와 같은 배상을 활용했다.[25] 댐은 석탄화력발전소에 비해 이산화탄소 배출량이 적기 때문에 이산화탄소 보상을 위한 배출권을 발급할 수 있었다. 그리고 중국 정부는 그 판매 수익으로 댐 건설 자금을 확보했다. 하지만 이 댐들은 배출권 판매 없이도 건설할 수 있었다. 따라서 온실가스 감축에는 전혀 기여하지 못했고, RWE는 독일에서 계속 갈탄을 연소할 수 있게끔 해줬다.

배출권 수량 제한으로 적절한 가격을 책정하지도, 정치적으로 전체 배출자 통제를 관철하지도 못했기 때문에 배출권 거래 제도는 과거나 지금이나 둔한 칼과 같다. 독일의 경우, 정책적으로 건물 및 교통 부문에서 배출권 가격 상한선을 정해 소비자가 화석 연료 소비를 줄이도록 유도하려 하고 있으나 그 상한선이 너무 낮다. 경제학자들의 추산에 따르면, 독일의 건물 및 교통 부문에서 이산화탄소 가격을 톤당 180유로로 책정해도 법으로 정한 기후 목표를 달성하기에는 유도 효과가 충분하지 않다.[26] 이는 권력 구조와 유인책 구조가 경제, 국가, 사회에 반영되는 시장 설계의 실패다. 환경 오염 비용을 낮추고자 하는 기업의 이해와 비용 상승에 영향을 받는 소비자의 반발은 정치적 기회주의로 이어진다. 결론적으로, 시장 설계는 부득이하게 생태적 필요가 아니라 정치적 실현 가능성에 따라 이루어진다.

또한 유럽의 시스템은 처음부터 그 적용 범위를 일정 지역으로 제한하는 한계가 있었다. 유럽 집행위원회가 2026년부터 다양한 (특히 에너지 소비가 큰) 산업 분야를 대상으로 계획하고 있는, 유럽연합으로 수입되는 제품에 대한 이산화탄소세 부과로 지역 내 산업은 보호할 수 있겠지만, 소비자 관점에서는 소비재 가격이 상승할 것이며 남반구 국가들은 이를 불공평하다고 생각할 것이다. 기후 변화에 대한 역사적 책임이 없음에도 불구하고 기후 변화 극복 비용은 동일한 수준에서 부담해야 하기 때문이다.[27] 인도산 철강이 유럽의 이산화탄소 수입세로 15퍼센트 더 비싸지면, 인도 기업들은 대유럽 철강 수출이 줄어들 것이다. 이런 보호주의는 추가적인 지정학적 양극화로 이어지기도 해서 반드시 필요한 기후 보호 정책의 국제적 조율을 어렵게 만든다. 따라서 유럽연합이 수입품에 대해 실제로 이산화탄소 과세를 적용할지 여부는 무역 및 외교 정책적 고려를 바탕으로 결정될 것이며, 이에 따라 과세 계획의 기후 정책적 효과가 떨어질 수도 있다.

국민 또한 이에 반대한다. 이산화탄소 과세는 소비세로 작용하며, 특히 저소득자[28]와 생활 수준이 낮아 1인당 배출량이 기후 협정상의 감축 목표에조차 미달하는 사람들에게도 영향을 미친다.[29] 따라서 이로 인한 저항을 충분히 예상할 수 있다. 유럽연합은 2026년부터 2032년까지 추가적인 이산화탄소 과세로 사회적 부담을 완화하기 위해 기후사회기금을 계획하고 있다. 이를 위해 예정된 기금의 규모는 작다. 7년 동안 유럽연합 전역에 걸쳐 최대 650억 유로를 배정한 상태다.[30] 이 기금을 통해 유럽연합 내 가구의 단 10퍼센트에만 혜택이 돌아간다고 해도, 한 가구당 연간 470유로에 불과하다. 나머지 90퍼센트는 전혀 혜택을 받지 못한다. 따라서 이 기금이 대규모 재정 지원을 제공할 것이라고 기대해서는 안 된다. 독일에서 논의하고 있는 기후 수당의 경우와 마찬가지로, 유럽연합에서도 사회를 지배하는 시장 자유주의 정치 문화와 빈약한 재정 상황을 감안할 때, 녹색 전환에 따른 부담을 사회적으로 상쇄하기 위한 비용 확대를 정치적으로 관철하는 것은 거의 불가능하다. 이뿐만 아니라 유럽연합은 자체적으로 보유하고 있는 자금도 거의 없다.

결국 배출권 거래제의 조정 효과는 느리고 정확하지 않다. 투자가 새로운 특정 기술과 인프라에 맞춰져 있지 않기 때문이다. 오히려 시장에 더 맡긴다. 그래서 생산과 소비의 탈석탄화를 가능한 한 효과적으로 추진할 수 있게끔 해주는 기술과 인프라에 맞춰 서로 조율하는 투자가 충분히 이루어지지 않는다. 이는 긴급한 대응이 필요한 기후 변화에 적합한 방식이 아니다. 시장의 힘으로 농촌 지역에서 효율적인 대중교통 시스템을 어떻게 구축할 수 있겠는가? 에너지 공급처럼 복잡한 기술 시스템을 어떻게 경쟁을 통해 급진적으로 개편할 수 있겠는가? 이 과정은 서로 조율해야 하므로 정치적 방향성을 제시할 필요가 있다. 예를 들어, 특정 기술적 경로를 확정함으로써 투자를 위한 계획의 안정성을 제공해야 한다. 미국은 바로 이런 이유에서 기후 친화적인 것으로 분류되는 기술에 대한 직접적 보조금 지원 방식을 택했다.

하지만 미국이 선택한 방식은 화석 연료의 사용에 드는 비용을 높이는 것이 아니라, 새로운 에너지원을 기존 에너지원에 추가해 함께 사용하는 방식이다. 그 때문에 기후에 해로운 기술이 시장에서 사라지지 않는다. 미국에서 이산화탄소에 가격을 책정하지 않는다면, 인플레이션감축법은 배출량을 줄이는 데 거의 기여하지 못할 것이다. 이는 막강한 화석 연료 산업의 이익과 함께하며, 저렴한 에너지를 기반으로 한 미국의 민간 소비 중심 성장 체제를 지지한다.[31] 결과적으로 사용 가능한 에너지의 양은 증가하고 추가적인 성장 효과가 유발될 것이다. 이런 현상은 중국에서도 볼 수 있다. 중국에서는 재생 가능 에너지가 급속히 늘어남과 동시에 석탄 소비도 점점 증가하고 있다. 지난 20년간 중국의 석탄 소비는 2배 이상 불어났다.[32] 이런 추세라면 점점 더 성장하고 그에 따라 점점 더 에너지 수요가 늘어나는 세계에서 새로운 기술이 화석 연료를 대체하는 게 아니라 **보완**하는 데 그칠 것이다. 그러면 기후 목표를 달성할 수 없다.

이산화탄소 가격을 책정하는 것은 녹색 자본주의로의 전환 과정에서 (충분치는 않은) '채찍'으로 이해할 수 있다. 이산화탄소 가격을 책정하면 화석 연료 기술의 사용이 더 비싸진다. 다른 한편으로, 기업에는 정부 보조금과 민간 자본 유입이라는 '당근'이 제공된다. 이 두 가지를 결합해 기업과 소비자한테 에너지 전환과 그 결과로서 기후 목표 달성을 위한 유인책 구조를 제시하겠다는 것이다. 이를 성공시키기 위해서는 단기간에 엄청난 재정을 동원해야 한다. 앞서 언급했듯 매킨지는 향후 30년 동안 매년 전 세계 국내총생산의 7~8퍼센트에 해당하는 자금이 필요하다고 했다. 그리고 유엔과 국제에너지기구는 필요한 투자와 실제 투자 사이의 격차가 얼마나 큰지를 계속해서 보고하고 있다. 에너지 전환에 대한 투자는 2030년까지 전 세계적으로 산출 방식에 따라 5배 또는 7배까지도 증가해야 한다.[33]

물론 향후 몇십 년 동안 녹색 기술 분야에 대한 금융 투자가 어떻게 발전할지 예측하는 것은 불가능하다. 하지만 현실과 이상 사이의 격차가 매우 큰 만큼 이런 투자가 충분히 빠른 속도로, 그리고 광범위하게 증가할 것이라는 기대는 실현 가능성이 높아 보이지 않는다. 이런 격차의 발생 원인과 그 현상에 대해서는 앞장에서 이미 다뤘기 때문에 여기서는 짧게만 정리하고 넘어가겠다. 그 원인은 화석 연료를 기반으로 하는 사업 모델과 탈탄소화한 사업 모델 사이의 권력 다툼, 일반 가계에 부과될 전환 비용에 대한 정치적 저항, 예산이 부족해서 생기는 국가 지원 가능성의 제한, 특히 남반구에서 두드러지게 나타나는 높은 자금 조달 비용, 민간 투자자의 수익 기대 그리고 이념적·문화적 이유 등을 꼽을 수 있다.

여기서 우리는 또다시 디리스킹이라는 개념과 마주한다. 이는 앞서 설명한 조건에서 국가가 투자 관련 리스크를 떠안으면서 최대한 많은 민간 자본을 동원하겠다는 지배적 희망을 말한다. 이런 희망의 크기는 정치와 금융 시장이 국가에 허용한 예산 규모와 투자자들의 수익 요구만큼으로 한정된다.[34] 또한 디리스킹은 분배 정책에도 영향을 준다. 북반구에서는 국가 보조금이 경제적으로 여유 있는 전기차 구매자나 전력 매입 가격이 보장된 태양광 설비에 투자하는 사람들에게 돌아가지만, 남반구에서는 북반구의 민간 자본 투자자들이 이곳에서 신식민주의적 불로소득을 창출한다. 아울러 이때 발생하는 리스크를 안 그래도 경제적으로 열악한 남반구 국가의 공공 재정이 담보해야 한다.

녹색 전환의 속도와 사회적 정의를 촉진하기 위해, 물론 자금 조달의 국가 역할을 대폭 강화할 수도 있다.[35] 예를 들면, 중앙은행의 변화된 통화 정책을 통해서 말이다. 또는 국가 부채를 확대해 전환에 따른 부담을 여러 세대에 걸쳐 분산시키는 방법도 있다. 또는 최근 프랑스 경제학자 뤼카 샹셀(Lucas Chancel)과 토마 피케티(Thomas Piketty)가 주장한 바와 같이 대규모 자산에 대한 과세를 강화하는 새로운 세제 정책을 통해서도 가능하다.[36] 하지만 이런 접근에 대한 지지가 적어도 유럽에서는 부족하다. 갈수록 더 제한적인 통화 및 재정 정책 그리고 독일의 부채 제한 같은 법적 규제는 국가가 녹색 전환의 금융 조달자로서 역할을 확대하는 걸 가로막고 있다. 이런 상황을 바꿀 수 있는 방안은 이미 책상 위에 놓여 있다. 하지만 이런 정치적 방향 전환을 위한 다수의 지지가 확보된 것은 아니다. 자산 불평등이 심화되어 상속세나 재산세 인상을 요구하는 목소리가 수년 전부터 이어져왔지만, 이는 어느 곳에서도 정치적으로 현실화되지 못했다. 위협적인 기후 변화가 사고 전환을 이끌어낼 것이라는 징후는 그 어디에서도 찾을 수 없다.

그렇다고 해서 이런 정책의 변화를 완전히 배제해야 한다는 것은 아니다. 정치학자들은 이런 변화를 어떻게 현실화시킬 수 있을지와 관련해 흥미로운 모델을 개발했다. 그들은 정치의 하위 체계들이 서로 의존하며 영향을 주고받으므로 결국은 중요한 변화가 일어날 수 있다고 말한다.[37] 특정 분야에서 변화가 일어나면 그것이 다른 분야의 정치적 파트너에도 영향을 미쳐 그곳에서도 유사한 방향으로의 변화를 유도할 수 있다. 초기의 작은 변화가 갈수록 더 큰 파장을 일으키는 연쇄 반응을 생각하면 이해하기 쉬울 것이다. 또한 에너지 정책 분야의 변화도 이런 모델을 적용해 잘 설명할 수 있다. 실제로 재생 가능 에너지의 도입과 관련해 몇몇 나라에서는 이러한 역학이 이미 작용하고 있을 것이다. 그러나 이런 전환은 어디에서도 충분한 속도로 빠르게 진행되시 않고 있다. 또한 앞서 언급한 것처럼 이런 전환의 결과가 기후 변화를 막는 데 반드시 필요한 화석 연료 사용을 종식시키는 것이 아니라, 추가적인 에너지의 공급에 그칠 위험도 존재한다.

그렇다면 금융 시장은 어떻게 될까? 이런 질문은 기업들이 민간 금융 자본에 의존하고 있기 때문에도 자연스럽게 제기된다. 따라서 금융 시장은 적어도 녹색 전환에 영향을 미칠 잠재력을 가지고 있다. 450조 달러의 민간 자산이 금융 시장에 투자되었는데, 이는 "향후 녹색 체제"를 현실화할 만한 금액이다.[38] 여기에도 당근과 채찍 전략을 적용할 수 있을 것이다. 투자자들이 기후에 해로운 사업 모델을 추구하는 기업에서 금융 자금을 철회하는 대신 녹색 전환을 추진하는 기업에 자금을 제공하는 것이다. 그러면 자본의 구조적 힘은 정치권에만 영향을 미치는 것이 아니라, 경제의 다양한 부문에 자본을 분배함으로써 영향을 발휘하게 된다. 지속 가능성이 없는 사업 모델을 제시하는 기업은 자금 조달 비용이 늘어나 수익이 감소할 것이다. 결국 금융 시장은 가격이라는 언어로 말한다.

첫눈에는 금융 투자자들이 자신의 책임을 인식하고 실제로 녹색 전환의 동력으로서 임무를 수행하는 것처럼 보인다. 최근 몇 년 사이 환경(environment), 사회(social) 그리고 지배 구조(governance), 즉 ESG 기준을 적용해 자금을 운용하는 투자 펀드가 폭발하다시피 증가했다. 한 추정치에 따르면, 현재 약 35조 유로의 자금이 이런 방식으로 투자되었다.[39] 겉으로 보기에는 녹색 전환의 자금 조달이 잘 진행되고 있는 것처럼 보인다.

하지만 이는 착각이다. 조금 더 자세히 들여다보면, 이 폭발적인 성장이 실제로 금융 흐름의 대대적인 방향 전환을 의미하지는 않는다는 점이 드러난다. 여러 연구 결과를 보면, 오히려 지속 가능성 라벨을 붙이고 있는 투자 펀드는 일반 펀드와 투자 방식에서 거의 차이가 없다.[40] 가장 큰 이유는 금융 시장이—유럽연합은 제외하고—무엇이 지속 가능하다고 정의할지를 스스로 결정하기 때문이다. 기후의 측면에서, 무엇이 공평한지에 대한 기준은 국가가 정하는 것이 아니다. 오히려 기업과 펀드에 인증 마크를 부여하고 지속 가능성을 분류하는 것은 신용 평가사와 인덱스 제공 업체들이며, 금융 회사에 자신들에게 유리한 방식으로 이를 활용할 수 있다.[41] 신용 평가사는 자신이 부여하는 라벨을 사용하는 펀드사와 기업으로부터 수익을 얻는다. 기업과 펀드를 인증해주는 신용 평가사로서는 수익성 있는 사업이다. 투자자들로부터 수수료를 받아 이익을 얻는 자산 관리사도 마찬가지다. '지속 가능한' 펀드의 수요가 많아질수록 자산 관리사는 그들의 상품이 지속 가능한 것으로 분류되길 바란다.[42]

그런데 결과는 자의적인 것처럼 보이기까지 한다. 예를 들어, 가장 큰 세 군데 기업 평가 기관(MSCI ESG, RobecoSAM, Sustainalytics)의 지속 가능성 평가를 비교한 결과, ESG 기준 상위 100대 기업에 포함된 곳은 총 235개였다. 세 기관 모두의 평가 결과에서 상위 100위 안에 공통적으로 든 기업은 단 11개뿐이었다.[43] 이러한 기업 분류 기준은 투자자들의 위험 노출을 최소화하기 위한 것이지, 기후에 미치는 영향을 고려한 것이 아님은 분명하다.[44] 물론 정치적 영향도 중요한 역할을 한다. 2023년 발효된 유럽연합의 '지속 가능한 경제 활동' 분류법은 원자력과 가스도 지속 가능한 에너지로 분류하고 있다. 원자력은 프랑스의 정치적 압력으로, 가스는 독일의 요구로 포함되었다. 중국의 분류법에는 심지어 "청정 석탄" 투자도 녹색으로 간주한다.[45]

이런 금융 자산 분류의 자의성은 앞에서 설명한 자본주의적 근대의 작동 방식 관점에서는 그다지 놀라운 일이 아니다. 투자자들은 아무리 자신의 자산으로 좋은 일을 하고 싶어도 결국 수익률을 중시한다. 녹색 성장도 기업의 사회적 책임은 여전히 이익 창출에 있다는 사실을 바꾸지는 못한다. 투자 결정은 수익성과 리스크를 고려해서 이루어진다. 금융 투자를 지속 가능성 측면에서 분류하는 것은 무엇보다 기후 변화에 대한 대중의 우려가 늘어나는 상황에서 투자자에게 정당성을 부여하는 데 사용된다. 실제로 자연은 여전히 우선순위에서 밀려나 있다.

금융 시장 주요 행위자 중 일부의 위선은 다른 곳에서도 볼 수 있다. 10조 달러 넘는 자산을 관리하는 세계 최대 자산 운용사 블랙록은 앞으로 투자 전략의 녹색 기준을 더욱 강화해 책임을 다하고 고객의 도덕적 선호를 반영하겠다고 2018년 선언했다. 블랙록의 최고경영자 래리 핑크는 전 세계 여러 기업의 최고경영자들에게 공개서한 방식을 통해 그들이 내리는 의사 결정의 사회적 영향을, 특히 자연환경에 미치는 영향을 앞으로 더 고려해달라고 요청했다.[46] 투자금이 필요한 기업 대표에게 이 메시지는 기후에 해로운 사업 모델을 추진할 경우 투자를 줄일 가능성이 있다는 신호로 받아들여지기에 충분했다. 그리고 핑크는 이사진에게 발송한 추가 공개서한에서 이를 재차 강조했다. 지속 가능성을 준수하지 않는 기업을 자사의 액티브 펀드(active fund: 시장 수익률을 초과하는 수익을 올리기 위해 적극적으로 운용하는 펀드-옮긴이)에서 더 이상 고려하지 않을 것이며, 기후 친화적인 사업 전략으로 선회하지 않는 이상 주주 총회에서 패시브 펀드(passive fund: 특정 주가 지수를 구성하는 종목들을 펀드에 담아 그 지수 상승률만큼의 수익률을 추구하는 소극적인 운용 방식의 펀드-옮긴이)에 반대할 것이라고 밝힌 것이다.[47] 하지만 주주 총회에서 자산 운용사들의 실제 투표 행태를 조사한 결과를 보면 그렇지 않았다. 에너지 기업의 주주 총회에서 자산 운용사들은 기업의 환경 성과 개선을 목표로 하는 조치에 대체로 반대표를 던졌고, ESG 펀드의 경우 지속 가능성 기준을 고려하지 않는 일반 펀드에 대한 투표 행태와 차이가 없었다.[48]

이와 상관없이 블랙록은 기후 보호에 대한 공개 메시지 발표로 미국에서 비판의 중심에 섰다. 보수적인 미국 주지사들은 블랙록을 '깨어 있는 자본(woke capital)'이라고 비난하며, 일부 주의 경우 연기금의 투자 자금을 블랙록에서 철회하기도 했다. 이들은 경제의 탈탄소화 같은 특정 정치적 목표를 추구하는 것은 자산 운용사의 역할이 아니라고 말한다. 정치인들은 환경 및 사회 기준에 따라 투자 결정을 조정하면, 자산 운용사들이 신탁으로 관리하는 연금 수령자의 연금이 감소할 수 있다고 한다. 또한 석유 산업에 대한 투자 감소는 석유를 생산하는 주의 세수와 일자리를 위협할 것이라고도 주장한다.[49] 이것 역시 기업의 결정은 오로지 이익의 기대에만 기반해야 한다는 확신의 결과다. 하지만 앞서 설명한 ESG 펀드의 구성과 대형 자산 운용사들의 실제 투표 행태를 고려할 때, 공화당의 비난이 근거가 거의 없음에도 불구하고 블랙록은 기후 목표에 대한 공개 선언을 한 이후 뒷걸음질을 쳤다.[50] 이 논쟁은 이제 기후 문제가 일반적인 문화 분쟁의 일부가 되었고, 자본주의적 근대의 시장 경제 원리가 기후 보호와 대립하고 있음을 다시 한번 보여준다.

녹색 성장 모델의 성공을 저해하는 것은 이산화탄소 배출 감축으로 이어질 수 있는 투자의 부족만이 아니다. 남은 시간 안에 산업, 교통, 난방의 전환을 실현하는 것은 매우 실질적이면서도 과도한 부담이다. 이는 북반구의 부유한 국가도 마찬가지다. 독일의 한 사례를 통해 이를 설명하겠지만, 이는 다른 나라에서도 충분히 있을 수 있는 일이다.

독일연방공화국은 2030년에 전력의 80퍼센트를 재생 가능 에너지로 생산하기로 목표를 정했다. 2022년 독일의 전력 소비량은 약 550TWS였으며, 그중 절반에도 미치지 못하는 양(256TWS)이 재생 가능 에너지로 생산되었다.[51] 독일연방 경제부에 따르면 2030년까지 전력 수요가 750TWS까지 증가할 것으로 예상되는데, 이는 이모빌리티의 확대, 전기를 이용한 난방 시스템으로의 전환, 산업계의 전력 사용 증대 때문이다. 2020년대가 끝날 때 계획대로 독일 전력의 80퍼센트를 재생 가능 에너지로 충당하려면, 앞으로 6년간 재생 가능 에너지의 양이 2배 이상 증가해야 한다(256TWS에서 600TWS로). 2030년까지 남은 6년 동안 매년 재생 가능 에너지 기반 전력을 57TWS만큼 확대해야 한다는 뜻이다. 그러나 2022년에 실질적으로 추가된 전력량은 겨우 12TWS에 불과했다.[52] 재생 가능 에너지의 확장 속도가 이대로 유지되고 미래 전기 수요에 대한 예상이 맞는다면, 독일은 2030년에 오늘날보다 많은 전력을 화석 연료로 생산하게 될 것이다. 재생 가능 에너지의 확대에도 불구하고 말이다.

전체 전력 사용에서 그 목표를 달성하기 위해서는 현재 3만 개가 채 안 되는 풍력 터빈 외에 향후 6년간 약 1만 2000개의 고성능 풍력 터빈을 추가해 육상에서의 풍력 에너지 생산량을 2배로 키워야 한다. 매일 5개의 새로운 풍력 터빈을 전력망에 추가해야 한다는 얘기다. 하지만 지난 몇 년간 풍력 에너지 확대 속도를 살펴보면, 이 계획이 현실과 얼마나 동떨어져 있는지 알 수 있다. 독일은 2022년에 591개의 새로운 풍력 터빈을 설치했는데, 이는 필요한 양의 약 4분의 1에 불과하다.[53] 2023년 상반기에는 330개가 채 안 되는 풍력 터빈을 추가했으며, 이는 필요한 양의 3분의 1에 불과하다. 태양광 발전의 경우도 확대 속도가 3배는 빨라져야 한다.[54]

독일은 의사 결정 과정이 유독 느리고, 전 세계적으로 보면 상황이 더 낙관적일 것으로 생각할 수도 있다. 그러나 실제로는 그렇지 않다. 매킨지가 실시한 연구에 따르면, 2050년까지 전 세계 전력 소비는 2배 증가할 것이다.[55] 2021년 기준으로 전 세계 태양광 발전은 소비된 1차 에너지 중 0.6퍼센트를 공급했으며, 풍력은 1퍼센트 조금 넘는 정도였다. 국제에너지기구는 2030년까지 풍력 및 태양광 에너지가 전 세계 1차 에너지 소비에서 차지하는 비율이 고작 약 6퍼센트 정도 증가할 것으로 예상한다.[56] 기후 중립이라는 목표를 달성하려면 2050년까지 매년 풍력 및 태양광 에너지를 1000기가와트씩 확대해야 한다. 이는 2022년 전 세계에서 새로 설치한 시설 생산 용량의 약 3배에 해당한다.[57] 결론적으로, 전 세계적 상황 역시 독일에 비해 더 좋은 것은 아니다.

에너지 전환 과정에서 이상과 현실이 이토록 큰 차이를 보이는 이유는 종종 매우 실질적인 장애물이 있기 때문이다. 산업 단체들은 주로 계획 및 승인 절차에서 병목 현상이 일어난다고 지적한다. 독일의 경우, 새로운 풍력 발전소를 가동하기까지 거의 6년이라는 기간이 걸린다.[58] 그 외에도 설비 가격 상승, 높은 자본 비용, 공급 문제, 숙련 노동자 부족 문제도 언급된다.[59] 기술자와 엔지니어가 충분히 확보되어 있는가? 생산 능력, 부품, 원자재는 충분한가? 공급망은 안정적인가? 증가하는 전력량을 전력망이 감당할 수 있는가?

게다가 에너지 전환은 단순한 풍력 터빈과 태양광 패널 설치에만 그치지 않는다. 재생 가능 에너지로 생산한 전력이 화석 연료 기반 전력보다 에너지를 저장하는 게 매우 어렵다는 것이 가장 큰 단점이다. 해가 나지 않고 바람도 불지 않는, 이른바 '어둡고 고요한 시기'에는 저장 에너지가 없으면 사용할 전력이 없다. 물론 전기를 배터리에 저장할 수는 있다. 하지만 배터리는 비용이 많이 들고 여기에 저장한 전기로는 전력망을 아주 짧게만 안정시킬 수 있다. 풍력 및 태양광 발전에서 얻은 에너지를 수소와 암모니아로 변환하거나 수력발전소를 통해 저장할 수도 있다. 그러나 이 과정에서 높은 에너지 손실이 발생하며, 게다가 아직 존재하지도 않는 수소 인프라를 갖춰야 가능한 이야기다. 유럽이 계획대로 아프리카로부터 대규모 수소를 수입하려면 두 대륙을 아우르는 거대한 공급망을 구축해야 하는데, 여기에는 정치적 불확실성으로 인해 심각한 지정학적 위험이 잠재해 있다.

물론 세계가 장기적으로 고용량의 재생 가능 에너지를 구축할 수 있을 것이라고 상상할 수는 있다. 하지만 제한된 시간 내에 재생 가능 에너지가 실제로 화석 연료를 대체할 것이라고는 쉽게 상상할 수 없다. 녹색 성장은 기후 변화에 대한 적절한 대응으로써 필요한 수준에 크게 못 미친다.[60] 결국 국가는 녹색 전환에 필요한 유인책—탄소 배출권 거래제뿐만 아니라 민간 투자자의 리스크 부담, '지속 가능' 분류에 따른 금융 흐름의 조정 등—을 시장에 동원할 전략적 실행 능력이 부족하다. 무엇보다도 국가는 경제 성장을 제한할 힘과 관심이 부족하다.

하지만 그럼에도 불구하고, 기술 전환이라는 마법에 기대를 건다. 대기 중 이산화탄소를 제거하고 저장하는, 이른바 탄소 순환 관리도 여기에 해당한다. 자연을 변화시키겠다는 프로메테우스적 의지가 바탕에 깔린 방법이다. "이 행성의 자연과 생물학적 생명 전체를—자연을 지배하는 원자에서 대기에 이르기까지—공학적 계산을 하기 위한 개입 대상으로 간주한다"[61]라는 생각에 기반한 것이다. 그러나 대안은 없는 듯하다. 전문가들은 기후 온난화를 억제하려면 단순히 이산화탄소 배출량을 줄이는 것만으로는 부족하며, 대기 중에 이미 존재하거나 계속해서 생산되는 이산화탄소를 제거해야 한다고 입을 모은다. 예컨대 시멘트 같은 물질은 이산화탄소 배출 없이 생산할 수 없으므로, 기후 중립은 이산화탄소를 포집하고 영구적으로 저장하거나 가공해야만 달성할 수 있다. 기온 상승을 최대 섭씨 2도로 제한하는 유엔기후변화협약 당사국총회의 시나리오에는 이러한 이산화탄소 제거가 이미 포함되어 있다.[62]

대기 중 이산화탄소를 제거하는 한 가지 방법은 기술적으로 매우 단순하다. 바로 조림, 삼림 관리 그리고 습지 복원을 통해 더 많은 이산화탄소를 식물에 저장하는 것이다. 지금도 약 20억 톤의 이산화탄소가 조림을 통해 대기에서 제거되고 있다.[63] 하지만 이 방법의 분명한 한계는 추가로 식목한 토지를 확보하는 데 있다. 게다가 지속적인 개간과 대규모 산불로 손실이 일어나고 있다. 또한 20억 톤이라는 수치가 많아 보이지만, 이는 매년 화석 연료 사용으로 배출되는 온실가스의 약 5퍼센트에 불과하다.

2050년까지 기후 중립을 이루고자 하는 수많은 정부와 기업이 그 목표를 달성하려면, 이번 세기 중반부터 매년 60억~160억 톤의 이산화탄소를 여과 처리해야 한다. 유엔기후변화협약 당사국총회의 섭씨 1.5도 목표에 관한 특별 보고서에 따르면, 2100년까지 총 7300억 톤의 이산화탄소를 제거해야 한다. 이는 현재 화석 연료 연소로 매년 배출되는 이산화탄소의 약 20배에 해당하는 양이다.[64] 그 양을 최대 1조 1000억 톤으로 추정하는 시나리오도 있다. 즉, 기술적 해결 방안이 필요하다는 얘기다.

이산화탄소 포집 및 저장은 화석 연료를 기반으로 하는 산업도 큰 기대를 걸고 있는 녹색 기술이다. 화석 연료를 계속해서 연소시키는 동안, 세계 어디에선가 그 과정에서 발생한 이산화탄소를 걸러내 저장하거나 재활용하는 설비를 가동한다면 얼마나 좋을까? 다국적 석유 및 가스 기업과 에너지 집약적인 산업계가 이러한 혁신적 기술을 기후 변화에 대응하기 위한 기적의 묘약으로 적극 홍보하는 것은 우연이 아니다.[65] 그렇다면 이는 현실적인 시나리오일까, 아니면 단순한 그린위싱으로 지연 전략에 불과할까?

물론 여기에서도 기술적 진보는 예측하기 어렵다. 이산화탄소 저장뿐만 아니라 포집한 이산화탄소를 재활용하는 데는 분명 기발한 접근법이 존재한다. 그러나 지금까지 시도한 모든 프로젝트는 소규모 실험에 불과하며, 이런 기술을 대규모로 확장시킬 수 있을지 여부, 그리고 그렇다면 언제 어느 정도 비용으로 그것이 가능할지는 불분명하다. 계속해서 많은 것을 약속하지만, 그것들의 실질적 이행은 여전히 지연되고 있다. 현재까지 유의미한 규모로 이산화탄소를 저장한다고 말하기는 어렵다. 2022년 기준 전 세계에서 이산화탄소 포집 및 저장을 위해 운영한 시설의 총용량은 4500만 톤에 불과했다. 국제에너지기구는 현재의 계획을 바탕으로 봤을 때, 2030년까지의 이산화탄소 저장 용량이 2050년까지 기후 중립 달성을 위해 필요한 양의 20퍼센트에 불과할 거라고 예측한다.[66] 2023년 초에 발표된 한 연구에 따르면, 2050년까지 관련 시설의 성능은 2020년 대비 1300배 증가해야 한다.[67] 기후 보호에 성공할 거라는 믿음은 기술에 대한 불굴의 낙관주의를 바탕에 두어야 가능하다. 화석 연료 산업과 에너지 집약적 산업 부문의 기업들은 이러한 낙관주의를 촉진하는데, 화석 연료 기반 사업 모델을 종료하라는 대중의 압박을 약화시키기 위해서이기도 하다. 다시 말해, 기후에 해로운 사업을 계속할 시간을 벌기 위함이다.[68]

기술적 문제, 이산화탄소 저장 시 발생할 수 있는 불확실한 위험, 정치적 저항, 경제적 문제 등이 이산화탄소 제거 기술 개발을 더디게 한다. 기술적으로는 이산화탄소가 다시 대기로 방출되지 않도록 보장해야 한다. 게다가 대규모 확장은 큰 도전 과제를 수반한다. 현재 전 세계 모든 설비가 제거할 수 있는 이산화탄소의 총량은 연간 1만 톤 수준에 머물러 있다. 캘리포니아에서는 최근 미국 최초로 공기 중 이산화탄소를 직접 포집하는 상업용 시설을 가동하기 시작했는데, 이것이 포집하는 이산화탄소의 양은 연간 1000톤으로 내연기관 자동차 몇백 대가 배출하는 양에 해당한다.[69] 국제에너지기구의 기후 중립 시나리오에 따르면, 2050년까지 이런 시설의 용량이 거의 10억 톤에 이르러야 한다. 그러나 이는 목표 달성을 위해 전제되어야 하는 기술이나 실행 계획 없이 설정한 것이다.[70] 또한 정치적 지원도 부족한데, 그 이유가 타당한지는 별개의 문제다. 예컨대 독일에서는 약 10년 전 정치적 이유로 이산화탄소 저장 기술을 포기했는데, 이는 거주지 근처에 이산화탄소 최종 저장 시설이 들어서는 걸 원하지 않는 유권자를 두려워한 정치권의 결정이었다.[71]

이 외에 높은 비용도 문제다. 이산화탄소를 걸러내고 안정적·화학적으로 고정하는 데에도 상당한 에너지가 필요하다. 현재 공기 중 이산화탄소를 직접 제거하는 비용은 톤당 600~1000유로로 추정되며,

국제에너지기구는 100만 톤을 처리할 수 있는 대형 시설의 경우 톤당 125~335달러일 것으로 보고 있다. 그러나 이런 시설은 현재 어디에도 존재하지 않는다.[72] 국제에너지기구는 2030년부터 직접 공기 포집(Direct-Air-Capture) 기술을 통해 톤당 100달러 이하로 이산화탄소를 걸러낼 수 있길 희망하고 있다.[73] 탄소 포집 및 저장(Carbon Capture and Storage, CCS) 기술도 비용이 많이 든다. 또한 이산화탄소 배출로 인해 발생하는 비용을 고려하지 않거나 이산화탄소 배출권을 저렴하게 구입할 수 있는 상황에서 기업들이 자체 재정으로 이러한 기술에 투자할 유인책은 부족하다.[74] 결국, 보조금 없이는 불가능하다.

기술적으로 성공한다고 하더라도, 여전히 엄청난 인프라와 경제적 도전 과제가 기다리고 있다. 예를 들어, 연간 60억 톤의 이산화탄소를 제거하려 할 경우, 시설당 연간 처리 가능 용량이 100만 톤이라고 하면 6000개의 시설이 필요하다. 이 시설들을 어디에 세워야 하는가? 또 매우 낙관적으로, 산업계가 추구하는 톤당 100달러로 계산하더라도 매년 6000억 달러의 비용이 발생한다. 이 비용을 누가 부담하는가? 기술 개발에 대한 정치적 지원이 부족한 이유 중 하나는 이러한 계획이 어차피 현실적으로 실현 가능하다고 믿지 못하기 때문일지도 모른다. 어쨌든 이산화탄소 제거는 정부의 자발적 약속에 매우 미미한 수준으로만 반영되어 있다. 녹색 성장을 통해 기후 중립을 달성하고자 한다면, 새로운 기술들이 이산화탄소의 배출을 실제로 대폭—그것도 신속하게—줄여줘야 한다는 점은 명백하다. 기술적 불안전, 실제 투자의 흐름, 정치적 주저 등을 고려하면, 기후 변화를 제한하기 위해 기후 시나리오에 이미 포함되어 있는 조건으로서 대기 중 막대한 양의 이산화탄소 제거 실현 가능성은 리크스가 큰 도박에 불과하다는 게 분명해진다.

최근 들어 파리기후협정의 목표를 이번 세기 중반에는 **일시적으로** 달성하지 못하겠지만, 2100년까지는 지구가 다시 냉각될 것이라는 이야기가 점점 더 자주 들린다. 이와 관련한 개념을 완곡하게 표현하면 오버슈트(overshoot)라고 한다. 현재 온실가스 감축에 진전이 없더라도 불안해할 필요가 없다는 것이다. 아울러 21세기 중반 이후부터는 대기 중 온실가스를 대량으로 걸러내고 저장할 수 있는 기술이 개발될 것이라고 한다. 그 밖에 성층권에 에어로졸을 주입해 일종의 보호막을 설치함으로써 태양의 빛을 우주로 반사하고 지구를 냉각시키는 방법도 가능할 것이라고 한다. 지구공학의 기술적 진보는 아직 갈 길이 요원한데 이런 희망적이면서도 대담한 발표를 하는 것은—실제 실행 가능성, 관련 위험성 그리고 자금 조달 가능성에 관해 아직 충분히 연구되지 않았음에도 불구하고—현재 우리가 충분히 행동하지 않고 있다는 것과 어찌할 바를 모르는 상황을 감추기 위함이다. 기술만능주의는 우리를 안심시켜주는 역할을 한다. 동시에 사회 구조의 변화 가능성에 초점을 맞춘 아이디어들이 어떻게 취급받는지도 보여준다. 그러한 아이디어들은 점점 시야에서 사라지고, 그 대신 자연을 더 광범위하게 지배하는 방식에 모든 것을 걸게 된다.

기술적 진보는 의심할 여지 없이 기후 변화 문제의 향후 진행 과정에서 매우 중요한 역할을 할 것이다. 그러나 기술의 발전과 실제 활용 가능성은 예측할 수 없으며, 설령 기술적으로 유용한 해결책을 발견한다고 하더라도 그것이 정치적으로 실현될 것이라고 단정 지을 수 없다. 기술만능주의는 일종의 마법적 사고의 한 형태로, 기후 변화와 관련한 자본주의적 근대의 구조적 실패에서 주의를 돌리며, 이로써 현재 내려야 할 고통스러운 결정을 불필요한 것처럼 보이도록 만든다. 기술만능주의는 "약속 기계"인 양 기후 변화마저도 "끝없는 진보"라고 설명한다.[75]

지구 위험 한계선

회의적인 시선으로 바라봤던 것과 전혀 다른 결과가 나온다면 어떻게 될까? 잠시 낙관적인 입장에서, 녹색 성장이 이뤄지고 에너지 생산의 탈석탄화 전환이 실제로 성공할 것이라고 가정해보자. 그리고 어쩌면 기후 중립 계획이 목표한 대로 실행되지는 않더라도, 대기 중 이산화탄소를 제거함으로써 완전히 통제 불능 상태가 되기 전에 기후 변화를 막을 수 있다고 가정해보자. 인류가 마침내 생태적으로 지속 가능한 생활 방식을 찾아냈다면, 이는 엄청난 성공 아닐까?

　나는 이를 통해 자본주의적 근대의 핵심, 즉 성장과 발전을 통한 번영이라는 개념에 녹색 성장으로 문제를 해결할 수 있을 거라는 갈망을 담아내고자 한다. 녹색 자본주의의 미래상은 한편으로 많은 위험한 상황을 극복해야 하는 에너지 소모적 여정의 최종 목적지다. 하지만 다른 한편으로는 큰 위안을 주는 부분도 있다. 영웅적인 여정이 끝나면, 익숙한 곳으로의 귀환이 손짓을 하기 때문이다. 우리는 더 이상 점화 플러그를 교체하지 않겠지만, 여전히 자동차를 타고 출근할 것이다. 공장의 기계는—러시아산 가스가 아닌 나미비아산 수소로—계속 가동될 것이다. 우리는 휴가를 가고 멋진 옷을 입을 것이다. 무엇보다도 우리는 모두가 번영할 거라는 꿈을 계속 꾸고, 그 꿈을 실현하기 위해 노력할 것이다. 이때 사려 깊은 현실주의자는 의문을 제기할 수 있다. 기후 변화를 성공적으로 중단시키지 못해도 이처럼 익숙한 것으로 돌아갈 수 있을까?

나의 관점에서 녹색 자본주의의 꿈은 이미 오래전에 끝났다. 기후 변화는 자본주의적 근대가 처한 생태적 위기의 한 측면에 불과하기 때문이다. 물론 기후 변화는 현재 거의 모든 언론과 정치권의 관심을 끌고 있는 위기다. 그리고 여기에는 그럴 만한 이유가 있다. 대책 없는 기온 상승은 극적인 결과를 초래하기 때문에 이를 막기 위해 모든 조처를 취해야 한다. 하지만 지구상에서 살아야 하는 우리의 삶에는 충분한 식수, 비옥한 농지, 식물 수분(受粉), 바다의 안정적인 어족 자원도 필요하다.

지구시스템학에서는 지구 위험 한계선이라는 개념을 통해 지구에서 인류가 안정적으로 존재하기 위한 요건을 몇 년 전부터 인식해왔다.[1] 이런 한계는 생태계가 불안정해지는 자원 활용 가능성에 대한 척도를 정의하는 데 쓰인다. 지구시스템학에서는 그 한계선을 총 9개로 구분한다. 여기에는 기후 위기 외에 바다 산성화, 성층권 상부에 있는 오존층 파괴, 에어로졸을 통한 대기 오염, 담수 소비량, 토지 이용, 생물 다양성 손실, 인과 질소의 순환, 인공 화학 물질로 인한 오염 등이 포함된다. 그리고 이들 각각에 대해서는 정량적 한계치로 정의를 내린다. 높은 이산화탄소 농도로 인한 기후 변화, 급속한 멸종으로 인한 생물 다양성 문제 등 그중 6개가 이미 한계치를 초과했다.

지구 한계선에 대한 관점은 기후 변화를 넘어 인간 활동 전반의 생태적 영향으로 시야를 넓혀준다. 매년 달력에서 천연자원 사용량이 자원 재생산 능력을 초과하는 날을 계산해서 지정하는 '지구 생태 용량 초과의 날'이라는 개념도 이와 맥락을 같이한다.[2] 온실가스 배출량 외에 삼림 상태, 바다의 어족 자원 상태, 생물 다양성 상태도 자원 활용 지표에 활용된다. 이 개념에 따르면, 1970년 이후 천연자원이 과도하게 개발되었으며 그 추세는 계속 증가하고 있다. 전 세계에서 실제로 한 해 동안 사용할 수 있는 지원은 8월 초에 소진된다. 고도로 산업화한 국가의 경우는 그 시기가 훨씬 더 빠르고, 가난한 나라는 전 세계 자원의 극히 일부만 소비하기 때문에 훨씬 더 늦다. 이런 방식으로 전 세계 자원의 개발이 중단 없이 계속된다면, 2050년에는 자원 소비량이 2배로 늘어날 것이다. 지구가 2개여야 한다는 얘기다. 이처럼 과도한 자원 착취는 생태계를 불안정하게 만들고 장기적으로 지속 불가능하게 한다. 이는 생태계 붕괴라는 결과를 낳는다.

'물질 발자국'은 일반적으로 자원 소비와 남용을 나타내는 세 번째 지표다. 물질 발자국은 매년 전 세계에서 추출되는 원자재의 무게를 정량화해서 궁극적으로 소비자 수요를 맞추는 데 사용되며, 1990년 430톤에서 2017년에는 920억 톤으로 113퍼센트 증가했다.[3] 자원 추출이 경제 성장 및 인구 증가보다 더 빠른 속도로 늘어나고 있는 것이다. 중국 같은 나라에서 새로운 인프라를 건설하고 미국과 유럽에서

아시아 국가로 산업 생산 시설을 이전함으로써 동아시아와 동남아시아의 물질 발자국은 특히 더 증가했다.

이러한 결과는 아직 경제 성장과 자연환경의 부담이 분리되지 않았음을 보여주므로 매우 중요하다. 오히려 경제 성장이 자연환경에 **점점 더** 부정적인 영향을 미치고 있다. 과학자들은 지속 가능한 물질 소비의 상한선으로 연간 500억 톤을 잡는다. 하지만 2050년에는 지속 가능한 물질 소비의 4배에 달하는 2000억 톤으로 증가할 것으로 예상한다.[4] 점점 더 값싼 물품이 시장에 가득한 지형으로 바뀌고 있다. 이는 수 세기 동안 자본주의적 근대를 특징짓는 진행 과정이지만, 현재는 더 빠르고 더 광범위하게 진행되고 있다.[5]

지구 한계선, 지구 생태 용량 초과의 날, 물질 발자국 같은 개념은 생태 위기가 기후 변화보다 훨씬 더 광범위하며 에너지 전환만으로는 그걸 극복하는 데 충분하지 않다는 것을 보여준다. 기후 위기를 따로 분리해서 생각해보면, 에너지 생산의 변화는 자본주의적 근대와 환경을 조화시킬 수 있는 충분한 조치라는 결론에 도달할 수 있다. 그러나 이는 분명 지구 자원 남용에 관한 문제이며, 이에 대처하는 에너지 전환은 하나의 영역에서만 일정한 목표를 달성할 수 있다. 앞으로 크루즈선이 친환경 수소로 움직인다고 하더라도, 이를 건조하기 위해서는 여전히 엄청난 양의 철광석을 비롯해 각종 원자재가 필요하다. 또한 취항 목적지는 그곳을 여행하는 사람들에 의해 환경이 오염된다. 모든 추가적인 경제 활동도 생태계에 영향을 미친다. 막대한 자원을 투입해 추진하고 있는 재생 에너지 확대는 화석 연료의 연소를 제한하는 데 도움이 되지만, 동시에 다른 자원을 소비하는 데 여전히 영향을 미친다. 어떤 경우에는 이런 환경에 미치는 부담이 에너지 전환 자체로 인해 발생하기도 한다.

에너지 전환 기술은 생산·활용 및 폐기 과정에서 환경에 큰 피해를 주는 경우가 많다. 예를 들어, 태양광 모듈을 생산하려면 많은 양의 구리가 필요하다. 더 정확히 말하면, 1.7제곱미터 크기의 태양광 모듈을 생산하려면 케이블·인버터·변압기에 1킬로그램의 구리가 사용된다. 이 정도 양의 금속을 얻기 위해 광산을 채굴하면 비소, 카드뮴, 수은, 납 및 기타 중금속이 포함된 유독성 슬러지가 200킬로그램 정도 나온다. 구리 채굴 과정에서 태양광 발전으로 인해 발생하는 슬러지는 연간 총 1억 톤으로 추산되며, 이는 광산 지역 환경에 심각한 영향을 미친다.[6] 유럽과 미국의 주택 지붕이 태양광 발전 시스템을 얹고 있는 동안, 남반구의 자원 생산 국가들은 '청정' 에너지의 독성 물질에 질식당하고 있다. 그리고 20년 후 태양광 패널을 교체할 때에도 엄청난 양의 유해 폐기물이 발생하고, 그중 일부 재료만 재사용할 수 있다.

이모빌리티용 배터리 생산도 환경적으로 문제가 많다. 생산을 위해 대량의 리튬이 필요한데, 그 리튬을 채굴하는 과정에서 막대한 생태계 파괴가 발생하고 환경 오염을 일으키는 희생 구역이 계속해서 새롭게 생겨난다. 또한 채굴 과정에서 발생하는 슬러지는 독성이 강할 뿐만 아니라, 정확히 말하자면 리튬 1톤당 200만 리터에 달하는 엄청난 양의 물을 소비한다.[7] 이런 방식으로 세계적인 지속 가능성 위기의 한 부분인 지구 온난화는 환경 오염이라는 또 다른 부분을 가중시키면서 '해결'되고 있다. 이 외에도 환경적 영향은 광산 지역에 거주하는 주민들의 삶에 지대한 영향을 미친다.[8] 자원을 공급하는 남반구 국가들은 자국의 환경과 지역의 문화 파괴라는 희생을 감수하면서 북반구의 에너지 전환을 가능케 하는 것이다. 메르세데스 최고경영자 올라 셸레니우스(Ola Källenius)는 한 인터뷰에서 북반구 관리자들이 이런 자원에 대한 접근을 얼마나 당연하게 여기고 있으며, 그들의 사고가 식민지 착취 구조와 얼마나 맥을 같이하는지 분명히 드러냈다.

> 배터리에 대량으로 필요한 리튬은 새로운 원유입니다. 리튬 채굴 및 처리 능력을 발전시키는 것은 거대한 산업 프로젝트입니다. 이런 원자재가 모두 유럽에서 채굴되지는 않습니다. 이를 위해 우리는 캐나다, 남미 그리고 오스트레일리아와 무역 협정을 맺어야 합니다. 바로 이 부분에서 정부의 지원이 필요합니다.[9]

다시 말해, 정치적으로 에너지 전환은 다른 나라에 대한 신식민지적 종속을 지속시킨다.[10]

이는 리튬 채굴에만 해당되는 것이 아니다. 예를 들어, 칠레는 풍력 에너지를 이용한 글로벌 친환경 수소 생산 계획의 중심에 있는데, 이 프로젝트는 벌써부터 환경 파괴와 원주민의 권리 침해로 비판을 받고 있다. 나미비아의 프로젝트도 다르지 않다. 그리고 유럽의 풍력 발전 프로젝트도 생태계에 피해를 주고 있기는 마찬가지다. 예를 들어, 독일은 북해(北海)에 총 1만 개의 풍력 터빈을 갖춘 거대한 풍력 발전 단지를 건설해 최대 3억 가구에 전력을 공급할 계획을 세우고 있다. 그런데 엄청난 양의 콘크리트가 기초 공사에 쓰이고, 풍력 터빈 역시 해양 생태계에 상당한 영향을 미칠 것이다.[11] 그렇다고 해서 이 에너지를 포기하자는 주장이 아니다. 다만 에너지 전환으로 촉진된 성장 그 자체로 얼마나 많은 생태적 피해를 초래하고 환경적 균형을 위태롭게 하는지를 보여주기 위함이다.

경제적 측면에서 보면, 기후 중립 목표 달성은 환경 파괴를 새로운 형태로 외재화하는 것이다. 자본주의적 근대의 작동 방식은 생산 과정의 비용 일부를 계산에서 제외하며 계속 나아가는 것이다. 하지만 이에 대항하는 운동이 조직적으로 일어나고 있다. 리튬 채굴의 환경적·사회적 결과에 저항하는 사회 운동이 남반구에서만 일어나는 것은 아니다.[12] 2023년 환경운동가 그레타 툰베리(Greta Thunberg)는 노르웨이 북부 트론헤임(Trondheim) 외곽의 포센(Fosen)반도에 세워진 풍력 발전소에 반대하는 시위를 벌였다. 노르웨이 대법원은 앞서 이 시설들이 사미족(Sámi)의 전통 생활 방식인 순록 목축 문화를 위협한다는 이유로 승인 무효 판결을 낸 바 있었다.[13] 풍력 발전 단지에서 생산한 전기는 대부분 독일의 에너지 공급에 쓰인다.

긍정적인 측면에서는 재활용 경제의 확대로 가치 있는 자원의 재사용을 늘림으로써 에너지 전환과 관련 있는 부정적인 생태학적 결과를 해결할 수 있다고 주장할 수도 있다. 그러나 전문가들은 그런 일이 일어나지는 않을 것으로 예상한다. 국제에너지기구에 따르면, 2040년에도 배터리 생산 원료의 12퍼센트만이 재활용 물질로 만들어질 것이다.[14] 여기에는 기술적·경제적 이유가 있다. 오래된 배터리에서 리튬을 추출하는 것은 광산에서 리튬을 채굴하는 것보다 훨씬 더 비용이 많이 든다. 그래서 우리에게 남은 유일한 희망은 희소하고 환경에 해로운 물질의 소비를 효과적으로 줄이는 기술 발전이 이루어지길 바라는 것이다. 배터리 생산에서 이와 같은 희망 중 하나는 향후 일부 배터리를 리튬 기반이 아닌, 나트륨을 사용해 만드는 것이다.

하지만 이는 지구 자원 남용과 환경 영향의 외재화에 제동을 걸지 못할 것이다. 자본주의 경제는 비용을 전가할 수 있는 "'외부'를 필요로 한다".[15] 생태계 파괴를 무시하고 미래를 파는 것은 우리 경제 체제에서 없어서는 안 될 부분이며, 이는 항상 다양한 형태로 나타나지만 결코 사라지지는 않는다. 또한 이런 판매는 성장을 통한 사회 통합을 보장하는 사회 체제의 일부이기도 하다. 적어도 환경 보호와 경제 활동의 지속 가능한 양립을 의미한다면, 친환경 자본주의 모델의 한계는 바로 여기에 있다.

이런 배경에서 보면, 에너지 전환을 위해 개발된 신기술의 탄소 발자국조차 예상보다 명확하지 않다는 것은 놀라운 일이 아니다. 이는 온실가스 중립적인 기술의 사용 과정에서 많은 양의 이산화탄소가 배출되는 경우가 많기 때문이다. 예를 들어, 전기차의 탄소 발자국을 계산하려면 제품의 생산과 사용 그리고 폐기까지 고려해야 한다. 앞서 살펴본 것처럼 전기차 생산에서 배터리 제조는 특히 환경에 많은 영향을 미친다. 가장 강력한 전기차는 약 100kWh 용량의 배터리를 사용한다. 그리고 이런 배터리를 생산할 때 약 13톤의 이산화탄소 등가물이 배출된다.[16]

전기 모터는 배기가스를 배출하지 않고 연소 엔진처럼 에너지의 상당량을 열로 변환하지 않기 때문에 사용할 때 이점이 있다. 하지만 모든 것은 전기 생산 방법에 따라, 또한 대부분의 경우 자동차 자체에 따라 달라진다. 화석 연료를 사용해 전기를 생산하는 경우, 전기차는 배기가스를 발전소로 옮긴 데 불과할 뿐이다. 차량이 더 강력하고 무거울수록 더 많은 전기를 소비하고, 그에 따라 더 강력한 배터리를 생산해 환경 피해를 더 많이 일으키기 때문에 기후에 미치는 이점은 점점 줄어든다. 하지만 지금까지 자동차 제조업체는 특히 강력한 엔진을 장착한 육중한 모델을 시장에 출시해왔다. 가볍고 덜 강력한 연소 자동차와 비교하면, 이런 도로의 괴물은 기후 측면에서 이점이 전혀 없다. 이는 새로운 기술로 전환할 때 현대의 대량 소비 논리를 고수하려는 무조건적 의지를 보여준다. 프라운호퍼 협회(Fraunhofer-Gesellschaft)의 추정에 따르면, 배터리 용량에 따라 독일에서 하이브리드로 운행되는 전기차는 5만 2000킬로미터만 주행해도 동급의 내연 기관 자동차보다 이산화탄소 밸런스가 뛰어난 때가 있고, 최악의 경우는 23만 킬로미터를 주행해야만 이점이 발생하기도 한다. 후자의 경우, 전기차는 기후적 관점에서 아무런 이점도 없다.[17]

하지만 이모빌리티 사용에는 도로·주차장·충전소·정비소·세차장 등 교통 인프라도 포함되기 때문에, 기후에 부정적인 영향은 계속된다. 또 내연 기관과 마찬가지로 전기차도 언젠가 폐기될 것이다. 그래서 교통수단이 환경에 미치는 영향을 더 강력하게 줄이기 위해서는 교통량 자체를 감축해야 하는데, 이는 녹색 성장에 부합하지 않는다. 앞서 언급했듯 독일 정부는 "이동을 줄이지 말고 다른 방법으로 움직이세요"라고 주문했다.

녹색 전환에서 자본주의적 근대의 구조적 메커니즘에 따른 지속적 영향은 에너지 생산의 근본적 변화에도 불구하고 지구 한계선을 계속 초과한다는 걸 의미한다. 변하지 않는 것은 향상에 대한 주문(呪文)

이다. 환경경제학자들은 기후 목표를 달성하기 위해서는 효율성 향상이 실제 절약으로 이어져야 한다고 재차 지적한다. 하지만 이런 일은 흔히 일어나지 않는다. 대신 확보된 자원은 즉시 성과 향상을 위해 재투자된다.[18] 기후학자들은 이를 반동 효과와 관련짓는다. 위에서 언급한 대형 전기차가 여기에 해당한다. 강력한 엔진과 육중한 무게는 잠재적 절감 효과를 없앤다. 그러나 에너지 절약은 이모빌리티의 문제가 아니다. 이미 전기 모터가 그 문제를 해결할 거라고 추정하기 때문에 차량의 소비에 대해서는 의문을 제기하지 않는다. 효율성을 통해 얻은 이득의 재투자에 대해 의아해하는 것은 종종 다음과 같은 비난을 받는다. 즉, 이런 행동은 단순히 도덕적 약점을 표현하는 게 아니라, 자본주의적 근대의 성장 패러다임의 표현이라는 사실을 무시하는 것이다.[19]

반동 효과는 다양한 영역에서 관찰할 수 있다. 교통 인프라가 개선되면 더 많은 사람이 자동차를 매력적인 이동 수단으로 선호하고, 이에 따라 더 많은 교통량을 낳는다. 또한 도시 내 비(非)고정형 카셰어링 서비스도 의도한 개인 차량 감소 효과로 이어지지 않는다. 자가용을 소유하지 않은 사람도 이동성을 최적화하기 위해 카셰어링 서비스를 이용한다.[20] 도시에서 대여할 수 있는 전기 스쿠터는 일반적으로 걷거나 지하철 이용을 대체하지, 자동차 운행을 대체하지는 않기 때문에 이산화탄소 밸런스에서는 마이너스다.[21] 에너지 절약형 LED 전구 도입으로 사람들은 집을 더 밝게 하고, 실내조명을 끄는 데 신경을 덜 쓴다. 이는 일부 사례일 뿐이다.[22]

반동 효과는 기후 중립적이고 환경 친화적인 경제로 가는 길에서

의미 있는 장애물이다. 하지만 그것은 자본주의적 근대의 성장 논리에 완전히 부합한다. 자본주의 경제에서 모든 효율성은 원칙적으로 새로운 경제 활동을 창출한다. 이전 모델보다 더 적은 수의 인원으로 작동할 수 있는 더 효율적인 기계는 노동 시간 단축으로 이어지지 않고, 절약한 노동력을 활용할 수 있는 다른 기계를 구매하는 결과로 이어진다. 이런 효율성 향상에 대한 재투자가 바로 성장과 이윤이 기반을 이루는 경제 원리다. 원칙적으로 환경에 미치는 영향을 줄일 수 있는 혁신의 경우에도 이런 일이 발생한다는 것은 놀라운 일이 아니다. 이는 소비자 행동 양식에서도 마찬가지다. 소비재 가격이 하락하면 지출이 줄어드는 것이 아니라 다른 상품을 구매한다. 더 많이 더 강력하고 더 큰 것을 찾는 것이 시스템 메커니즘과 정확히 일치한다. 소비자들이 변화를 수용하도록 동기 부여를 하는 것은 더 강력한 자동차와 더 많은 에너지를 사용할 수 있다는 전망이다. 기후를 향한 양심과 발전하고자 하는 서사가 조화를 이루는 것이다. 자본주의적 근대가 성장에 대한 약속을 강조할 때 친환경 경제가 실현되고, 이로써 기후와 환경은 희생된다. 이를 바꾸기 위해서는 기존 구조에서는 일어날 수 없는 일, 즉 경제 활동을 축소해야 한다.

앞으로의 전망

많은 양의 온실가스 배출은 유조선이 작동을 멈추는 데 필요한 수십 년의 시간과 비교할 수 있다. 정지하는 데 긴 시간이 걸리는 것은 단지 무게 때문만은 아니다. 특정한 조작으로만 제어 가능하고 다른 방법은 통용되지 않는다. 유조선의 통제실과 기관실에서는 많은 사람이 일한다. 그들 중 일부는 급제동을 원하고, 다른 일부는 계속 나아가길 원한다. 또 이 유조선이 난파하기 전에는 전혀 멈춰 세울 수 없다는 주장도 있다.

지금까지 전 세계를 기후 위기에 빠뜨리고 탈출구를 막고 있는 메커니즘을 이해하기 위해 이 유조선의 건설 계획, 통제실 및 기관실을 살펴봤다. 이 책에서 말하는 사려 깊은 현실주의는 우선 기후 위기 대응 방식을 결정하고 적절한 조치를 방해하는 경제 및 정치 권력 그리고 국민과 소비자를 이해하는 것을 의미한다.

21세기 말에 어떤 기후 조건이 지배할지 정확히 아는 사람은 아무도 없지만, 확실한 것은 있다. 우리가 향후 수십 년 동안 한층 심각한 지구 온난화의 영향을 받게 될 것이라는 사실이다. 그 영향은 상당할 것이다. 전 세계가 그 영향권 내에 있을 테고, 이는 국가 간 그리고 여러 사회에서 불평등하게 분배될 것이다. 지금까지 사회는 일시적 자연재해로 인해 때에 따라 흔들리는 자연적 생활 기반의 연속성을 당연한 것으로 받아들일 수 있었다. 문화학자 마르틴 뮐러(Martin Müller)가 말했듯 기후 변화는 "자연의 새로운 불안정성"이라고 부르는 현상을 만든다.[1]

자연 자체가 취약한 존재임을 드러내면서 변수로 작용하고 있다. 이는 급격하게 증가하는 복잡성에 대처하기 위한 사회적 메커니즘을 요구한다. 하지만 지금까지의 억제 방식은 기후 변화를 해결하기 위해 필수적인, 기존의 사회 구조를 변화시키기에 필요한 사회적 힘을 발휘하지 못했다. 미래 기후 변화의 위험성을 알고 있음에도 불구하고 이익 창출, 소비, 무한 성장을 지향하는 사회 시스템의 권력 구조와 유인책으로는 기후 변화에 대처하는 데 실패하고 있는 것이다. 기후 변화는 역동적으로 진행되고, 이에 따라 관리하기가 점점 더 어려워지기 때문에 정치적으로도 시간이 부족하다.

그렇다고 아무 일도 일어나지 않을 거라는 의미는 아니다. 하지만 그것만으로는 충분하지 않다. 우려스러운 점이 없다는 뜻도 아니다. 기후 운동가들이 화려한 행동을 통해 비참한 상황에 주의를 끌고자 하는 사회적 움직임이 있다. 언론과 학자들도 여러 차례 경고하고 있다. 또 여론 조사에 따르면, 많은 국가에서 대다수 사람이 기후 변화를 현시대의 주요 문제 또는 가장 큰 문제로 여긴다는 것을 알 수 있다. 뜻을 같이하는 정치인도 많다. 그리고 기업의 책임자들에게도 가족이 있으므로 미래의 삶이 어떻게 전개되든 상관없지 않을 것이다. 하지만 이런 우려는 인식과 걱정보다 더 강력한 구조에 부딪힌다. 투자 결정은 경영진의 아침 식탁에서 어떤 논의가 오가든 수익성을 염두에 두고 이루어진다. 정치인은 다수의 지지를 얻고 타협을 끌어내야 한다. 소비 증가, 익숙한 생활 방식과 일자리를 잃을 수도 있다는 두려움은 현대 사회의 질서를 구성하는 강력한 요소다. 개인의 환경 인식이 아무리 높다고 해도 화석 연료에 의존하는 삶을 위해 구축된 인프라하고는 경쟁할 수 없다.

기후 변화에 대한 대응은 구조적 한계에 갇혀 있어 필요한 변화를 일으킬 수 없다. 앞서 설명한 지구 위험 한계선 내에서의 자원에 대한 다양한 압력을 완전히 중단하는 긴급 제동이 필요하다. 이는 경제 성장 의무에서 벗어나 기후 보호를 위해 정치적으로 결정된 강제성을 띠는 조치와 과도한 소비가 지배적 역할을 상실하는 생활 방식으로의 전환으로만 가능하다. 하지만 이 모든 것이 일어나지는 않는다. 대신 화석 연료 연소는 계속 증가하고 정치적 결정은 유권자의 지지와 민간 투자자의 기대 수익률 때문에 제한되며 소비자들은 기존의 생활 방식을 고수하고 있다.

남은 옵션에 대한 의문이 제기된다. 금세기에 지구가 산업화 이전보다 섭씨 2.5도 더 더워질 수 있다고 가정한다면, 우리는 어디에 주의를 기울여야 할까? 이 책의 마지막 부분에서는 이런 상황에서 현명하고 도덕적으로 행동한다는 것이 어떤 의미인지 설명해보고자 한다.

앞의 장들을 생각하면, 정치적 행동에 대한 고찰은 쉽게 내리기 어렵다. 나는 지금까지 자본주의적 근대에 의해 설정된 권력 및 유인책 구조가 기후 변화에 대한 적절한 대응을 어떻게 가로막는지 분명하게 설명했다. 따라서 포기도 충분히 이해할 만한 결론일 수 있다. 하지만 내가 내리고자 하는 결론은 이것이 아니다. 향후 수십 년 동안 기후 변화의 결과가 어떻게 될지는 아무도 모르기 때문이다. 사회는 이런 상황에 대응해야 한다. 그렇지 않으면 문명의 붕괴를 받아들이는 것과 같다.

포기하지 않는다면 어떻게 해야 할까? 앞서 설명한 내용을 바탕으로 어떤 사람들은 자본주의 자체를 폐지해야 한다고 주장할 수도 있다. 자본주의적 근대의 사회 체제가 먼저 무너져야만 성장에 대한 압박과 천연자원의 과잉 착취로부터 자유로운 사회 질서를 구축하기 위한 공간이 만들어질 것이기 때문이다. 이것이 성장 이후의 사회를 옹호하는 사람들 입장이다. 자본주의가 어떻게 지구의 자연적 토대를 파괴하고 있는지, 그리고 그 해결책은 자원 소비를 줄이는 방법밖에 없다는 것을 매우 설득력 있게 보여준, 경제인류학자 제이슨 히켈의 흥미로운 저서를 이미 앞에서 언급했다.[2] 그는 많은 페이지에 걸쳐 성장 이후의 대안적 탈성장 사회의 윤곽을 매우 매력적으로 그려냈다. 미국 철학자 낸시 프레이저(Nancy Fraser)도 최근 같은 목소리를 냈다. 그는 기후 위기에 대응하기 위해 "자연과의 관계를 결정할 수 있는 힘을 무엇보다도 선제적으로 현재 자연을 독점하고 있는 계급에게서 빼앗아 이 관계를 처음부터 새롭게 재창조해야 한다"고 주장한다.[3]

지구 위험 한계선 내에서 생활하기 위해서는 특히 선진국에서 경제 성장과 과도한 소비에 대한 지속 가능한 제한을 피할 방법이 없으며, 나는 그러한 제한이 자본주의적 근대의 기존 구조와 양립할 수 없다는 데 동의한다. 하지만 급진적인 변화를 요구하는 데 더 큰 배경이 있지는 않은지 의문을 제기해본다.[4] **기존** 권력과 유인책 구조에서 사회가 어떻게 탈성장 사회로 전환하는 데 성공할 수 있을지는 완전히 열려 있다. 경제 위축이 사회적 안정과 어떻게 조화를 이룰 수 있을지에 대해서도 마찬가지다. 시스템 변화에 대한 요구가 정치적으로 실행에 옮길 수 있는 프로그램으로 구체화하지 않는 한 그것은 선의의 독자들이 잠시 도피해 있는 아름다운 유토피아에 지나지 않는다. 더욱이 이런 꾸며진 이야기는 새로운 실망을 낳을 수밖에 없다. 그 이유는 그러한 변화가 실현되지 않거나 적어도 가까운 미래에는 일어나지 않을 거라는 게 머지않아 분명해질 것이기 때문이다. 어쨌든 기후 변화의 심각한 상황에는 도움이 되지 않는다.

자본주의적 근대성 역시 모든 역사적 형성과 마찬가지로 언젠가는 끝나게 될 시대일 뿐이라는 것은 의심의 여지가 없다. 자본주의에서 영원한 보장이라는 것은 없다. 언젠가는 자본주의 역사의 박물관이 세워질 테고, 방문객들은 고대 로마, 마야의 선진 문명, 봉건제에 관한 전시를 믿을 수 없다는 표정으로 둘러보는 것과 비슷하게 현재를 바라볼 것이다. 하지만 예리한 정치적 안목으로 오늘날의 세계를 둘러보는 사람은 때로 위기로 인해 흔들리기는 해도 카멜레온처럼 변화무쌍한 상황에 적응하는 활기 넘치는 자본주의를 볼 수 있을 것이다. 이는 온실가스 배출을 줄이기 위해 실제로 취한 조치들에서도 확인 가능하다. 즉, 현재의 경제 시스템은 종말이 아닌, 녹색 터보자본주의(turbo capitalism)로 접어들었다. 낸시 프레이저가 옹호하는 것과 같은 광범위한 반체제 시위는 일부의 바람과 달리 오늘날 존재하지 않는다. 물론 앞으로도 이와 같은 움직임이 전혀 없을 것이라는 의미는 아니다.

"그다음은 무엇인가?"라는 질문에는 지구 생태계에 부담을 주지 않는 실행 가능한 방법을 찾아내는 답이 필요하다. 경제 및 사회 질서 전체를 전복시킬 필요가 없을 수도 있다. 이는 악수로 합의하거나 평화롭게 이루어지는 것이 아니라, 정치적·경제적 투쟁의 틀 안에서 이루어질 것이다. 아울러 그 과정에서 기후 정책은 우선순위가 아닐 것이다. 더욱이 이런 근본적인 사회 변화 과정은 수십 년 심지어 수백 년에 걸쳐 진행된다.[5] 기후 변화가 우리에게 안겨준 빡빡한 시간표를 생각하면, 기존 사회 질서를 먼저 재편하고 언젠가 해결할 기후 문제에 착수하기 위한 새로운 질서를 확립할 시간이 없다. 그 다른 정치 및 경제 체제가 실제로도 자연환경을 우선시하고 이를 전 세계적으로 구현하리라는 확신을 가져야 한다는 것은 또 다른 이야기다. 이 모든 것이 현재는 또 다른 역설이다. 하지만 그런 역설이 없어지길 바랄 수는 없다.

기후 정책의 현실적 출발점을 찾는 일은 고르디아스의 매듭을 끊지 않은 채 계속해서 지구 온난화가 진행된다는 인식을 분명히 해야 한다는 것이다. 기후 정책은 이해관계와 구조, 생활 방식과 신념, 가능성과 대안이 복잡하게 얽혀 있는 구조 속에서 생성되어야 하며, 전 세계에 걸쳐 딜레마로 인식되고 경우에 따라서는 매우 넓은 시간대를 포괄하기도 한다. 이는 기후 변화가 향후 전개에 있어 높은 수준의 불확실성을 수반한 위험한 문제이며, 쉽게 실행할 수 있는 명확한 해결책을 제시하지 못하는 어려운 문제라는 것이다.[6] 기껏해야 부분적인 해결책만 기대할 수 있고, 그 해결책은 개발과 경험에 비춰보면 끊임없이 변화하고 근본적으로 논란의 여지가 있을 것이다. 또한 모든 제안은 사회적·정치적 조건과 실행의 결과를 항상 염두에 둬야 한다. 즉, 위험한 문제는 정치적으로 다루기에 특히 어렵다.

따라서 일반적 수준에서 정치적으로 실현 가능하고, 사회가 기후 변화에 더 잘 적응하며, 에너지 생산의 탈석탄화를 가속화하고, 자원의 사용 증가를 줄일 수 있도록 시간을 버는 데 도움을 주는 관점을 개발하는 것이 과제일 수 있다. 재차 강조하지만, 기후 변화는 양자택일의 문제가 아니라 더 많거나 더 적거나의 문제다. 기후 변화를 늦추면 새로운 정치적 선택지를 열어주는 사회적·기술적 발전이 일어날 시간을 벌 수 있을 뿐이다. 기후 변화의 결과 자체에 대한 극적인 경험은 기업가와 정치인 그리고 시민들의 행동 의지를 높이는 데 기여할 수 있다.[7]

어떤 상황이든 출발점으로 삼아야 하는 것은 현실이다. 기후 변화는 오래전부터 존재해왔으며 앞으로도 더욱 심화하고 극적으로 전개될 것이다. 전문가들에 따르면, 산업화 이전에 비해 지구의 평균 기온이 섭씨 2.7도 상승하면, 전 세계 인구의 3분의 1이 이른바 기후 틈새(지구상에서 인간이 건강하게 생존할 수 있는 연평균 섭씨 13~27도의 공간—옮긴이)에서 벗어난다고 한다.[8] 22세기에 약 30억 명이 극심한 더위와 가뭄으로 인해 사람이 생존할 수 없는 지역에 살게 된다는 뜻이다. 인도와 태국의 폭염과 아랍 국가들의 기온 상승을 보면, 이것이 무엇을 의미하는지 구체적으로 짐작할 수 있다. 그리고 미국과 유럽에서도 오래전부터 기후 변화의 원인과 결과에 대한 사회의 대처법을 고심한 선구자들이 있었다. 기후 변화가 통제 없이 계속된다면, 더 이상 적응 조치만으로는 감당할 수 없는 제동이 걸리지 않는 치명적 결과를 초래할 것이다. 그런 이유로 기후 **보호**는 그 자체만으로도 엄청난 과제다. 또한 사회는 예상되는 기후 변화에 점차 적응해야 한다.

가뭄이 더욱 확산하면, 가정·산업·농업에 필요한 물을 공급할 수 있도록 수계를 재설계해야 한다. 우선순위를 설정하고 현재의 농업 및 관광 산업도 재고해야 한다. 물 소비를 줄이는 방식으로 농업을 어떻게 설계할 수 있을까? 여름에 기온이 섭씨 40도 이상으로 올라가면 녹지 공간, 공공장소의 그늘 확보 또는 더위를 식히기 위한 공공의 공간을 조성하는 등 도시를 사람이 살기 좋은 상태로 만들어야 한다. 세계 일부 지역에서 장기간 지속되는 폭염이 더 빈번하게 나타나면, 아시아의 대도시건 프랑스의 양로원이건 냉방 시스템을 설치하고 공공 의료 시스템을 제공하는 등 국민을 보호해야 한다. 또한 늘어나는 에너지 수요를 견딜 수 있는 방식으로 전력망을 확충해야 한다. 그리고 해수면이 상승하면 해안을 보호하거나 그 지역 주민을 이주시키는 결정을 내려야 한다. 이는 기후 변화의 결과로 점차 드러날 문제에 대한 정치적 적응의 몇 가지 사례에 불과하다. 그리고 오늘날에도 직면한 도전 과제다.

기후 적응은 단순히 공학적 차원의 과제가 아니다. 사회적·정치적 질서도 변화하는 기후 조건으로 인해 발생하는 사회적 스트레스에 더욱 탄력적으로 대응해야 한다. 내 소견에 따르면, 이 문제에 관한 관심은 여전히 너무나 부족하다. 따라서 이 내용과 관련 있는 사회과학

분야에서 제 역할을 해주길 바란다. 사실 기후 변화의 결과를 더 많이 느낄수록 사회 내 갈등과 국가 간 갈등이 심화하기 때문에 사회 및 정치 시스템은 더 많은 압력을 받게 된다. 이런 갈등은 점점 더 부족해지는 물의 사용, 경작 방법, 자원 추출과 생활 방식의 변화를 중심으로 전개될 것이다. 기존의 재정적 자원을 점점 더 많이 단기적 대응과 피해 복구에 써야 해서 기후 보호는 뒷전으로 물러나고, 따라서 갈등은 더욱 가중될 것이다. 또한 모든 공동체에서 여전히 발생하고 있는 수많은 다른 과제에도 재정과 정치적 관심이 필요하다.

또한 기후 변화로 악화하는 폭력적 갈등을 억제하고, 농업 생산성 저하와 사회적 갈등의 증가로 점점 더 불안정해지는 공급 안정에 적절히 대응하는 것이 중요하다. 일반적으로 자연재해가 발생하면 빈곤층이 부유층보다 보호를 덜 받고 피해가 더 크다는 것은 사실이다.[9] 이는 기후 변화에도 적용된다. 가장 큰 피해는 남반구, 즉 기후 변화의 영향으로부터 스스로를 보호할 수단이 적은 나라에서 일어날 것이다.

기후 변화로 인한 피해 증가와 기후 보호 및 적응에 더 많은 자원을 투입해야 하는 상황은 폭발적인 사회적·정치적 상황으로 이어지고 있다. 미래에는 점점 더 적은 이익과 점점 더 큰 손실을 분배해야 할 것이기 때문이다.[10] 이는 자본주의적 근대의 자아상과 미래에 대한 약속을 훼손하고 양극화와 갈등을 조장한다. 이런 상황에서 포용적 사회 질서 구조를 유지하려면 모두의 관심이 필요하다. 그렇지 않으면 미국의 사회학자이자 역사학자 마이크 데이비스(Mike Davis)가 몇 년 전 묘사한 시나리오가 현실화할 가능성이 높다.

과감한 혁신과 국제 협력을 촉진하는 대신 환경 및 사회경제적 혼란이 커지면 엘리트가 자신들을 나머지 인류로부터 더욱 필사적으로 고립시키려 할 수도 있다. 깊이 있는 탐구가 이루어지지는 않았지만, 가능성이 희박하지 않은 이 시나리오에서 전 세계적 피해를 줄이려는 노력은 암묵적으로 포기하게 될 것이며 …… 이는 지구의 1등석 승객들에게 맞춰진 무리한 투자를 실현하기 위한 목적이다. 그 목표는 오랫동안 고통을 겪고 있는 지구에 영구적 번영이라는 녹색 오아시스를 만드는 것이다.[11]

그렇다면 점점 더 신뢰할 수 없는 자연 그리고 위에서 설명한 가용 자원의 불가피한 재분배라는 조건에서 사회 질서를 어떻게 유지할 수 있는가? 이 질문에 답하기 위해 2장에서 제시한 분석 모델로 돌아가보자. 나는 기업가, 정치인, 국민(시민과 소비자)이라는 구분에 기초해 각 행위자가 각자의 원칙에 따라 행동하지만 상호 의존하고 서로에게 영향을 미친다고 주장했다. 여기에 각 행동 범위의 논리와 그것이 서로 영향을 미치는 루트를 활용할 수 있도록 모든 단계별로 세팅을 해놨을 때에만 기후 적응 및 기후 보호 조치를 실행할 수 있다는 주장을 덧붙일 수 있다. 이는 현실적인 기후 정책을 위한 구체적 출발점이다.

우선 경제를 살펴보자. 앞서 설명한 바와 같이 영리를 추구하는 기업에 어디서 수익을 창출할지 여부는 크게 상관이 없다. 오직 수익 전망만이 투자 동기이며, 각 비즈니스 모델의 예상 비용과 예상 수익이 결정적 역할을 한다. 따라서 경제 활동에 변화를 이끌어내는 메커니즘은 기업의 재정적이거나 규제를 통한 유인책 구조를 재편하는 것으로만 구성될 수도 있다. 경제의 구조적 힘, 즉 투자를 이전하거나 중단할 수 있는 능력은 기업에 대한 '수용 가능한' 기대 수익을 유지하고 있어야 한다는 걸 의미한다. 하지만 기후 친화적인 비즈니스 모델의 촉진, 과세를 통한 온실가스 배출의 지속적 재정 부담, 배출량 규제 등으로 수익성에 대한 기대치가 변화하고 있다. 물론 시장의 선두 주자들은 기존의 수익 창출 경로를 계속 유지하기 위해 이런 변화에 저항할 것이다.[12] 하지만 적어도 통제 메커니즘을 명확히 파악하고 기존의 도전 과제를 설명할 수는 있다. 선두 주자에 맞서야 하는 도전자의 역할을 강화하기 위해 어떤 방식으로 경쟁 정책을 설계해야 할까? 기업과 정치에서, 기후 보호에 앞장서는 연합을 어떻게 육성할 수 있을까?

경제의 기본 조건은 정치적으로 결정되기 때문에 탈탄소화를 가속화하는 방식으로 규제를 설정하는 것은 정치권의 영향력에 달려 있다. 결국 정치적 행동의 범위는 권력자들이 경제적 번영과 세수 및 국민의 충성심을 유지할 수 있는지에 달려 있다. 기후 보호와 기후 적응에 대한 투자를 끌어내기 위해 기존의 정치적 활동 반경을 활용해야만 한다.[13] 그리고 정치인들은 기후 보호를 위해 설득하는 노력을 해야 한다. 법체계의 구속력으로 미래 세대의 자유권과 자연에 기반한 삶의 토대 보존이라는 거대한 가치가 두 가지 기능적 시스템(경제와 정치)에 다다를 수 있으므로 법체계는 중요한 역할을 할 수 있다.[14]

기후 정치에서 정치적 실행 가능성을 강화하기 위한 두 번째 접근 방식은 유권자에게 초점이 맞춰져 있다. 여론 조사에서 추상적 형태의 일반적 지지뿐만 아니라, 그 조치가 부담과 중대한 변화를 수반할 때에도 기후 보호와 기후 적응 조치에 대한 국민의 정치적 공감대를 확장하는 것을 의미한다.[15] 기후 보호 조치가 중요한 개인적 제한을 수반할 때 거부당하는 것은 당연하다. 이런 조치는 정기적으로 정치적 갈등을 유발하며 결국 기후 정책을 실패로 이끈다.

연구에 따르면, 유권자들은 기후 보호 조치보다 기후 적응 조치를 더 선호한다.[16] 그 이유는 후자가 실질적 혜택으로 체감할 가능성이 훨씬 더 높기 때문이다. 자신의 지역에 홍수 방지 시설을 건설하거나, 학교에 냉방 시설을 설치하거나, 도시 광장에 나무를 심는 것은 기후 변화의 결과로부터 그 지역을 보호하는 실질적 개선책이다. 이는 모두가 참여할 수 있는 공공재에 관한 것이다. 기후 보호를 위한 조치에 따라 상황이 바뀌는 경우도 종종 있다. 열펌프 설치 의무나 휘발유 가격 인상은 그것의 사용을 추상적인 단계에 머물게 한다. 그러면 종종 다음과 같은 질문이 생긴다. 전 세계적 차원의 문제를 고려할 때, 나의 희생은 어떤 역할을 하는가?

나의 제안은 실질적 개선으로 체감 가능한 기후 적응 조치에 더 집중하고, 이를 통해 기후 문제에 대한 인식을 높이며, 점차 행동 의지를 강화하는 사회적 분위기가 조성되기를 희망한다. 더 많은 사람이 지역에서 시행하는 조치에 더 많이 참여하고 구체적인 혜택을 인식할수록 아마 더 그렇게 될 것이다. 물론 그렇다고 해서 기후 보호를 소홀히 해도 된다는 의미는 아니다.

기후 정책에 대한 태도가 사회 집단마다 다르다는 점도 정치적으로 현명한 행동을 할 때 고려해야 한다. 사회학자 지그하르트 네켈 (Sighard Neckel)은 인구 집단에 따라 관심을 보이는 기후 정책이 다르다고 지적했다. 도시에 거주하는 중산층은 자전거 친화적이며 교통량이 적은 거리, 도시 녹화, 생태 지향적 개발 및 지속 가능한 쇼핑 시설을 갖춘 주거 지역의 기후 친화적 전환을 생각하는 반면, 전통적이고 재정적으로 덜 탄탄한 사회 계층은 이런 친환경 생활 방식은 중요하지 않고 무엇보다 환경에 미치는 영향을 줄이고 건강한 생활 방식을 가능케 하는 공공 서비스의 인프라를 더 중요하게 여긴다. 여기에는 친환경 휴식 공간, 건강한 학교 급식 또는 잘 작동하는 지역 교통수단이 포함된다. 네켈은 도시 연구가 미리엄 그린버그(Miriam Greenberg)의 말을 인용한다. "누구의 지속 가능성에 관해 이야기하고 있는가?"[17] 이는 기후 정책이 다층적인 정치적 조치로 이런 다양한 이해관계를 고려하면, 더 광범위한 사회적 지지를 끌어낼 수 있음을 시사한다.

기후 보호 정책에 대한 지지를 높이기 위해 또 다른 중요한 단계는 부담이 사회적으로 균등해지도록 하는 것임은 의심할 여지가 없다.[18] 나는 기후 정책의 분배 문제를 이 책에서 여러 차례 언급했다. 탄소세든, 열펌프든, 전기차든 국민의 상위 10퍼센트만 감당할 수 있는 추가 부담은 지난 수십 년 동안 특히 중상위 계층까지 가계 부담을 가중시키고 있으며, 이미 많은 사람이 재정적으로 어려운 상황에 빠졌다. 그 결과로 생긴 사회적 계층화 해체에 대한 두려움은 정치적 분노를 불러일으키고 기후 정책을 무너뜨릴 수 있는 정치적 유동성을 촉진한다. 기후 변화로 인한 피해가 반박할 수 없고 거대해지고 그 진행에 따른 소모가 커질수록 기후 정책은 사회 분열을 야기하고 권위주의적 포퓰리즘을 부추길 위험이 커진다.[19]

한편으로 기후 정책 조치가 일부 국민 사이에서 최소한 평가 절하되거나 도덕적 우월함을 전달하는 제스처로 인식되는 걸 피한다면 그 위험은 줄어들 것이다. 다른 한편으로 개인의 재정적 부담은 어쨌든 (공공 예산에서) 일괄적으로 부담하거나, 이런 방식이 불가능할 경우 개인의 추가 비용을 일관되게 일괄적으로(즉, 공공 예산에서) 보상함으로써 중상위 계층까지 흡수해야 할 것이다.[20] 기후 정책 조치의 경우 개별 지역에 대한 명확한 구조적 지원을 제공함으로써 기후 정책에 회의적인 사회 집단으로부터 정치적 지지를 얻을 수 있다.[21]

남반구에 필요한 지원과 관련한 저항도 극복해야 한다. 빠듯한 세금이 남아프리카공화국이나 인도네시아에서 어떻게 쓰이는지 설명하는 것은 어렵다. 그 때문에 이를 위해 충분한 자금을 동원하는 것도 정치적으로 매우 어렵다. 하지만 자신의 생활 환경과 빈국의 생활 환경이 얼마나 밀접하게 연결되어 있는지 분명하게 설명할 수 있다면 도움이 될 것이다. 온실가스는 전 세계 어디에서 배출되든 해로운 영향을 미친다. 또한 남반구에서 오래된 석탄화력발전소를 폐쇄하는 기후 보호 조치는 남반구에 특히 더 효율적일 수 있다. 남반구와 북반구는 기후 변화의 사회적 영향에도 서로 연결되어 있다. 글로벌 기후 정책과 이민 정책은 앞으로 불가분의 관계로 연결될 것이다. 사람은 열악한 자연환경을 벗어나기 위해 노력할 테고, 이는 우선 출신 지역 내에서 이주의 증가로 이어질 수 있다. 하지만 조만간 북반구도 점점 더 많은 이들의 이주 목적지가 되고, 이런 이주 압력을 줄이는 게 매력적인 정치적 목표로 부상할 것이다.

어떻게 되든 기후 보호는 보상적 성격을 갖는 사회적·구조적 정책 그리고 남반구에 대한 재정 지원의 확대 없이는 불가능할 것이다. 그리고 이것이 이 책의 핵심적인 정치적 메시지다. 지난 40년 동안 거의 모든 국가의 사회 발전은 시장의 힘으로 이루어졌다. 국가는 사회 번영을 극대화하는 데 방해가 되지 않도록 시장의 자유로운 발전을 위해 뒤로 물러나 있어야 한다는 생각이 지배적이었다. 이와 같은 원칙은 국가 내에서 불평등을 악화시켜 상당한 사회적 긴장을 초래했다. 특히 지방 자치 단체 차원에서 공공 예산의 출혈은 기후 변화와 무관하게 공공 인프라의 위기로 이어졌다. 형편없는 대중교통망, 노후화한 공립 학교와 대학교 건물, 공공 의료 서비스 재정의 부족 등은 일부 예시에 불과하다. 공공재의 생성과 유지를 위해서는 충분한 국가 재정이 필요하다.

기후 변화로 인해 공공 서비스에 엄청나게 새로운 과제가 추가되었다. 즉, 지구 온난화를 막고 기후 변화에 적응하기 위해 공공재를 구축하고 유지해야 한다. 이런 상황은 지난 수십 년간의 일방적인 시장 중심 정책이 얼마나 잘못되었는지를 고통스러울 정도로 분명하게 보여준다. 공공재로서 기후를 보존하기 위해서는 공적 자금을 대폭 늘려 동원해야 한다. 또 모든 국민이 기후 변화에 적응하는 데 도움을 주는 '친환경' 인프라를 구축하기 위해 공공 투자 범위도 확대해야 한다. 이를 위해서는 공적 차원의 부채 할당량을 확대하고, 이자율을 차등화하고, 세수 증대를 통해 국가의 재정 운용 여력을 넓혀야 한다. 이런 공공재 생산을 늘리려면 재정 및 통화 정책을 통해 '균형 재정'이라는 도그마에서 벗어나 지난 수십 년 동안 개인 재산을 크게 불린 가장 부유한 계층에 대한 세금 인상이 필요하다. 이와 같은 경제 정책의 도그마를 뒤집는 것은 필요할 경우 부족한 공공재를 사적으로 대체할 수 있는 부유층의 정치적 저항에 부딪히기 때문이다. 그러나 다른 사회적 집단들의 정치적 지원을 동원해 이런 공공재 생산에 대한 공공 지출을 늘리면, 사회를 부자와 가난한 자로 나누는 대신 모든 사람이 이용할 수 있는 부를 창출할 수 있다.[22]

기후 보호 정책은 결국 각 개인의 행동에서도 지지를 얻어야 한다. 하지만 이 경우에도 공동의 변화가 중요하지, '찔러보기' 혹은 알 수 없는 보상 증서 구매 같은 상징적 대체물로 개인을 조종하는 걸 뜻하는 것이 아니다. 한편으로는 위에서 언급한 공공 인프라를 재건해 일상생활에서 환경 친화적인 행동이 뒷받침되어야만 개인의 행동에 큰 변화가 일어날 수 있다. 사람들은 대중교통 서비스가 신뢰할 수 있고 편안하다면 더 많이 이용할 것이다. 철도가 시간을 엄수하고 효과적으로 연결된다면 항공 및 자동차 교통량은 감소할 것이다. 이모빌리티는 내연 기관 자동차와 가격 면에서 경쟁력이 있고 전국적인 충전 인프라를 갖춘다면 더 우세해질 것이다. 개인의 행동이 적응할 수 있는 구조를 만드는 것이 중요하다. 일상생활에서 구체적인 개선책을 제공하기 때문에 정치적 지지를 동원할 수 있는 실용적 대안이 필요하다. 이런 인프라 구축은 공동체의 과제이며, 시장에 이를 기대할 수는 없다. 다시 말하면, 일반적 관심사의 공공재를 창출하는 일이다.

다른 한편으로, 공동선 지향적인 행동을 강화할 필요가 있다. 국민의 행동이 개인의 이익 극대화라는 원칙만을 따라 이뤄진다면 기후 보호는 실패한다. 이런 의미에서 영리할 뿐만 아니라 고결한 행동이 요구된다. 개인이 관련 비용 부담을 거부하기 때문에, 공공재 창출이 실패한다는 경제 이론을 이보다 더 명확하게 보여주는 것은 없다.[23] 기후 보호에서 어차피 자신의 기여는 의미가 없다고 인식할 때 이 문제의 중요성이 부각된다. 기후 공동선이 파괴되고 기후 적응 조치가 실현되지 않음으로써 세계가 맞이할 재앙은 개개인에게도 영향을 미친다. 이런 무임승차가 널리 퍼져 있다는 사실은 시장의 보이지 않는 손과 자기 이익 지향적 행동이 선의의 효과를 가져올 수 있다는 매우 영향력 있는 설명과 모순된다.

하지만 이 설명에는 한계가 있다. 사람들이 근본적으로 공공재 창출에 반대하는 것은 결코 아니다. 사람들은 타인을 위한 가치 신념과 공동선에 도움을 주는 규칙을 따르기 때문에 경제 이론은 오히려 행동에 대한 축약된 그림을 전파한다. 사람들은 개인의 비용이 따르고 성공할지 불확실하더라도 옳다고 생각하는 일을 실행할 수 있다.[24] 연구에 따르면, 기후 적응 조치는 사회 규범으로 인식되고 사람들이 이를 효과적이라고 여겨 직접 참여할 기회를 얻게 될 때 지지를 받는다.[25]

경제와 정치에서 연대에 기반한 행동은 주로 제도적 제약에 의해 방해받으며, 자본주의적 근대의 개인주의 문화를 비롯해 시장의 기능은 이런 자원에 기생적이거나 파괴적으로 작용한다. 하지만 이런 기능적 체계 밖의 행동들, 즉 가까운 가족 및 친구 관계뿐만 아니라 시민 사회 행동 영역에서도 강화된다. 이러한 사회적 유대감과 교류의 장에서 행동을 위한 도덕적 원천이 생겨나고 번성한다.[26] 이런 원천은 공동선을 기준으로 삼는 정치적 성찰과 행동으로 표현된다. 다양한 기후 운동이 이에 해당하는 예시다. 하지만 사람들이 기후 및 환경 보호를 위해 적극적으로 참여해 수많은 지역에서 이니셔티브를 조직하는 것도 하나의 예다.

그러나 이런 시민 사회의 자원은 단순하게 당연시할 수 있는 것은 아니고, 사회적 관계와 실천의 경험을 바탕으로 사회화 과정에서 이뤄진다. 이 같은 원천은 가치 신념에 따르는 개인과 조직의 행동에 도덕적 압력을 가하는 공식 및 비공식 기관과의 접촉으로 번성한다. 생활의 도덕적 행동 지향성은 경제 및 정치와 매우 깊은 관련이 있다. 둘 다 사회적 정당성에 의존하기 때문에 국민의 가치 신념은 단순히 무시할 수 없다. 이는 기후 보호를 지지하는 데 영향을 미치는 가치 지향을 정치적으로 어떻게 강화할 수 있는지에 대한 질문으로 이어진다.

도덕적 행동 구조가 나타나는 곳은 시민 참여뿐만 아니라 가족 및 친구 관계 등 지역 사회의 사회적 관계망이다. 따라서 기후 보호 정책은 민주적 시민 사회의 사회적 근접성을 기반으로 구축되어야 한다.[27] 이는 기후 보호와 적응 조치를 위한 결정에 지역 주민의 참여를 훨씬 더 강화하고, 지역 정치의 차원을 더 강조한다. 물론 기후 변화는 의심의 여지 없이 글로벌 차원의 문제이기는 하다. 그러니 기후 변화에 대한 적절한 정치적 대응을 위한 지지를 끌어낼 수 있는 탄력적인 신념은 국제 기후 회의 선언에서 나오는 것이 아니다.

오히려 이는 시민·고용인·소비자의 행동에서 발생하며, 기후 보호 문제를 국가와 경제에 정치적으로 대변하는 사회 운동의 기반이 될 수도 있다. 남아프리카공화국의 석탄 채굴을 중단하기 위해 지역 환경 보호 이니셔티브에서, 스웨덴 학생들의 기후 관련 시위와 2021년 여름 홍수 이후 시민들이 선견지명을 갖고 지역 재건을 위해 고군분투하고 있는 아르 강변 지역의 이니셔티브에서 우리는 오랫동안 이런 현상을 목격해왔다. 이 같은 사회 구조 속에서 문화적 태도는 환경 친화적 행동으로 형성된다. 이는 이러한 이니셔티브가 정치적 결정에 영향을 미치기 때문이 아니라, 기후 변화가 자원 투자 가치를 지닌 과감한 정치적 조치가 필요한 중대한 문제임을 인식하는 통찰력이 성장할 수 있기에 중요하다. 기업과 정치에서도 완전히 무시할 수 없는 기후 지향적 태도가 나타날 수 있으며, 이는 다른 수준의 정치적 행동에도 영향을 미친다. 지그하르트 네켈은 미국의 철학자이자 사회개혁가 존 듀이(John Dewey)의 말을 인용해 다음과 같이 핵심을 짚었다.

> 행위자는 자기반성적 방식으로 …… 자신의 이해관계로부터 거리를 두어 정치적 공간을 공유하는 사람들의 이해관계와 조화를 이룰 수 있다. 따라서 민주주의는 인간 공동체 생활의 협력적 성격에 깊이 뿌리를 두고 있다.[28]

이런 사회적 내재성은 다른 사람들에게 퍼져나갈 때, 사회 전체의 인지적·도덕적 틀에 영향을 미칠 수 있다. 공동체 중심의 행동 원천은 "도덕적 전염"[29]에 기반한 확산 과정을 기대하는 것이다. 천연자원의 과잉 착취에 대항하는 조치를 지원하려는 의지는 시민 사회의 참여, 즉 '위로부터'가 아닌 '아래로부터'의 참여를 통해서만 달성할 수 있다. 물론 기후 정책 조치의 이행, 자금 조달 및 조정을 위해서는 정치의 입법권이 필요하지만, 시민들의 태도와 행동 방향에 대한 지지 또한 필요하다.

물론 이런 태도의 성장은 학습 역할을 하는 모범적인 프로젝트를 추진하는 등 정치적으로도 지원할 수 있다.[30] 미국의 사회학자 에릭 올린 라이트(Erik Olin Wright)는 한때 "진정한 유토피아", 즉 변화된 사회적 생활 방식의 실제 사례를 구현하고 그러한 사회 질서의 모델로서 다른 사람들을 설득할 수 있는 실제 실험실 같은 지역 이니셔티브를 주장하기도 했다.[31] 앞서 언급했듯 변화된 생활 방식에 대한 구체적 경험은 사회 변화 과정을 지원하는 데 특히 중요한 것으로 보인다. 모범적인 프로젝트를 통해 사람들은 정치 영역에서 공유 가능한 경험을 얻을 수 있다. 이런 경험들이 제대로 작동하는 물질적 인프라로 발전한다면, 환경 친화적 행동의 새로운 일상은 변화된 프레임워크 조건에서 발전할 수 있다.[32]

이러한 인프라에는 자연환경 보전 조건에 적합한 미래 사회의 긍정적 비전도 포함된다.[33] 이와 같은 사회는 어떤 모습일까? 그 안에서 사는 것은 어떨까? 삶의 질은 어떻게 향상될까? 당연하게 여겨지는 기존 생활 방식과 점점 더 매력적으로 보일 수 있는 대안이 맞서기 때문에 앞서 언급한 탈성장 사회의 개념이 중요하다. 새로운 경험을 가능케 하는 미래 비전에 대한 지향은 변화를 정치적으로 지지하고 기업과 국가에 대한 시민 사회의 압력을 발전시키는 동기의 원천이 될 수 있다. 여기에는 홍수나 산불로 삶의 터전을 잃고 북극의 얼음이 녹거나 해수면이 상승해 사람들의 생계 수단이 상실되는 등 기후 위기와 관련한 손실을 공개적으로 애도하는 것도 포함된다. 이 책의 시작을 함께한 톰 키지아의 설명처럼 온전한 자연이 파괴되는 것도 애도해야 한다. 또한 지금까지 가치 있다고 여기던 생활 방식을 더 이상 지속할 수 없다는 사실도 애도해야 한다. 그런 애도는 상실의 순간에 우리가 느끼는 삶의 자연스러운 토대와 정서적 유대감을 입증한다. 이런 슬픔이 공공의 영역에서 표현되고 알려진다면, 더 효과적인 결정을

내리도록 격려할 수도 있을 것이다.[34]

　국가 정책과 기업의 행동은 계속해서 체계적 논리를 따를 것이며, 이것이 이윤 및 권력이라는 원칙과 양립할 경우에만 자연스러운 삶의 토대를 보호할 수 있는 여지를 만들 것이다. 그러나 아마도 이런 논리의 매개 변수는 시민의 행동으로 조금이나마 바뀔 수 있을 것이다. 기후 변화 대응으로 이어지지 않더라도 이는 결코 작은 일이 아니다. 기후 변화의 결과를 조금이라도 완화하고 기온 상승을 늦추고 새로운 기후 조건에 적응하는 데 유용한 사회적 변화가 현재보다 더 나은 출발점일 수 있기 때문이다. 이 모든 것은 이런 변화에 역행하는 구조에 맞서야 하므로 쉽지 않고 실현 가능성도 적다. 하지만 기후 변화를 지연시키고 더 완화할 수 있다는 희미한 희망이 이러한 목표를 달성하고자 하는 노력을 합리적일 수 있게 하며 도덕적 의무를 정당화한다. 실제로 이것이 얼마나 성공하는지에 따라 우리의 자녀와 손주들이 어떻게 살아갈지가 결정될 것이다. 우리에 대한 평가도 함께 말이다.

주

1 변화로 이어지지 않는 지식

1. Tom Kizzia, "End-Times Tourism in the Land of Glaciers", in: *The New York Times*, 22. 11. 2022, https://www.nytimes.com/2022/11/22/opinion/glaciers-alaska-climate-change.html, 2023년 3월 2일 접속.

2. Our World in Data, "Cumulative CO2 Emissions", https://ourworldindata.org/grapher/cumulative-co-emissions, 2023년 4월 4일 접속.

3. UN Environment Programme, *Emissions Gap Report 2022: The Closing Window—Climate Crisis Calls for Rapid Transformation of Societies*, United Nations Environment Programme, Nairobi 2022, https://www.unep.org/resources/emissions-gap-report-2022, 2023년 3월 21일 접속.

4. Luke Kemp u.a., "Climate Endgame: Exploring Catastrophic Climate Change Scenarios", in: *Proceedings of the National Academy of Sciences* 119:34, 01. 08.2022, S. 1-9, 특히 S. 3, https://www.pnas.org/doi/abs/10.1073/pnas.21081 46119, 2023년 6월 6일 접속. Timothy M. Lenton u.a., "Quantifying the Human Cost of Global Warming", in: *Nature Sustainability 6*, 1237-1247 (2023), https://doi.org/10.1038/s41893-023-01132-6, 2023년 6월 6일 접속.

5. 이는 내가 북반구의 민주주의 국가에 집중하겠다는 의미다. 그 이유는 이 국가들이 현재까지 대기 중 이산화탄소 농도 증가에 거의 전적인 책임이 있으며, 여전히 인구

측면에서 가장 큰 배출국이기 때문이다. 이 문제에 대한 남반구의 관점은 5장에서 논의하겠다.

6. Dipesh Chakrabarty, *Das Klima der Geschichte im planetarischen Zeitalter*, Berlin 2022, S. 28.

7. 기업 의사 결정의 단기적 성격에 관한 문제는 다음을 참조. Natalie Slawinski u.a., "The Role of Short-Termism and Uncertainty Avoidance in Organizational In-action on Climate Change: A Multi-Level Framework", in: *Business & Society* 56:2 (2017), S. 253-282. 조직들이 극도로 장기적인 시각을 제도화하는지에 관한 문제는 다음을 참조. Frederic Hanusch, Frank Biermann, "Deep Time Organizations: Learning Institutional Longevity from History", in: *The Anthropocene Review* 7:1 (2020), S. 19-41.

8. 기후 변화의 특수한 시간적·공간적 구조는 기후 변화에 대한 반응이 코로나19 팬데믹이나 우크라이나 전쟁 발발 같은 다른 위기의 대응과 크게 다른 이유를 어느 정도 설명해준다. 두 경우는 실제로 즉각적이고 신속한 효과를 예상할 수 있는 과감한 조치를 취했다.

9. 이는 William Nordhaus, *Dynamic Integrated Climate-Economy Model* (DICE)에서 다루는 집근법이자 문제이며, 경제적으로 최적의 지구 온난화를 결정하려는 시도다. (William D. Nordhaus, "Rolling the 'DICE'. An Optimal Transition Path for Controlling Greenhouse Gases", in: *Resource and Energy Economics* 15:1 [1993], S. 27-50).

10. 이와 관련된 논문은 다음과 같다. Anita Engels u.a. (Hg.), *Hamburg Climate Futures Outlook 2023. The Plausibility of a 1.5℃ Limit to Global Warming—Social Drivers and Physical Processes*, Hamburg 2023. Joost de Moor, Jens Marquardt, "Deciding Whether It's Too Late: How Climate Activists Coordinate Alternative Futures in a Postapocalyptic Present", in: *Geoforum* 138, 103666 (2023). Journalistisch: "Goodbye 1.5℃", in: *The Economist*, 5.-11.11. 2022, S. 13.

11. Climate Action Tracker 참조. https://climateactiontracker.org/, 2023년 1월 14일 접속. 기후 보호 목표가 항상 빗나가고 정치적 약속이 파기된다는 사실은 기후 보

호에 관한 정상 회담 드라마의 많은 부분이 상징적인 정치일 뿐이라는 걸 보여준다. 하지만 19세기 후반의 인권 선언과 마찬가지로, 기후 목표는 기존의 관행과 규제를 비판하고 행동에 나서도록 압력을 가할 수 있는 규범적 기반을 제공한다.

12. McKinsey & Company, "Global Energy Perspective 2021", https://www.mckinsey.com/~/media/McKinsey/Industries/OilandGas/OurInsights/Global EnergyPerspective/Global-Energy-Perspective-2021-final.pdf, 2023년 2월 14일 접속.

13. 미래 기후에 대한 중요한 개념은 다음을 참조. Engels u.a. (Hg.), *Hamburg Climate Futures Outlook* 2023.

14. IEA, *World Energy Outlook* 2022, IEA, Paris 2022, https://www.iea.org/reports/world-energy-outlook-2022/key-findings, 2023년 5월 8일 접속. 다국적 석유 기업 엑손모빌의 견해도 비슷하며, 자사의 글로벌 전망(Global Outlook)에 따르면 2050년까지 에너지 관련 이산화탄소 배출량이 25퍼센트 감소할 것으로 예상한다. 이를 연간 배출량으로 환산하면 거의 280억 톤에 달한다. ExxonMobil, "ExxonMobil Global Outlook: Our View to 2050", 2023, https://corporate.exxonmobil.com/what-we-do/energy-supply/global-outlook#Keyinsights, 2023년 11월 14일 접속. 가장 낙관적인 시나리오를 따르더라도 향후 25년 동안 화석 연료 연소로 발생하는 배출량을 중화할 정도로 온실가스를 대기 내에서 제거할 것으로 예상되지는 않는다.

15. 이것이 성공하더라도 현지의 기후 보호법에 따라 허용되는 배출량은 온도 상승을 섭씨 1.5도가 아닌, 67퍼센트에 해당하는 섭씨 1.75도 상승까지만 제한할 수 있을 터이다. Mario Ragwitz u.a., *Szenarien für ein klimaneutrales Deutschland. Technologieumbau, Verbrauchsreduktion und Kohlenstoffmanagement*, München 2023.

16. IEA, *World Energy Outlook 2022*.

17. Walter Benjamin, "Der Sürrealismus. Die letzte Momentaufnahme der europäischen Intelligenz", in: id., *Gesammelte Schriften*, 발행인 Rolf Tiedemann, Hermann Schweppenhäuser, Bd. II: *Aufsätze, Essays, Vorträge*, Frankfurt/M. 1977, S. 295-310.

18. 생태학적 애도는 다음을 참조. Rebecca Elliott, "The Sociology of Climate Change as a Sociology of Loss", in: *European Journal of Sociology* 59:3 (2018), S. 301-337. Ashlee Cunsolo, Karen Landman (Hg.), *Mourning Nature. Hope at the Heart of Ecological Loss and Grief*, Montreal 2017. Carl Cassegård, Håkan Thörn, "Toward a Postapocalyptic Environmentalism? Responses to Loss and Visions of the Future in Climate Activism", in: *Environment and Planning E: Nature and Space* 1:4 (2018), S. 561-578.

19. Ulrike Herrmann, *Das Ende des Kapitalismus. Warum Wachstum und Klimaschutz nicht vereinbar sind—und wie wir in Zukunft leben werden*, Köln 2022.

20. Reiner Grundmann, "Climate Change as Wicked Social Problem", in: *Nature Geoscience 9* (2016), S. 562-563. Dominic Duckett u.a., "Tackling Wicked Environmental Problems. The Discourse and Its Influence on Praxis in Scotland", in: *Landscape and Urban Planning* 154 (2016), S. 44-56. Peter J. Balint u.a., *Wicked Environmental Problems. Managing Uncertainty and Conflict*, Washington, D.C. 2011.

21. 물론 수소불화탄소의 실상은 훨씬 더 복잡하다. 하지만 나는 여기서 '오존층 구멍' 이라는 문제의 구조만 다룬다.

22. Brad Plumer, Nadja Popovich, "Yes, There Has Been Progress on Climate. No, It's Not Nearly Enough", in: *The New York Times*, 25.10.2021, https://www.nytimes.com/interactive/2021/10/25/climate/world-climate-pledges-cop26.html, 2023년 2월 14일 접속.

23. David I. Armstrong McKay u.a., "Exceeding 1.5℃ Global Warming Could Trigger Multiple Climate Tipping Points", in: *Science 377*, eabn7950, 09.09. 2022, https://www.science.org/doi/abs/10.1126/science.abn7950, 2023년 6월 6일 접속.

24. 발표된 기후 목표를 달성하지 못했다는 사실과 기후 변화를 억제하기 위해 끊임없이 노력했다는 사실에는 서로 모순되는 점이 없다. 이와 관련해서는 다음을 참조. de Moor, Marquardt, "Deciding Whether It's Too Late".

2 자본주의적 근대

1. Fernand Braudel, *Die Dynamik des Kapitalismus*, Stuttgart 1997. Jürgen Kocka, *Geschichte des Kapitalismus*, München 2013. Jason W. Moore, *Kapitalismus im Lebensnetz. Ökologie und die Akkumulation des Kapitals*, Berlin 2019.

2. '자본주의적 근대'라는 개념은 다음에서 인용했다. Paul Kennedy, *Vampire Capitalism. Fractured Societies and Alternative Futures*, London 2017. 이 용어를 사용하면서 나는 논리적으로 단언할 수 없는 경제적·정치적·문화적 발전 사이의 연관성을 강조하고자 한다. 칼 폴라니가 사용한 "시장 사회" 혹은 "자본주의 사회"라는 개념은 지난 500년간의 역사 발전을 오로지 경제 체제에만 집중시키는 위험을 내포하고 있다.

3. Karl Polanyi, *The Great Transformation. Politische und ökonomische Ursprünge von Gesellschaften und Wirtschaftssystemen*, Frankfurt/M. 1978.

4. Jason Hickel, *Weniger ist mehr. Warum der Kapitalismus den Planeten zerstört und wir ohne Wachstum glücklicher sind*, München 2022.

5. 그 내용은 다음을 참조. Pierre Charbonnier, *Überfluss und Freiheit. Eine ökologische Geschichte der politischen Ideen*, Frankfurt/M. 2022.

6. Polanyi, *The Great Transformation*, S. 87.

7. Max Weber, *Wirtschaft und Gesellschaft. Grundriss der verstehenden Soziologie* [1922], Tübingen 1985, S. 21.

8. 글로벌 자본주의는 일부 국가가 중심에 있고 다른 국가들은 주변에 있는 위계 시스템으로, 후자는 그 시스템에 포함되기는 해도 특별한 방식으로 착취당한다. 기후 변화의 결과는 특히 남반구 국가에서 뚜렷이 나타나는데, 이들은 대부분 기후 위기의 원인 제공자가 아니다.

9. Katharina Pistor, *Der Code des Kapitals. Wie das Recht Reichtum und Ungleichheit schafft*, Berlin 2020.

10. Joseph A. Schumpeter, *Theorie der wirtschaftlichen Entwicklung*, Berlin 1952.

11. Neil Fligstein, *The Architecture of Markets. An Economic Sociology of Twenty*

First-Century Capitalist Societies, Princeton 2001.

12. 사회학자들은 거시경제 계획과 민간 기업에 미치는 영향을 통해 자본주의 경제를 추진하기 시작하는 '개발도상국'에 대해 설명한다. Peter B. Evans, *Embedded Autonomy. States and Industrial Transformation*, Princeton 1995.

13. Christoph Deutschmann, *Disembedded Markets. Economic Theology and Global Capitalism*, London, New York 2019.

14. 20세기에 적어도 대부분의 북반구 국가에서는 복지 관련 조치들이 공정한 소득 분배와 사회적 보호를 확립시켰다. 이로 인해 안정적인 중산층이 형성되어 사회적 갈등이 완화하는 결과를 가져왔다. 소비 기회의 광범위한 확장으로 모든 국민에게 번영을 가져다주지는 못했지만, 대다수의 생활 수준이 매우 향상되었다.

15. 최근의 다음 사례 참조. Nancy Fraser, *Der Allesfresser. Wie der Kapitalismus seine eigenen Grundlagen verschlingt*, Berlin 2023.

16. 그렇다고 계획 경제 시스템에서 자연에 대해 더 나은 접근법을 기대할 수 있다는 의미는 아니다. 실제로 사회주의 역사가 이를 충분히 증명한다. 그러나 사회주의는 오늘날 더 이상 존재하지 않기 때문에, 다양한 종류의 운영 방식을 갖춘 자본주의가 현재 전 세계 자연환경을 다루는 우리의 방식을 결정하는 유일한 경제 체제다.

17. 이를 위해서는 다음도 참조. Hickel, *Weniger ist mehr*, S. 122f.

18. Jean-Marie Martin-Amouroux, "World Energy Consumption 1800-2000: The Results", 14.03.2022, https://www.encyclopedie-energie.org/en/world-energy-consumption-1800-2000-results/, 2023년 6월 5일 접속.

19. Will Steffen u.a., "Planetary Boundaries: Guiding Human Development on a Changing Planet", in: *Science* 347:6223 (2015).

20. Niklas Luhmann, *Ökologische Kommunikation. Kann die moderne Gesellschaft sich auf ökologische Gefährdungen einstellen?*, Opladen 1986, S. 122.

21 Martin Hock, "Die Finanzbranche sollte ein Beispiel geben", in: *Frankfurter Allgemeine Zeitung*, 14.01.2023, https://www.faz.net/aktuell/finanzen/fonds gesellschaft-brauchen-ein-klima-bretton-woods-18591986.html, 2023년 4월 4일 접속.

22. 기후 변화 관련 지식의 변화에 대한 개관은 다음을 참조. Marie-Luise Beck, Jochem

Marotzke, "Sehen den Auges ins Treibhaus geraten. Ein Streifzug durch die erstaunliche Geschichte der Klimaforschung", in: Martin Lohse (Hg.), *Wenn der Funke überspringt — 200 Jahre Gesellschaft Deutscher Naturforscher und Ärzte*, Leipzig 2022, S. 104-107.

23. Donella Meadows u.a., *Die Grenzen des Wachstums. Bericht des Club of Rome zur Lage der Menschheit*, Stuttgart 1972. 약 15년 후, 지속 가능한 개발의 핵심 문제로 기후 변화를 대중에게 인지시킨 것은 미국항공우주국(NASA)의 짐 핸슨(Jim Hansen) 국장이 상원에 출석해 증언하면서였다.

24. Jens Beckert, "Sind Unternehmen sozial verantwortlich?", in: Olaf J. Schumann u.a. (Hg.), *Unternehmensethik. Forschungsperspektiven zur Verhältnisbestimmung von Unternehmen und Gesellschaft*, Marburg 2010, S. 109-124.

25. Milton Friedman, "The Social Responsibility of Business Is to Increase Its Profits", in: *The New York Times Magazine*, 13.09.1970, S. 1.

26. 칼 폴라니(*The Great Transformation*, S. 106)는 "시장 사회"에 대해 언급하며 "시장 경제는 …… 시장 사회에서만 존재할 수 있다"고 말했다. 폴라니에게 시장 사회의 특징은 노동, 화폐, 토지 같은 "가상의 상품"이 **마치** 실제 상품인 것처럼 제도화한다는 점이다. 하지만 폴라니에 따르면, 이는 사회적 반대 운동에 반응하는 사회의 불안정한 경계 사례에 불과하다. 하지만 나는 시장 사회라고 말하기보다는 경제, 국가, 국민 사이의 긴장 관계를 세 가지 행동 영역의 유형적 구분으로 다루는 것이 더 적합하다고 생각한다. 아울러 자본주의적 근대에서 경제 시스템의 지배적 역할을 강조하는 것이 더 합리적이라고 생각한다. 국민이라는 개념은 한 나라의 국민과 소비자 차원의 행위자를 의미한다.

27. Niklas Luhmann, *Soziale Systeme*, Frankfurt/M. 1984. Talcott Parsons, Neil J. Smelser, *Economy and Society. A Study in the Integration of Economic and Social Theory* [1956], London 1984. Jürgen Habermas, *Theorie des kommunikativen Handelns*, Frankfurt/M. 1981, Bd. 2. David Lockwood, "Soziale Integration und Systemintegration", in: Wolfgang Zapf (Hg.), *Theorien des sozialen Wandels*, Köln 1970, S. 124-137.

28. Fritz W. Scharpf, "Economic Integration, Democracy and the Welfare State",

in: *Journal of European Public Policy* 4:1 (1997), S. 18-36.

29. Jens Beckert, "Wirtschaftssoziologie als Gesellschaftstheorie", in: *Zeitschrift für Soziologie* 38:3 (2009), S. 182-197.Christoph Deutschmann, *Kapitalistische Dynamik. Eine gesellschaftstheoretische Perspektive*, Wiesbaden 2008. Uwe Schimank, "Die Moderne: eine funktional differenzierte kapitalistische Gesellschaft", in: *Berliner Journal für Soziologie* 19 (2009), S. 327-351.

30. Fred Block, "The Ruling Class Does Not Rule: Notes on the Marxist Theory of the State", in: Thomas Ferguson, Joel Rogers (Hg.), *The Political Economy. Readings in the Politics and Economics of American Public Policy*, London 1984, S. 32-46. Charles E. Lindblom, "The Market as Prison", in: *The Journal of Politics* 44 (1982), S. 324-336.

31. 실제로는 그 반대의 경우도 있다. 기후로 인한 피해를 복구하기 위한 노력은 국민총생산에 긍정적 영향을 미치기도 한다. 이와 관련해서는 다음도 참조. Timothy Mitchell, "Carbon Democracy", in: *Economy and Society* 38:3 (2009), S. 399-432, S. 418.

32. Hickel, *Weniger ist mehr*. 다음도 참조. Dipesh Chakrabarty, *Das Klima der Geschichte im planetarischen Zeitalter*, Berlin 2022; Charbonnier, *Überfluss und Freiheit*. 이와 관련해 포괄적인 내용을 다룬 다음도 참조. Philippe Descola, *Jenseits von Natur und Kultur*, Berlin 2011.

33. 카를 마르크스에게도 자연은 노동 과정의 변혁이 시작되는 물질적 기반이다. 거기에는 자유주의 사상가들의 모순이 없다. 이후 프랑크푸르트학파는 자연을 순전히 도구적으로 바라보는 데 대한 비판을 자본주의적 근대 분석의 중요한 출발점으로 삼았다. 다음을 참조. Max Horkheimer, *Zur Kritik der instrumentellen Vernunft. Aus den Vorträgen und Aufzeichnungen seit Kriegsende*, Frankfurt/M. 1985.

34. Pierre Bourdieu, *Algérie 60. Structures économiques et structures temporelles*, Paris 1977.

35. Reinhart Koselleck, *Vergangene Zukunft. Zur Semantik geschichtlicher Zeiten*, Frankfurt/M. 1979.

36. Jens Beckert, *Imaginierte Zukunft. Fiktionale Erwartungen und die Dynamik des Kapitalismus*, Berlin 2018.

37. Max Weber, *Die protestantische Ethik I. Eine Aufsatzsammlung*, Gütersloh 1984. 진보의 개념에 대해서는 다음을 참조. Peter Wagner, *Fortschritt. Zur Erneuerung einer Idee*, Frankfurt/M., New York 2018.

38. '인류세'라는 용어는 오늘날 지구의 생물학적·지질학적·기후학적 과정에 대한 인간의 영향이 매우 커져서 그 자체로 하나의 지질학적 시대라고 말할 수 있게 되었다는 사실을 설명하는 데 쓰인다. 나는 인류세라는 개념이 자본주의 근대성에서 인간과 자연의 관계를 특징짓는 구체적인 사회 구조와 관련해 너무 구체적이지 않다고 판단해 더 이상 사용하지 않을 것이다. 이와 관련해서는 다음을 참조. Moore, *Kapitalismus im Lebensnetz*.

39. 다음도 참조. Charbonnier, *Überfluss und Freiheit*.

40. 다음을 참조. Philipp Lepenies, *Verbot und Verzicht. Politik aus dem Geiste des Unterlassens*, Berlin 2022.

41. Michael J. Sandel, *Vom Ende des Gemeinwohls. Wie die Leistungsgesellschaft unsere Demokratien zerreißt*, Frankfurt/M. 2020.

42. Adam Smith, *Der Wohlstand der Nationen. Eine Untersuchung seiner Natur und seiner Ursachen*, München 1999.

43. Polanyi, *The Great Transformation*, S. 330.

3 빅 오일

1. Nathan Reiff, "10 Biggest Companies in the World", 2023년 7월 10일 업데이트, https://www.investopedia.com/articles/active-trading/111115/why-allworlds-top-10-companies-are-american.asp, 2023년 8월 8일 접속.

2. 하지만 석유, 천연가스, 석탄 생산으로 매년 약 1억 2500만 톤의 메탄이 배출된다. 메탄은 이산화탄소보다 기후에 30배는 더 해롭다고 알려졌다. 다음을 참조. IEA, *Global Methane Tracker 2023*, Paris 2023, https://www.iea.org/reports/global-

methane-tracker-2023, 2023년 11월 14일 접속.

3. IEA, *Net Zero by 2050*, Paris 2021, https://www.iea.org/reports/net-zero-by-2050, 2023년 3월 16일 접속. Dan Welsby u.a., "Unextract able Fossil Fuels in a 1.5 °C World", in: *Nature* 597 (2021), S. 230-234, https://doi.org/10.1038/s41586-021-03821-8, 2023년 6월 15일 접속.

4. Kelly Trout u.a., "Existing Fossil Fuel Extraction Would Warm the World Beyond 1.5°C", in: *Environmental Research Letters* 17, 064010, 17.05.2022, https://dx.doi.org/10.1088/1748-9326/ac6228, 2023년 10월 4일 접속.

5. Damian Carrington, "Revealed: Oil Sector's 'Staggering' $ 3bn-a-day Profits for Last 50 Years", in: *The Guardian*, 21.07.2022, https://www. theguardian.com/environment/2022/jul/21/revealed-oil-sectors-staggering-profits-last-50-years, 2023년 3월 23일 접속.

6. IEA, "World Energy Investment 2023: Overview and Key Findings", https://www.iea.org/reports/world-energy-investment-2023/overview-and-key-findings, 2023년 8월 21일 접속.

7. Saudi Aramco, "Aramco Announces Record Full-Year 2022 Results", 12.03.2023, https://www.aramco.com/en/news-media/news/2023/aramco-announces-full-year-2022-results, 2023년 11월 14일 접속.

8. Luuk Schmitz, Timur Ergen, *The Sunshine Problem. Climate Change and Managed Reallocation in the European Union*. MPIfG Discussion Paper, Max-Planck-Institut für Gesellschaftsforschung, Köln 2023.

9. Sabrina Valle, "Exxon CEO's Pay Rose 52% in 2022, Highest among Oil Peers", in: *Reuters*, 13.04.2023, https://www.reuters.com/business/energy/exxon-paid-ceo-woods-359-million-2022-sec-filing-2023-04-13/, 2023년 8월 8일 접속.

10. ExxonMobil, "Notice of 2022 Annual Meeting and Proxy Statement", 07.04.2022, https://d1io3yog0oux5.cloudfront.net/_ff99020d563b1c72d677411b93e350f.1/exxonmobil/db/2301/21384/proxy_statement/2022-proxy-statement.pdf, 2023년 10월 4일 접속.

11. Brett Christophers, "Fossilised Capital: Price and Profit in the Energy Transi-

tion", in: *New Political Economy* 27:1 (2022), S. 146-159. 이런 수익률 감소
는 석유 대기업 코노코필립스의 2022년 '탄소 중립 에너지 전환(Net Zero Energy
Transition)' 계획에서도 확인할 수 있다. https://static.conocophillips.com/ files/
resources/plan-for-the-net-zero-energy-transition.pdf, 2023년 3월 28일 접속.

12. Anita Engels u.a., "A New Energy World in the Making: Imaginary Business
Futures in a Dramatically Changing World of Decarbonized Energy Produc-
tion", in: *Energy Research & Social Science* 60, 101321 (2020).

13. OECD, "Renewable Energy", https://data.oecd.org/energy/renewable-energy.
htm, 2023년 3월 16일 접속.

14. Our World in Data, "Global Direct Primary Energy Consumption", https://
ourworldindata.org/grapher/global-primary-energy, 2023년 8월 16일 접속.

15. 비용 편익 분석에서는 이를 위해 미래의 손해와 이익을 할인하는 방법이 쓰인
다. 미래 사건에 현재 가치를 사용하는 것이다. 그 결과는 고려 중인 기간과 선택
한 할인율에 따라 달라진다. 장차 극적인 손실이 있더라도 그것이 먼 미래에 발생
한다면 현재에는 큰 영향을 미치지 않는다. 이와 관련해서는 다음을 참조. Liliana
Doganova, *Discounting the Future. The Ascendancy of a Political Technology*,
New York 2024.

16. Tyler A. Hansen, "Stranded Assets and Reduced Profits: Analyzing the Eco-
nomic Underpinnings of the Fossil Fuel Industry's Resistance to Climate Stabil-
ization", in: *Renewable and Sustainable Energy Reviews* 158, 112144 (2022).

17. Niall McCarthy, "Oil and Gas Giants Spend Millions Lobbying to Block Climate
Change Policies [Infographic]", in: *Forbes*, 25.03.2019, https://www. forbes.
com/sites/niallmccarthy/2019/03/25/oil-and-gas-giants-spend-millions-lobbying-
to-block-climate-change-policies-infographic, 2023년 3월 23일 접속.

18. Marco Grasso, *From Big Oil to Big Green: Holding the Oil Industry to Account
for the Climate Crisis*, Cambridge, MA 2022.

19. Geoffrey Supran u.a., "Assessing Exxon Mobil's Global Warming Projections",
in: *Science* 379:153 (2023), S. 1-9.

20. Hiroko Tabuchi, "Exxon Scientists Predicted Global Warming, Even as Com-

pany Cast Doubts, Study Finds", in: *The New York Times*, 12.01.2023, https://www.nytimes.com/2023/01/12/climate/exxon-mobil-global-warming-climate-change.html, 2023년 8월 29일 접속.

21. Greenpeace, "Exxon's Climate Denial History: A Timeline", https://www.greenpeace.org/usa/fighting-climate-chaos/exxon-and-the-oil-industry-knew-about-climate-crisis/exxons-climate-denial-history-a-timeline/, 2023년 1월 17일 접속.

22. Christopher Leonard, Kochland. *The Secret History of Koch Industries and Corporate Power in America*, New York 2019. Campaign against Climate Change, "The Funders of Climate Disinformation", https://www.campaigncc.org/climate_change/sceptics/funders, 2023년 11월 14일 접속.

23. Robert J. Brulle, "Institutionalizing Delay: Foundation Funding and the Creation of U.S. Climate Change Counter-Movement Organizations", in: *Climatic Change* 122:4 (2014), S. 681-694.

24. "City of New York v. Exxon Mobil Corp.", 2021, https://climatecasechart.com/case/city-of-new-york-v-exxon-mobil-corp/, 2023년 11월 14일 접속.

25. Neil Fligstein, *The Transformation of Corporate Control*, Cambridge, MA 1990.

26. Our World in Data, "Primary Energy Consumption", https://ourworldindata.org/grapher/primary-energy-cons?tab=table, 2023년 7월 25일 접속.

27. Hannah Ritchie u.a., "Renewable Energy", 17.12.2020, https://ourworldindata.org/renewable-energy, 2023년 7월 25일 접속.

28. IEA, *World Energy Investment 2022*, Paris 2022, https://www.iea.org/reports/world-energy-investment-2022, 2023년 12월 13일 접속.

29. Damian Carrington, Matthew Taylor, "Revealed: The 'Carbon Bombs' Set to Trigger Catastrophic Climate Breakdown", in: *The Guardian*, 11.05.2022, https://www.theguardian.com/environment/ng-interactive/2022/may/11/fossil-fuel-carbon-bombs-climate-breakdown-oil-gas, 2023년 0월 29일 접속.

30. Kjell Kühne u.a., "Carbon Bombs—Mapping Key Fossil Fuel Projects", in:

Energy Policy 166, 112950, Juli 2022, https://doi.org/10.1016/j.enpol.2022.
112950, 2023년 7월 6일 접속.

31. Lisa Friedman, "Biden Administration Approves Huge Alaska Oil Project", in:
    The New York Times, 12.03.2023, https://www.nytimes.com/2023/03/12/
    climate/biden-willow-arctic-drilling-restrictions.html, 2023년 2월 20일 접속.

32. Christophers, "Fossilised Capital", S. 153.

33. Carrington, Taylor, "Revealed".

34. "Shell will das Solarunternehmen Sonnen schon wieder verkaufen", in: *Frank-
    furter Allgemeine Zeitung*, 09.09.2023, S. 21.

35. Nick Edser u.a., "BP Scales Back Climate Targets as Profits Hit Record", in:
    BBC, 07.02.2023, https://www.bbc.com/news/business-64544110, 2023년
    3월 16일 접속.

36. Trout u.a., "Existing Fossil Fuel Extraction Would Warm the World Beyond
    1.5℃".

37. Banking on Climate Chaos, "Fossil Fuel Finance Report 2023", https://www.
    bankingonclimatechaos.org/wp-content/uploads/2023/06/BOCC_2023_06-27.
    pdf, 2023년 7월 25일 접속.

38. IEA, "World Energy Investment 2023".

39. Mei Li u.a., "The Clean Energy Claims of BP, Chevron, ExxonMobil and Shell:
    A Mismatch between Discourse, Actions and Investments", in: *PLOS ONE*
    17:2, e0263596 (2022), https://doi.org/10.1371/journal.pone.0263596, 2023년
    11월 8일 접속. 또한 엑손모빌에 관해서는 다음도 참조. Geoffrey Supran, Naomi
    Oreskes, "Rhetoric and Frame Analysis of ExxonMobil's Climate Change
    Communications", in: *One Earth* 4:5 (2021), S. 696-719.

40. Carrington, Taylor, "Revealed".

41. Sabrina Valle, Rithika Krishna, "Exxon Shareholders Back Board, Vote against
    Faster Carbon Emission Cuts", in: *Reuters*, 25.05.2022, https://www.reuters.
    com/business/energy/exxon-shareholders-back-board-vote-againstaccelerating-
    carbon-emission-cuts-2022-05-25/, 2023년 1월 26일 접속.

42. BP, "BP Brand and Logo", https://web.archive.org/web/20140830080553/
http://www.bp.com/en/global/corporate/about-bp/our-history/history-of-
bp/special-subject-histories/bp-brand-and-logo.html, 2023년 11월 8일 접속.

43. BP, "Our Transformation", https://www.bp.com/en/global/corporate/who-
we-are/our-transformation.html, 2023년 8월 8일 접속.

44. BP의 수사학적 전략에 대해서는 다음을 참조. George Ferns, Kenneth Amaeshi,
"Fueling Climate (In) Action: How Organizations Engage in Hegemonization to
Avoid Transformational Action on Climate Change", in: *Organization Studies*
42:7 (2021), S. 1005-1029. Philipp Krohn, Roland Lindner, "Die Wider sprüche
von Shell, Exxon & Co.", in: *Frankfurter Allgemeine Zeitung*, 26.01.2023,
https://www.faz.net/aktuell/wirtschaft/shell-exxon-co-erdoel-und-nachhal
tigkeit-vertragen-sich-schlecht-18631824/stillgelegte-oelplattform-gyda-
18643336.html, 2023년 6월 5일 접속.

45. Alex Lawson, "Shell Consultant Quits, Accusing Firm of 'Extreme Harms' to
Environment", in: *The Guardian,* 23.05.2022, https://www.theguardian.com/
business/2022/may/23/shell-consultant-quits-environment-caroline-dennett,
2023년 6월 5일 집속. OGV Energy, "Shell Executives Quit amid Discord over
Green Push", https://www.ogv.energy/news-item/shell-executives-quit-amid-
discord-over-green-push, 2023년 10월 2일 접속.

46. 금융업과 관련해서는 다음을 참조. Markus Frühauf u.a., "Das große Null-
Versprechen der Banken", in: *Frankfurter Allgemeine Zeitung*, 19.11.2022,
https://www.faz.net/aktuell/finanzen/klimaschutz-so-blauaeugig-sind-die-
versprechen-von-banken-18468247.html, 2023년 8월 1일 접속.

47. '기대 정치'라는 개념에 대해서는 다음을 참조. Jens Beckert, *Imaginierte Zukunft.
Fiktionale Erwartungen und die Dynamik des Kapitalismus*, Berlin 2018.

48. Inyova, "Die Werbeindustrie als Steigbügelhalter der Öl-Industrie", 2022,
https://www.altii.de/die-werbeindustrie-als-steigbugelhalter-der-ol-industrie/,
2023년 1월 17일 접속.

49. Mark Kaufman, "The Carbon Footprint Sham", in: *Mashable*, https://mashable.

com/feature/carbon-footprint-pr-campaign-sham, 2023년 11월 14일 접속. 탄소 발자국 개념은 윌리엄 리스와 매티스 웨커너겔이 창안했다. 다음을 참조. Mathis Wackernagel, William E. Rees, *Our Ecological Footprint. Reducing Human Impact on the Earth*, Gabriola Island u.a. 1996.

50. Viola Kiel, "Denn sie wussten,was sie tun", in: *Zeit Online*, 07.12.2022, https:// www.zeit.de/green/2022-12/oelkonzern-bp-klimakrise-internationaler-strafgerichtshof-big-oil, 2023년 2월 28일 접속.

51. Markus Fasse, Franz Hubik, "Die Verbrenner-Wette", in: *Handelsblatt*, 08.03. 2023, S. 1, 4.

52. Ebd.

53. Ebd.

54. Caspar Busse, "Porsche macht weiter Stimmung für E-Fuels", in: *Süddeutsche Zeitung*, 13.03.2023, https://www.sueddeutsche.de/wirtschaft/porsche-vw-e-fuels-autoindustrie-wissing-eu-1.5767865, 2023년 3월 23일 접속.

55. Agora Verkehrswende, GIZ, "Towards Decarbonising Transport 2023. A Stocktake on Sectoral Ambition in the G20", 2023, https://www.agora-verkehrswende.de/en/publications/towards-decarbonising-transport-2023/, 2023년 8월 16일 접속.

56. Engels u.a., *Hamburg Climate Futures Outlook* 2023, S. 115.

57. Niklas Luhmann, Ökologische Kommunikation. *Kann die moderne Gesell-schaft sich auf ökologische Gefährdungen einstellen?*, Opladen 1986, S. 122.

4 주저하는 국가

1. Charles E. Lindblom, "The Market as Prison", in: *The Journal of Politics* 44 (1982), S. 324-336.

2. 연방 정부 언론정보실, "Pressestatements von Bundeskanzlerin Angela Merkel und dem Ministerpräsidenten der Republik Portugal, Pedro Passos Coelho",

01.09.2011, https://www.bundesregierung.de/breg-de/service/archiv/alt-inhalte/pressestatements-von-bundeskanzlerin-angela-merkel-und-dem-ministerpraesidenten-der-republik-portugal-pedro-passos-coelho-848964, 2023년 3월 29일 접속.

3. 로비컨트롤(Lobbycontrol)을 대신해 크리스티나 데크비르트(Christina Deckwirth)와 니나 카체미히(Nina Katzemich)는 가스 산업이 독일 정치에 미치는 힘에 대한 연구를 발표했다. *Pipelines in die Politik. Die Macht der Gaslobby in Deutschland*, Köln 2023.

4. Ebd., S. 43.

5. Srijita Datta, Jorja Siemons, "Joe Manchin Cuts Climate Deal with Democrats But Remains Backed by Family Orbit of Oil and Gas", 05.08.2022, https://www.opensecrets.org/news/2022/08/joe-manchin-cuts-climate-deal-with-democrat-but-remains-backed-by-family-orbit-of-oil-and-gas, 2023년 8월 8일 접속.

6. Scott Waldman, "How Manchin Used Politics to Protect His Family Coal Company", in: *Politico*, 02.08.2022, https://www.politico.com/news/2022/02/08/manchin-family-coal-company 00003218, 2023년 8월 8일 접속.

7. Jonathan Mingle, "Congress is Turning Climate Gaslighting into Law", in: *The New York Times*, 01.06.2023, https://www.nytimes.com/2023/06/01/opinion/debt-ceiling-mountain-valley-pipeline-joe-manchin.html, 2023년 6월 19일 접속.

8. Christian Stöcker, "Warum RWE jeden Argwohn verdient hat", in: *Der Spiegel*, 15.01.2023, https://www.spiegel.de/wissenschaft/mensch/luetzerath-warum-rwe-nicht-zu-trauen-ist-kolumne-a-5e8e3254-1665-4bc3-8d84-d402901d89ee, 2023년 3월 29일 접속.

9. Sam Meredith, "'A Twisted Joke': UN's Flagship Climate Summit Sees Sharp Jump in Fossil Fuel Industry Delegates", 10.11.2022, https://www.cnbc.com/2022/11/10/cop27-sharp-jump-in-fossil-fuel-delegates-at-un-climate-talks.html, 2023년 5월 24일 접속. 화석 연료 산업이 국제 기후 협상에 참여한 데에는 길고도 불명예스러운 역사가 있다. 다음을 참조. Marten Boon, "A Climate of Change?

The Oil Industry and Decarbonization in Historical Perspective", in: *Business History Review* 93:1 (2019), S. 101-125.

10. Wolfgang Streeck, *Gekaufte Zeit. Die vertagte Krise des demokratischen Kapitalismus*, Berlin 2013.

11. Sebastian Levi u.a., *Geographische und zeitliche Unterschiede in der Zustimmung zu Klimaschutzpolitik in Deutschland im Zeitverlauf*, Kopernikus-Projekt Ariadne, Potsdam-Institut für Klimafolgenforschung, Potsdam 2023. 유럽연합 위원회, "Neue Eurobarometer-Umfrage: Umwelt- und Klimaschutz sind für mehr als 90% der europäischen Bürgerinnen und Bürger wichtig", 언론 보도문, 03.03.2020, https://ec.europa.eu/commission/presscorner/detail/de/ip_20_331, 2023년 10월 4일 접속. 하지만 각 정당의 지지자들 사이에 상당한 차이가 있다. 미국에서는 민주당 유권자의 3분의 2가 기후 변화를 중요한 문제라고 생각한다. 하지만 공화당 유권자 중에서는 16퍼센트만이 이런 의견을 갖고 있다. (Lisa Friedman, Jonathan Weisman, "Delay as the New Denial: The Latest Republican Tactic to Block Climate Action", in: *The New York Times*, 20.07.2022, https://www.nytimes.com/2022/07/20/us/politics/climate-change-republicans-delay.html, 2023년 3월 29일 접속.)

12. BMUV, Umweltbundesamt, *Umweltbewusstsein in Deutschland 2022. Ergebnisse einer repräsentativen Bevölkerungsumfrage*, Berlin 2023.

13. Silke Kersting, Dietmar Neuerer, "Die Klimakrise könnte Deutschland 900 Milliarden Euro kosten", in: *Handelsblatt*, 07.03.2023, https://www.handelsblatt.com/politik/deutschland/klimawandel-die-klimakrise-koennte-deutschland-900-milliarden-euro-kosten/29015520.html, 2023년 3월 29일 접속.

14. 또한 다음의 메타 연구도 참조. Lena Klaaßen, Bjarne Steffen, "Meta-Analysis on Necessary Investment Shifts to Reach Net Zero Pathways in Europe", in: *Nature Climate Change* 13 (2023), S. 58-66.

15. McKinsey Global Institute, "The Net-Zero Transition: What It Would Cost, What It Could Bring", https://www.mckinsey.com/capabilities/sustainability/our-insights/the-net-zero-transition-what-it-would-cost-what-it-could-bring,

2023년 3월 29일 접속. 하지만 이 연구에서 나온 수치는 매우 과장되었다는 비판을 받는다. 이에 대해서는 다음을 참조. Karl Burkart, "No McKinsey, It Will Not Cost $ 9 Trillion per Year to Solve Climate Change", 01.02.2022, https://medium.com/oneearth/no-mckinsey-it-will-not-cost-9-trillion-per-year-to-solve-climate-change-3d0e20af52a, 2023년 3월 7일 접속.

16. Klaaßen, Steffen, "Meta-Analysis on Necessary Investment Shifts to Reach Net Zero Pathways in Europe".

17. Daniel Römer, Johannes Salzgeber, *KfW-Energiewendebarometer 2023. Energiewende im Spannungsfeld zwischen Handlungsbedarfen und finanziellen Möglichkeiten,* Frankfurt/M. 2023, https://www.kfw.de/PDF/Download-Center/Konzernthemen/Research/PDF-Dokumente-KfW-Energiewende barometer/KfW-Energiewendebarometer-2023.pdf, 2023년 10월 2일 접속.

18. Dagmar Röhrlich, "Warum der Umbau des Stromnetzes kompliziert ist", in: *Deutschlandfunk*, 07.09.2023, https://www.deutschlandfunk.de/energiewende-umbau-der-stromnetze-100.html, 2023년 10월 2일 접속.

19. Klaus Stratmann, "Mehr Tempo bei Investitionen—Habeck geht auf die Stahlbranche zu", in: *Handelsblatt*, 04.02.2022, https://www.handelsblatt.com/politik/deutschland/klimaneutralitaet-mehr-tempo-bei-investitionen-habeck-geht-auf-die-stahlbranche-zu/28039434.html, 2023년 3월 29일 접속.

20. 이 전환의 규모를 설명하면 이렇다. 즉, 현재 뒤스부르크에서 가동 중인 티센크루프 용광로를 수소로 구동하는 수소 환원 제철 기술로 전환하는 데 필요한 수소 13만 톤을 생산하기 위해서는 3600개의 현대식 풍력 터빈이 필요하다. 노르트라인베스트팔렌주 전체를 놓고 봐도 풍력 터빈이 그렇게 많지는 않은 상황이다. 다음을 참조. Felicitas Boeselager, "50 Jahre 'Schwarzer Riese': Die Transformation des Ruhrgebiets", in: *Deutschlandfunk*, 06.02.2023, https://www.deutschlandfunk.de/50-jahre-hochofen-schwarzer-riese-die-transformation-des-ruhrgebiets-dlf-bc92c562-100.html, 2023년 3월 29일 접속.

21. Julian Olk, "Klimaschutzverträge sollen versteigert werden", in: *Handelsblatt*, 08.03.2023, S. 10.

22. Ben Coates, "Why Dutch Farmers Turned Their Flag Upside Down", in: *The New York Times*, 03.04.2023, https://www.nytimes.com/2023/04/03/opinion/why-dutch-farmers-turned-their-flag-upside-down.html, 2023년 4월 25일 접속.

23. Daniel Kahneman, Amos Tversky, "Prospect Theory: An Analysis of Decision under Risk", in: *Econometrica* 47:2 (1979), S. 263-291.

24. 이와 관련된 고전은 다음과 같다. Anthony Downs, *Ökonomische Theorie der Demokratie*, Tübingen 1968.

25. 하지만 연구에 따르면, 기후 협약 지지와 관련한 의지는 협약의 구체적 설계에 달려 있다. 다음을 참조. Michael M. Bechtel, Kenneth F. Scheve, "Mass Support for Global Climate Agreements Depends on Institutional Design", in: *Proceedings of the National Academy of Sciences* 110:34 (2013), S. 13763-13768.

26. 이 운동의 원인은 이외에도 다양하며, 전반적으로 상향식 재분배에 대한 항의를 담고 있다.

27. Roland Czada, "Energiewendepolitik. Aufgaben, Probleme und Konflikte", in: *GWP—Gesellschaft.Wirtschaft. Politik* 69:2 (2020), S. 169-181.

28. BMUV, Umweltbundesamt, *Umweltbewusstsein in Deutschland 2022. Ergebnisse einer repräsentativen Bevölkerungsumfrage*, Berlin 2023.

29. "Sunak will 'neuen Realismus' in britischer Klimapolitik", in: *Frankfurter Allgemeine Zeitung*, 21.09.2023, S. 5.

30. Paolo Agnolucci u.a., "Declining Coal Prices Reflect a Reshaping of Global Energy Trade", https://blogs.worldbank.org/opendata/declining-coal-prices-reflect-reshaping-global-energy-trade, 2023년 8월 29일 접속.

31. Julian Wettengel, "Klimageld' to Return CO2 Price Revenues to Citizens Not before 2025—Econ Min Habeck", https://www.cleanenergywire.org/news/klimageld-return-co2-price-revenues-citizens-not-2025-econ-min-habeck, 2023년 7월 27일 접속.

32. Michaël Aklin, Matto Mildenberger, "Prisoners of the Wrong Dilemma: Why Distributive Conflict, Not Collective Action, Characterizes the Politics of Climate Change", in: *Global Environmental Politics* 20:4 (2020), S. 4-27.

33. Roland Czada, *Transformative Klimapolitik in der Zeitenwende. Konfliktlinien und Handlungsrestriktionen eines Jahrhundertprojektes.* 2022년 11월 3일과 4일 쾰른에서 열린 막스 플랑크 연구소(Max-Planck-Instituts)의 날 기념행사 때 발표한 내용.

34. Daniel Albalate u.a., "The Influence of Population Aging on Global Climate Policy", in: *Population and Environment* 45:3 (2023), S. 12-34.

35. Andreas Reckwitz, *Das Ende der Illusionen. Politik, Ökonomie und Kultur in der Spätmoderne,* Berlin 2019. Robert Ford, William Jennings, "The Changing Cleavage Politics of Western Europe", in: *Annual Review of Political Science* 23 (2020), S. 295-314.

36. 하지만 기업에 대한 국가의 도움이 '사회적 지원'의 형태일 수도 있다는 점을 경고하는 것은 적합하다. 그러한 지원이 국가의 '이득'과 직접적인 연관 관계가 없을 때 특히 더 그렇다. 만약 그렇지 않을 경우, 보조금은 단지 국가의 약점이나 종속적 성격을 나타낼 뿐이다. Fabio Bulfone u.a., "No Strings Attached: Corporate Welfare, State Intervention, and the Issue of Conditionality", in: *Competition & Change* 27:2 (2023), S. 253-276.

37. 이를 위해서는 다음을 참조. Lukas Haffert, *Die schwarze Null. Über die Schatten-seiten ausgeglichener Haushalte,* Berlin 2016.

38. 다음이 여기에 영향을 미쳤다. Mariana Mazzucato, *Wie kommt der Wert in die Welt? Von Schöpfern und Abschöpfern,* Frankfurt/M. 2019. 마추카토의 관점에서, 더 높은 성장은 시장에 대한 더 강력한 국가 개입과 관련이 있다.

39. Vgl. Philipp Lepenies, *Verbot und Verzicht. Politik aus dem Geiste des Unter-lassens,* Berlin 2022.

40. Mary Harrington, "The Failure of Lockdown Localism", 10.05.2022, https://unherd.com/2023/05/how-egg-politics-failed-britain/, 2023년 6월 12일 접속.

41. Claas Tatje, "Verzicht macht die Welt nicht besser", in: *Zeit* Online, 19.09.2022, https://www.zeit.de/2022/38/kreuzfahrten-tui-cruises-klimaschutz-interview, 2023년 3월 29일 접속.

42. Christopher Wright, Daniel Nyberg, *Climate Change, Capitalism, and Corpor-*

ations. *Processes of Creative Self-Destruction*, Cambridge 2015.

43. 특히 Fritz W. Scharpf, "Regieren im europäischen Mehrebenensystem: Ansätze zu einer Theorie", in: *Leviathan* 30:1 (2002), S. 65-92 참조.

44. Fritz W. Scharpf, "Die Politikverflechtungsfalle: Europäische Integration und deutscher Föderalismus im Vergleich", in: *Politische Vierteljahresschrift* 26:4 (1985), S. 323-356.

45. Till Ganswindt, "Warum dauert es so lange, Windkraftanlagen zu bauen?", in: *MDR*, 14.11.2022, https://www.mdr.de/nachrichten/deutschland/politik/windkraft-anlagen-planung-dauer-sachsen-100.html, 2023년 3월 30일 접속.

46. Czada, "Energiewendepolitik".

47. 여기에는 환경 운동가들이 반복적으로 운전자와 행인들에게 공격을 받는다는 사실도 포함된다. 또한 기후 변화가 현재 야기하고 있는 높은 '사회적 스트레스'를 동반한다.

48. Dieter Rucht, *Die Letzte Generation*. Beschreibung und Kritik, Berlin 2023.

49. Nils C. Kumkar, *Alternative Fakten. Zur Praxis der kommunikativen Erkenntnisverweigerung*, Berlin 2022.

50. 다음도 참조. Juan Telleria, Jorge Garcia-Arias, "The Fantasmatic Narrative of 'Sustainable Development'. A Political Analysis of the 2030 Global Development Agenda", in: *Environment and Planning C: Politics and Space* 40:1 (2022), S. 241-259.

51. Forest Information System for Europe, "3 Billion Trees", https://forest.eea.europa.eu/3-billion-trees/introduction, 2023년 9월 28일 접속.

52. Frank Adloff, Sighard Neckel, "Futures of Sustainability as Modernization, Transformation, and Control: A Conceptual Framework", in: *Sustainability Science* 14 (2019), S. 1015-1025. Sighard Neckel, "Der Streit um die Lebensführung. Nachhaltigkeit als sozialer Konflikt", in: *Mittelweg* 36 6 (2020), S. 82-100, 특히 S. 87. 다음도 참조. Joel Wainwright, Geoff Mann, *Climate Leviathan. A Political Theory of Our Planetary Future*, London, New York 2018. 저자들은 이런 권위주의적 기후 체제를 '기후 마오(Climate Mao)'라고 부른다.

53. Joel Millward-Hopkins, "Why the Impacts of Climate Change May Make Us Less Likely to Reduce Emissions", in: *Global Sustainability* 5, e21, 07.12.2022, https://doi.org/10.1017/sus.2022.20, 2023년 6월 19일 접속. Ross Mittiga, "Political Legitimacy, Authoritarianism, and Climate Change", in: *American Political Science Review* 116:3 (2022), S. 998-1011.

5 전 세계적 번영

1. Jens Beckert, Wolfgang Vortkamp, "Westlicher Universalismus?", in: *Neue Gesellschaft/Frankfurter Hefte* 43:5 (1996), S. 410-415.
2. Walt Rostow, *The Stages of Economic Growth. A Non-Communist Manifesto*, Cambridge 1960. USA
3. 이 두 국가의 1인당 온실가스 배출량은 여전히 미국보다 훨씬 낮지만 인구수는 세계에서 가장 많다. 중국의 1인당 온실가스 배출량은 이제 유럽연합의 배출량을 넘어섰다. 그 이면에는 세계 노동 시장의 분신이 있다. 글로벌 산업 생산의 상당 부분이 중국에서 이루어진다.
4. Harald Fuhr, "The Rise of the Global South and the Rise in Carbon Emissions", in: *Third World Quarterly* 42:11 (2021), S. 2724-2746.
5. Klaus Hubacek u.a., "Global Carbon Inequality", in: *Energy, Ecology and Environment* 2:6 (2017), S. 361-369.
6. World Resources Institute, "Forest Pulse: The Latest on the World's Forests", https://research.wri.org/gfr/latest-analysis-deforestation-trends, 2023년 7월 25일 접속.
7. Alex Cuadros, "Has the Amazon Reached Its 'Tipping Point'?", in: *The New York Times Magazine*, 04.01.2023, https://www.nytimes.com/2023/01/04/magazine/amazon-tipping-point.html, 2023년 2월 13일 접속.
8. Ruth Maclean, Dionne Searcey, "Congo to Auction Land to Oil Companies: 'Our Priority Is Not to Save the Planet'", in: *The New York Times*, 24.07.2022,

https://www.nytimes.com/2022/07/24/world/africa/congo-oil-gas-auction. html, 2023년 8월 8일 접속.

9. Sonia Rolley, "Congo Rejects U.S. Request to Pull Oil Blocks from Auction", in: *Reuters*, 05.10.2022, https://www.reuters.com/world/africa/congo-rejects-us-request-pull-oil-blocks-auction-2022-10-05/, 2023년 8월 28일 접속.

10. Maclean, Searcey, "Congo to Auction Land to Oil Companies".

11. David Bieber, "Gasdeal mit Senegal: 'Eine Partnerschaft auf Augenhöhe", 2023년 3월 15일 업데이트. https://web.de/magazine/politik/gasdeal-senegal-partnerschaft-augenhoehe-37911330, 2023년 7월 25일 접속.

12. M. Graziano Ceddia, "The Super-Rich and Cropland Expansion via Direct Investments in Agriculture", in: *Nature Sustainability* 3:4 (2020), S. 312-318.

13. Corey Ross, *Ecology and Power in the Age of Empire. Europe and the Transformation of the Tropical World*, Oxford, New York 2017, S. 407f.

14. Jeffrey D. Sachs, Andrew M. Warner, *Natural Resource Abundance and Economic Growth*, NBER Working Paper 5398, National Bureau of Economic Research, Cambridge, MA 1995.

15. Ross, *Ecology and Power in the Age of Empire*, S. 407f.

16. Abdi Latif Dahir, "An Oil Rush Threatens Natural Splendors across East Africa", in: *The New York Times*, 14.03.2023, https://www.nytimes.com/2023/03/14/world/africa/oil-pipeline-uganda-tanzania.html, 2023년 7월 25일 접속.

17. Jennifer Holleis, Martina Schwikowski, "Erdgas für Europa:Afrika rückt nach", in: *Deutsche Welle*, 04.04.2022, https://www.dw.com/de/erdgas-für-europa-afrika-rückt-nach/a-61006246, 2023년 3월 28일 접속. 이는 다국적 석유 회사들이 자사의 높은 이익을 방어하기 위해 주장하는 내용이기도 하다.

18. 또한 화석 연료의 가격 하락은 경제적 측면에서 화석 연료를 더 매력적으로 보이게 하고 (남반구에서) 그 수요를 증가시킨다.

19. Hans-Werner Sinn, *Das grüne Paradoxon. Plädoyer für eine illusionsfreie Klimapolitik*, Dresden 2020.

20. Vivian Yee, "Even as Egypt Hosts Climate Summit, Selling Fossil Fuels Is a

Priority", in: *The New York Times*, 07.11.2022, https://www.nytimes.com/ 2022/11/07/world/middleeast/egypt-climate-cop27-natural-gas.html, 2023년 1월 25일 접속.

21. 가스의 높은 세계 시장 가격과 이산화탄소 배출량 증가 사이의 연관성을 일반화할 수 있다. 휘발유 가격이 높아질수록 석탄에 의존하려는 유혹이 더욱 커진다.

22. EIA, "Total Primary Energy Consumption in Egypt from 2005 to 2021 (in quadrillion Btu)", Chart, 20.06.2023, *Statista*, https://www.statista.com/ statistics/994451/egypt-total-primary-energy-consumption/, 2023년 11월 15일 접속.

23. IEA, *The Future of Cooling. Opportunities for Energy-efficient Air Conditioning*, Paris 2018, https://iea.blob.core.windows.net/assets/0bb45525-277f-4c9c-8d0c-9c0cb5e7d525/The_Future_of_Cooling.pdf, 2023년 7월 25일 접속. Christoph Hein, "Der Klimaanlagen-Teufelskreis", in: *Frankfurter Allgemeine Zeitung*, 20.05.2023, https://www.faz.net/aktuell/wirtschaft/klima-nachhaltigkeit/hitze-in-asien-der-klimaanlagen-teufelskreis-18905813.html, 2023년 6월 5일 접속.

24. Alfred Hackensberger, "Afrikas grüner Wasserstoff", in: *Die Welt*, 27.04.2023, S. 6.

25. 다음도 참조. Diana Vela Almeida u.a., "The 'Greening' of Empire: The European Green Deal as the EU first agenda", in: *Political Geography* 105,102925 (2023).

26. Galina Alova u.a., "A Machine-Learning Approach to Predicting Africa's Electricity Mix Based on Planned Power Plants and Their Chances of Success", in: *Nature Energy* 6:2 (2021), S. 158-166.

27. Anna Osius, "Wie gypten erneuerbare Energien ausbaut", in: *Deutschlandfunk*, 01.11.2022, https://www.deutschlandfunk.de/erneuerbare-energien-aegypten-100.html, 2023년 3월 28일 접속.

28. Yee, "Even as Egypt Hosts Climate Summit, Selling Fossil Fuels Is a Priority".

29. Enerdata, "Ägypten gibt die Entdeckung eines Gasfeldes mit geschätzten Reserven von 99 Mrd. m3 bekannt", 19.12.2022, https://germany.enerdata.

net/publikationen/energie-nachrichten/gypten-gasreserven-entdeckung.html,
2022년 3월 30일 접속.

30. IEA, "World Energy Investment 2023".

31. IEA, *Financing Clean Energy Transitions in Emerging and Developing Econo-mies*, Paris 2021.

32. Catrin Einhorn, Manuela Andreoni, "Ecuador Tried to Curb Drilling and Pro-tect the Amazon. The Opposite Happened", in: *The New York Times*, 14.01. 2023, https://www.nytimes.com/2023/01/14/climate/ecuador-drilling-oil-amazon.html, 2023년 1월 25일 접속.

33. 2023년 대다수 에콰도르 유권자들은 국민투표를 통해 야수니 국립공원 내에 있는 유전 중 한 곳의 생산을 1년 내에 중단시키기로 했다. 10년 넘게 원주민들은 채굴 반대를 위해 싸웠다. 이 계획이 실제로 실행된다면, 에콰도르의 석유 생산량은 12퍼센트 줄어들 것이다. 금융 시장의 압력 때문에 그 계획이 실현될지는 아직 지켜봐야 할 단계다. 이를 위해서는 다음을 참조. Dan Collyns, "Ecuadorians Voteto Halt Oil Drilling in Biodiverse Amazonian National Park", in: *The Guardian*, 21.08.2023, https://www.theguardian.com/world/2023/aug/21/ecuador-votes-to-halt-oil-drilling-in-amazonian-biodiversity-hotspot, 2023년 8월 28일 접속.

34. Susanne Götze, "Klimafinanzierung in kleinen Schritten", in: *Der Spiegel*, 14.04.2023, https://www.spiegel.de/wissenschaft/mensch/klimabericht-klimafinanzierung-in-kleinen-schritten-a-16c9e482-ce91-4b42-a367-df6f.3544 9328, 2023년 5월 16일 접속.

35. OECD, *Climate Finance Provided and Mobilised by Developed Countries in 2016-2020: Insights from Disaggregated Analysis*, Paris 2022.

36. Fritz Schaap, "Nigeria vor den Wahlen: Wie sich der afrikanische Gigant zum 'failed state' entwickelt", in: *Der Spiegel*, 29.01.2023, https://www.spiegel.de/ausland/nigeria-wie-sich-der-afrikanische-gigant-zum-failed-state-entwickelt-a-84ab0314-3015-4f.1b-9178-00525496c154, 2023년 4월 25일 접속.

37. Nicola D. Coniglio, Giovanni Pesce, "Climate Variability and International Migration: An Empirical Analysis", in: *Environment and Development Eco-*

nomics 20:4 (2015), S. 434-468.

38. Jason Hickel, *Weniger ist mehr. Warum der Kapitalismus den Planeten zerstört und wir ohne Wachstum glücklicher sind*, München 2022, S. 138.

39. Heiner von Lüpke u.a., *Internationale Partnerschaften für eine gerechte Energiewende: Erkenntnisse aus der Zusammenarbeit mit Südafrika*, DIW Wochenbericht 90:5, Deutsches Institut für Wirtschaftsforschung, Berlin 2023.

40. Europäische Kommission, "Joint Statement: South Africa Just Energy Transition Investment Plan", 07.11.2022, https://ec.europa.eu/commission/presscorner/detail/en/STATEMENT_22_6664, 2023년 7월 25일 접속.

41. Somini Sengupta, "How Africa Can Help the World", in: *The New York Times*, 16.06.2023, https://www.nytimes.com/2023/06/16/climate/africa-renewable-energy.html, 2023년 6월 20일 접속.

42. Anita Engels u.a. (Hg.), *Hamburg Climate Futures Outlook 2023. The Plausibility of a 1.5°C Limit to Global Warming—Social Drivers and Physical Processes*, Hamburg 2023, S. 121.

43. Daniela Gabor, "The Wall Street Consensus", in: *Development and Change* 52:3 (2021), S. 429-459.

44. Daniela Gabor, Ndongo Samba Sylla, "Planting Budgetary Time Bombs in Africa: The Macron Doctrine En Marche", 23.12.2020, https://geopolitique.eu/en/2020/12/23/planting-budgetary-time-bombs-in-africa-the-macron-doctrine-en-marche, 2023년 8얼 29일 접속.

45. Fitch Ratings, "Fitch Downgrades Ecuador's Long-Term IDR to 'CCC+'", 16.08.2023, https://www.fitchratings.com/research/sovereigns/fitch-downgrades-ecuador-long-term-idr-to-ccc-16-08-2023, 2023년 8월 29일 접속.

46. Llewellyn Leonard, "Climate Change, Mining Development and Residential Water Security in the uMkhanyakude District Municipality, KwaZulu-Natal, South Africa: A Double Catastrophe for Local Communities", in: *Local Environment* 28:3 (2023), S. 331-346.

47. von Lüpke u.a., *Internationale Partnerschaften für eine gerechte Energie-*

wende: Erkenntnisse aus der Zusammenarbeit mit Südafrika, S. 50.

6 끝없는 소비

1. Uwe Jean Heuser, Marc Widmann, "'Die Gewalt in der Auseinandersetzung ist
absolut unakzeptabel', Interview mit RWE-Chef Markus Krebber", in: *Die Zeit*,
09.02.2023, S. 26f.

2. Jean-Marie Martin-Amouroux, "World Energy Consumption 1800-2000: The
Results", 14.03.2022, https://www.encyclopedie-energie.org/en/world-energy-
consumption-1800-2000-results/, 2023년 6월 5일 접속. Enerdata, "World Energy
& Climate Statistics—Yearbook 2022", https://yearbook.enerdata.net/total-
energy/world-consumption-statistics.html, 2023년 6월 5일 접속.

3. 그 수치에 대해서는 다음을 참조. Eurostat, "Energy Statistics—An Overview",
Mai 2023, https://ec.europa.eu/eurostat/statistics-explained/index.php?title=
Energy_ statistics_-_an_overview#Final_energy_consumption%E2%8C%AA, 2023년
11월 13일 접속. 또한 다음도 참조. OECD, "Historical Population Sizes and
Average Annual Growth Rates in Western Europe in Selected Years between
0 and 1998", 14.04.2022, *Statista*, https://www.statista.com/statistics/1303831/
western-europe-population-development-historical/, 2023년 11월 15일 접속.

4. Ralf Dahrendorf, *Inequality, Hope, and Progress*, Liverpool 1976, S. 14.

5. 석유 산업은 수익 때문에 미국 소비자의 석유 소비가 늘어나도록 특히 더 신경을
썼다. Timothy Mitchell, "Carbon Democracy", in: *Economy and Society* 38:3
(2009), S. 399-432, 특히 S. 409. 전후 시기에 거의 무한대로 사용할 수 있었던 석
유를 통한 세계적 변혁의 저력은 다음을 참조. Corey Ross, *Ecology and Power
in the Age of Empire*. Europe and the Transformation of the Tropical World,
Oxford 2019.

6. CEIC, "United States Private Consumption: % of GDP", 2023, www.ceicdata.
com/en/indicator/united-states/private-consumption—of-nominal-gdp, 2023년

6월 5일 접속.

7. 경제 이론에서는 소비 욕구가 멈추지 않는다고 가정한다. 그 심리적 원칙은 부를 극대화하기 위해 행동한다는 것이다. 하지만 이렇게 함으로써 이 행위의 특수한 역사적 지위, 그리고 이것이 자본주의적 근대의 특별한 사회 구조에 뿌리를 두고 있다는 사실이 모호해진다.

8. Edward P. Thompson, *The Making of the English Working Class* [1963], Harmondsworth 1968. Max Weber, *Wirtschaft und Gesellschaft. Grundriß der verstehenden Soziologie* [1922], Tübingen 1985.

9. 오늘날 택시 운전사의 노동 시간 구성에서도 비슷한 결론에 도달한다. 다음을 참조. Marcin Serafin, "Cabdrivers and Their Fares: Temporal Structures of a Linking Ecology", in: *Sociological Theory* 37:2 (2019), S. 117-141.

10. Colin Campbell, *The Romantic Ethic and the Spirit of Modern Consumerism*, Oxford 1987, S. 18.

11. 따라서 초기 경제 이론에서, 개인 소비를 중요한 요소로 전혀 인식하지 않았다는 점은 놀라운 일이다. 18세기 후반 프랑스 경제학자 장바티스트 세(Jean-Baptiste Say)는 모든 공급에는 수요가 있다고 말했다. 1930년내 세세 대공황의 영향을 받고서야 경세학사들은 빈산 수요의 취약성에 수복했다. 영국 경제학자 존 메이너드 케인스(John Maynard Keynes)는 대공황 경험을 통해 생산 능력의 활용도 저하와 근로자의 불완전 고용이 경제 위기에 고착될 수 있음을 보여줬다. 이런 상황에서 국가는 부채로 자금을 조달하는 프로그램으로 부족한 수요를 창출해야 한다.

12. Walt Rostow, *The Stages of Economic Growth. A Non-Communist Manifesto*, Cambridge 1960.

13. 레페니스는 역사경제학자 슈테판 슈바르츠코프(Stefan Schwarzkopf)의 논문을 기반으로 한다. "The Political Theology of Consumer Sovereignty: Towards an Ontology of Consumer Society", in: *Theory, Culture & Society* 28:3 (2011), S. 106-129. 다음도 참조. Sophie Dubuisson-Quellier, "How Does Affluent Consumption Come to Consumers? A Research Agenda for Exploring the Foundations and Lock-ins of Affluent Consumption", in: *Consumption and Society* 1:1, 11.08.2022, S. 31-50, https://doi.org/10.1332/UHIW3894, 2022년

9월 21일 접속.

14. 이에 에밀 뒤르켐(Émile Durkheim) 같은 학자는 무한한 소비가 개인의 자율성 확
대가 아니라, 오히려 도덕의 규제 기능을 약화하기 때문에 사회적 병리를 초래한
다고 주장했다. 더욱 자세한 사항은 다음을 참조. Pierre Charbonnier, *Überfluss
und Freiheit. Eine ökologische Geschichte der politischen Ideen*, Frankfurt/
M. 2022, S. 185f.

15. Claas Tatje, Marc Widmann, "Ich finde SUVs nicht massig, sondern schön",
in: *Zeit Online*, 24.11.2022, https://www.zeit.de/2022/48/markus-duesmann-
audi-chef-suv-klimaschutz, 2023년 3월 18일 접속.

16. Samira El Ouassil, "Die Argumentationstricks der Klimabremser", in: *Der
Spiegel*, 27.04.2023, https://www.spiegel.de/kultur/klimakrise-rhetorisches-
greenwashing-kolumne-a-dd625c2d-c8df-4a76-85ad-5af9b69214d8, 2023년 5
월 15일 접속.

17. Sighard Neckel, "Infrastruktursozialismus. Die Bedeutung der Fundamental-
ökonomie", in: ders. u.a. (Hg.), *Kapitalismus und Nachhaltigkeit*, Frankfurt/
M., New York 2022, S.161-176.

18. Ebd., S. 161.

19. 다음을 참조. Pierre Bourdieu, *Die feinen Unterschiede. Kritik der gesellschaft-
lichen Urteilskraft*, Frankfurt/M. 1982. Don Slater, *Consumer Culture and Mod-
ernity*, Cambridge 1997. Andreas Reckwitz, *Die Gesellschaft der Singularitäten*,
Berlin 2017.

20. 다음을 참조. Christoph Deutschmann, *Trügerische Verheißungen. Markt-
erzählungen und ihre ungeplanten Folgen*, Wiesbaden 2020, bes. Kap. 7.

21. Zenith, "Advertising Spending Worldwide from 2000 to 2024 (in million U.S.
dollars)", 08.06.2022, *Statista*, https://www.statista.com/statistics/1174981/
advertising-expenditure-worldwide/, 2023년 11월 15일 접속.

22. Gregor Brunner, "Konsumrausch ist nicht gefragt", in: *Frankfurter Allgemeine
Zeitung*, 23.12.2022, S. 22.

23. Claas Tatje, "Verzicht macht die Welt nicht besser", in: *Zeit Online*, 19.09.

2022, https://www.zeit.de/2022/38/kreuzfahrten-tui-cruises-klima-schutz-interview, 2023년 3월 29일 접속.

24. Maximilian Pieper u.a., "Calculation of External Climate Costs for Food Highlights Inadequate Pricing of Animal Products", in: *Nature Communications* 11, 6117, 15.12.2020, https://doi.org/10.1038/s41467-020-19474-6, 2023년 4월 4일 접속. 소고기 1킬로그램을 생산하기 위해서는 주로 소가 배출하는 메탄가스와 관련 있는 이산화탄소 등가물이 13.6킬로그램 발생한다. 다음을 참조. Hannah Krolle, "Der Klimasünder als wertvoller Werkstoff", in: *Handelsblatt*, 08.03.2023, S. 28.

25. Klaus Stratmann, Martin Greive, "Klimageld: Liberale fremdeln mit Vorstoß von Arbeitsminister Heil", in: *Handelsblatt*, 29.05.2022, https://www.handelsblatt.com/politik/deutschland/ampelkoalition-klimageld-liberale-fremdeln-mit-vorstoss-von-arbeitsminister-heil/28381884.html, 2023년 6월 5일 접속.

26. 더 자세한 내용은 다음을 참조. Jens Beckert, *Imaginierte Zukunft. Fiktionale Erwartungen und die Dynamik des Kapitalismus*, Berlin 2018, Kap. 8. Campbell, *The Romantic Ethic and the Spirit of Modern Consumerism*.

27. Lieve Van Woensel, Sara Suna Lipp, *What If Fashion Were Good for the Planet?*, European Parliamentary Research Service, https://www.europarl.europa.eu/RegData/etudes/ATAG/2020/656296/EPRS_ATA(2020)656296_EN.pdf, 2023년 6월 22일 접속.

28. Tatje, Widmann, "Ich finde SUVs nicht massig, sondern schön".

29. 이를 위해서는 특히 다음 서적을 참조. Philipp Lepenies, *Verbot und Verzicht. Politik aus dem Geiste des Unterlassens*, Berlin 2022.

30. Ralf Fücks, "Mit grünem Wachstum aus der Klimakrise!", in: *Wirtschaftswoche*, 13.01.2023, S. 42f.

31. UN Environment Programme, *Emissions Gap Report 2022: The Closing Window—Climate Crisis Calls for Rapid Transformation of Societies*, United Nations Environment Programme, Nairobi 2022, https://www.unep.org/resources/emissions-gap-report-2022, 2023년 3월 21일 접속. 특히 다음도 참조. Lucas

Chancel u.a., *Climate Inequality Report 2023*, World Inequality Lab Study 2023/1.

32. Laura Cozzi u.a., "The World's Top 1% of Emitters Produce over 1000 Times More CO2 than the Bottom 1%", https://www.iea.org/commentaries/the-world-s-top-1-of-emitters-produce-over-1000-times-more-co2-than-the-bottom-1, 2023년 4월 3일 접속.

33. Beatriz Barros, Richard Wilk, "The Outsized Carbon Footprints of the Super-Rich", in: *Sustainability. Science, Practice and Policy* 17:1 (2021), S. 316-322.

34. Joe Fassler, "The Superyachts of Billionaires Are Starting to Look a Lot Like Theft", in: *The New York Times*, 10.04.2023, https://www.nytimes.com/2023/04/10/opinion/superyachts-private-plane-climate-change.html, 2023년 4월 25일 접속. Grégory Salle, *Superyachten. Luxus und Stille im Kapitalozän*, Berlin 2022.

35. 이 개념은 미국 경제학자 소스타인 베블런이 100년 전부터 사용하기 시작했다. Thorstein Veblen, *Theorie der feinen Leute. Eine ökonomische Untersuchung der Institutionen* [1899], Frankfurt/M. 2011.

36. Chancel u.a., *Climate Inequality Report 2023*.

37. 이를 위해서는 다음을 참조. Thomas Piketty, *Das Kapital im 21. Jahrhundert*, München 2014.

38. Lucas Chancel, "Global Carbon Inequality over 1990-2019", in: *Nature Sustainability* 5:11 (2022), S. 931-938. Sighard Neckel, "Zerstörerischer Reichtum. Wie eine globale Verschmutzerelite das Klima ruiniert", in: *Blätter für deutsche und internationale Politik 4* (2023), S. 47-56, 특히 S. 49.

39. Neckel, "Zerstörerischer Reichtum", S. 56.

40. 예를 들면 TUI 대표가 〈차이트(Zeit)〉와 인터뷰한 내용. Tatje, "Verzicht macht die Welt nicht besser".

41. Die Bundesregierung, "Nachhaltige Mobilität. Nicht weniger fortbewegen, sondern anders" 23.12.2022, https://www.bundesregierung.de/breg-de/themen/klimaschutz/eenergie-und-mobilitaet/nachhaltige-mobilitaet-2044132, 2023년 3월 13일 접속.

42. Rüdiger Kiani-Kress, Thomas Stölzel, "Wolkenkuckucksflieger", in: *Wirtschaftswoche*, 19.05.2023, S. 60-63.

43. Dipesh Chakrabarty, *Das Klima der Geschichte im planetarischen Zeitalter*, Berlin 2022, S. 28.

44. 에너지 효율이 높다는 것은 더 적은 에너지로 동일한 개수의 제품을 생산하거나 제공한다는 걸 의미한다.

45. DIHK, "Wohlstandsverluste durch das geplante Energieeffizienzgesetz?", 30.03.2023, https://www.dihk.de/de/wohlstandsverluste-durch-das-geplante-energieeffizienzgesetz—93004, 2023년 4월 4일 접속.

46. Carina Zell-Ziegler, Hannah Förster, *Mit Suffizienz mehr Klimaschutz modellieren. Relevanz von Suffizienz in der Modellierung, Übersicht über die aktuelle Modellierungspraxis und Ableitung methodischer Empfehlungen. Zwischenbericht zu AP 2.1 "Möglichkeiten der Instrumentierung von Energieverbrauchsreduktion durch Verhaltensänderung"*, Texte 55, Umweltbundesamt, Berlin 2018.

47. Nico Stehr, *Die Moralisierung der Märkte. Eine Gesellschaftstheorie*, Frankfurt/M. 2007

48. Anthony Leiserowitz u.a., "Sustainability Values, Attitudes, and Behaviors: A Review of Multinational and Global Trends", in: *Annual Review of Environment and Resources* 31:1 (2006), S. 413-444.

49. Roger Cowe, Simon Williams, *Who Are the Ethical Consumers?*, Manchester 2001.

50. 세계 의류 시장은 약 1조 9000억 달러, 그중 공정 의류 시장 규모는 약 70억 달러에 달할 것으로 추정된다. (Research and Markets, "Ethical Fashion Global Market Opportunities and Strategies to 2032", https://www.researchandmarkets.com/reports/5568470/ethical-fashion-global-market-report-2022-by#src-pos-2, 2022년 5월 5일 접속.)

51. Jannis Engel, Nora Szech, "A Little Good Is Good Enough: Ethical Consumption, Cheap Excuses, and Moral Self-Licensing", in: *PLoS ONE* 15:1, e0227036,

15.01.2020, https://doi.org/10.1371/journal.pone.0227036, 2023년 4월 4일 접속.

52. Andreas Diekmann, Peter Preisendörfer, "Green and Greenback: The Behavioral Effects of Environmental Attitudes in Low-Cost and High-Cost Situations", in: *Rationality and Society* 15:4 (2003), S. 441-472.

53. Dingeman Wiertz, Nan Dirk de Graaf, "The Climate Crisis: What Sociology Can Contribute", in: Klarita Gërxhani u.a. (Hg.), *Handbook of Sociological Science: Contributions to Rigorous Sociology*, Cheltenham 2022, S. 475-492.

54. Luise Land u.a., "100 Prozent Meeresplastik, 59 Prozent Wahrheit", in: *Zeit Online*, 03.06.2022, https://www.zeit.de/green/2022-06/got-bag-greenwashing-plastikmuell-meer-recycling-nachhaltigkeit, 2023년 3월 2일 접속.

55. "EU-Kommission plant Gesetz gegen Greenwashing", in: *Zeit Online*, 22.03. 2023, https://www.zeit.de/wirtschaft/2023-03/eu-werbung-greenwashing-mindeststandards-reparatur, 2023년 8월 16일 접속.

56. Astrid Geisler, Hannah Knuth, "Das Label ist im Grunde tot", in: *Die Zeit*, 26.01.2023, https://www.zeit.de/2023/05/klimaneutrale-produkte-rossmann-label-co2-zertifikate, 2023년 4월 4일 접속.

57. 다음을 참조. Jürgen Schaefer, Malte Henk, "Emissionshandel: Die Luftnummer", in: Geo, 16.12.2010, https://www.geo.de/natur/oekologie/4896-rtkl-klimawandel-emissionshandel-die-luftnummer, 2023년 3월 7일 접속. Hans-Josef Fell, "Emissionshandel mit null Wirkung", 23.04.2022, https://www.klimareporter.de/verkehr/emissionshandel-mit-null-wirkung, 2023년 4월 5일 접속.

58. Martin Cames u.a., *How Additional Is the Clean Development Mechanism? Analysis of the Application of Current Tools and Proposed Alternatives*, Berlin 2016. 이는 최근 논문에서도 입증되었다. Thales A. P.West u.a., "Action Needed to Make Carbon Offsets from Forest Conservation Work for Climate Change Mitigation", in: *Science* 381:6660 (2023), S. 873-877.

59. 이들 중 가장 큰 스위스 기업 사우스 폴(South Pole)의 가치는 2023년 초 기준 10억 유로가 넘었다. 전 세계적으로 1500명의 직원을 고용하고 있으며, 700개 이

상의 보상 프로젝트를 개발했다. 네덜란드 탐사 보도 플랫폼 '팔로 더 머니(Follow the Money)'에 따르면, 이 기업은 "의도적으로 쓸모없는 이산화탄소 인증서"를 판매한 것으로 밝혀졌다. 다음을 참조. Tin Fischer, Hannah Knuth, "Taumelndes Einhorn", in: *Die Zeit, 02.02.2023, S. 24.*

60. Sighard Neckel, "Die Klimakrise und das Individuum: Über selbstinduziertes Scheitern und die Aufgaben der Politik", in: *Soziopolis,* 17.06.2021, 특히 S. 4, https://nbn-resolving.org/urn:nbn:de:0168-ssoar-80379-4, 2023년 4월 4일 접속.

61. Dubuisson-Quellier, "How Does Affluent Consumption Come to Consumers?". 다음도 참조. Nick Chater, George Loewenstein, "The I-Frame and the S-Frame: How Focusing on Individual-Level Solutions Has Led Behavioral Public Policy Astray", in: *Behavioral and Brain Sciences* 46:e147, 05.09.2022, doi:10.1017/S0140525X22002023.

62. Sighard Neckel, "Der Streit um dieLebensführung. Nachhaltigkeit als sozialer Konflikt", in: *Mittelweg 36* 6 (2020), S. 82-100. 이런 유형에 항의하는 조치도 참조. Carolin Amlinger, Oliver Nachtwey, *Gekränkte Freiheit. Aspekte des libertären Autoritarismus*, Berlin 2022.

63. 따라서 특히 저소득층이 앞으로 내연 기관 자동차를 계속 운전할 것으로 예상된다. 이는 또한 이모빌리티로의 전환에서 저소득층을 대상으로 한 지원이 있어야 한다는 걸 의미한다. 다음을 참조. Anna Gauto, "Das sind die neuen Strategien der Klimaschutzbremser", in: *Handelsblatt,* 04.04.2023, https://www.handelsblatt.com/politik/deutschland/desinformation-das-sind-die-neuen-strategien-der-klimaschutzbremser/29074922.html, 2023년 6월 19일 접속.

7 녹색 성장

1. 무엇보다 다음을 참조. Jason Hickel, *Weniger ist mehr. Warum der Kapitalismus den Planeten zerstört und wir ohne Wachstum glücklicher sind*, München 2022. Tim Jackson, *Prosperity without Growth. Foundations for the Economy*

of Tomorrow, London, New York 2017. 순환 경제에 대해서는 다음을 참조.
Harry Lehmann u.a. (Hg.), *Impossibilities of the Circular Economy. Separating
Aspiration from Reality*, London 2022.

2. Ulrike Herrmann, *Das Ende des Kapitalismus. Warum Wachstum und Klima-
schutz nicht vereinbar sind—und wie wir in Zukunft leben werden,* Köln 2022.

3. UN Environment Programme, *Emissions Gap Report 2022: The Closing Win-
dow—Climate Crisis Calls for Rapid Transformation of Societies*, United Nations
Environment Programme, Nairobi 2022, https://www.unep.org/resources/
emissions-gap-report-2022, 2023년 3월 21일 접속.

4. Hickel, *Weniger ist mehr*. 또한 8장도 참조.

5. 다음 논문 참조. Christoph Deutschmann: *Disembedded Markets. Economic
Theology and Global Capitalism*, Abingdon 2019, und ders., "The Capitalist
Growth Imperative: Can It Be Overcome?", in: *Foro* 7:4, Juli/August 2023,
S. 1-9, https://www.revistaforo.com/2023/0704-01-EN, 2023년 7월 24일 접
속. 틸로 베셰(Tilo Wesche)가 최근 재산권에 관한 흥미로운 제안을 제시했다. *Die
Rechte der Natur. Vom nachhaltigen Eigentum*, Berlin 2023.

6. 이는 태양광 패널 생산에서 볼 수 있으며, 현재 그중 95퍼센트가 중국에서 이루어진
다. 유럽과 미국은 전략적 의존성에서 벗어나기 위해 생산 능력을 (재)구축하려 한
다. 이것이 바로 미국의 인플레이션감축법과 유럽연합의 그린 딜(Green Deal)이다.

7. Per Espen Stoknes, Johan Rockström, "Redefining Green Growth within Plan-
etary Boundaries", in: *Energy Research & Social Science* 44 (2018), S. 41-49.

8. 하지만 이런 서비스 부문의 활동도 역시 종종 높은 에너지 소비를 수반하기 때문에
이러한 기대는 논란의 여지가 매우 많다. 예를 들어, 디지털화는 상당한 전력 소비
의 증가를 초래했다. 또한 관광업, 금융업 콘서트 개최 같은 활동을 위해서도 철강,
시멘트, 플라스틱 등 산업 제품의 글로벌 사용량이 계속 증가하고 있다.

9. Robert Boyer, "Expectations, Narratives, and Socio-Economic Regimes", in:
Jens Beckert, Richard Bronk (Hg.), *Uncertain Futures. Imagineries, Narratives,
and Calculation in the Economy*, Oxford 2018, S. 39-61.

10. Ebd., S. 53.

11. Michel Aglietta, *Ein neues Akkumulationsregime. Die Regulationstheorie auf dem Prüfstand*, Hamburg 2000.

12. Larry Fink, "Larry Fink's 2022 Letter to CEOs: The Power of Capitalism", 2022, https://www.blackrock.com/corporate/investor-relations/larry-fink-ceo-letter, 2023년 4월 4일 접속.

13. Benjamin Braun, "Asset Manager Capitalism as a Corporate Governance Regime", in: Jacob S. Hacker u.a. (Hg.), *The American Political Economy. Politics, Markets, and Power*, New York 2021, S. 270-294.

14. McKinsey Global Institute, "The Net-Zero Transition: What It Would Cost, What It Could Bring", https://www.mckinsey.com/capabilities/sustainability/our-insights/the-net-zero-transition-what-it-would-cost-what-it-could-bring, 2023년 3월 29일 접속.

15. IEA, "World Energy Outlook 2021", https://www.iea.org/reports/world-energy-outlook-2021, 2023년 8월 16일 접속.

16. 일반적으로는 Neil Fligstein, *The Architecture of Markets. An Economic Sociology of Twenty-First-Century Capitalist Societies,* Princeton 2001 참조.

17. Daniela Gabor, "The Wall Street Consensus", in: *Development and Change* 52:3 (2021), S. 429-459.

18. William D. Nordhaus, *Managing the Global Commons. The Economics of Climate Change*, Cambridge, MA 1994. Ders., *The Spirit of Green. The Economics of Collisions and Contagions in a Crowded World*, Princeton 2021. 생태적 외재성의 상업화에 대한 매우 훌륭한 비판적 논의는 다음과 같다. Ève Chiapello, Anita Engels, "The Fabrication of Environmental Intangibles as a Questionable Response to Environmental Problems", in: *Journal of Cultural Economy* 14:5 (2021), S. 517-532.

19. 이산화탄소 인증서는 조정 효과 측면에서 봤을 때, 온실가스 배출에 대한 직접적인 과세와 유사한 효과가 있다. 두 방식 모두 가격 메커니즘을 이용해 조정을 수행한다. 다만, 인증서는 세율을 지속해서 변경할 필요가 없어 정치적으로 덜 까다롭다.

20. 예를 들면 다음을 참조. Thomas Pellerin-Carlin u.a., *No More Free Lunch.*

Ending Free Allowances in the EU ETS to the Benefit of Innovation, Jacques Delors Institute, Policy Brief, 03.02.2022, https://institutdelors.eu/en/publications/no-more-free-lunch-ending-free-allowances-in-the-eu-ets-to-the-benefit-of-innovation, 2023년 8월 30일 접속.

21. 금융 부문의 디리스킹 전략도 마찬가지다. 이런 전략은 금융 자본을 기후에 해로운 생산에서 철수시키지만, 기후 중립을 어떻게 달성할 것인지는 전적으로 민간 투자자에게 맡긴다.

22. Adrienne Buller, "What's Really behind the Failure of Green Capitalism?", in: *The Guardian*, 26.07.2022, https://www.theguardian.com/commentisfree/2022/jul/26/failure-green-capitalism, 2023년 4월 4일 접속.

23. Jürgen Flauger, Kathrin Witsch, "Milliardengeschäft Kohle: Warum RWE sogar ansteigenden CO2-Preisen verdient", in: *Handelsblatt*, 19.09.2021, https://www.handelsblatt.com/technik/thespark/energiekonzern-milliardengeschaeft-kohle-warum-rwe-sogar-an-steigenden-co2-preisen-verdient/27617624.html, 2023년 3월 7일 접속. RWE는 많은 인증서를 보유하고 있으며, 그중 일부를 현물 시장에서 판매해 수익을 내고 있다고 한다. 금융 시장은 인증서를 심지어 기업이 보유하고 있는 중요한 숨은 자산으로 간주하기도 한다.

24. Umweltbundesamt, "Internationale Marktmechanismen im Klimaschutz", 22.06.2023, https://www.umweltbundesamt.de/daten/klima/internationale-marktmechanismen, 2023년 4월 5일 접속.

25. 다음을 참조. Jürgen Schaefer, Malte Henk, "Emissionshandel: Die Luftnummer", in: *Geo*, 16.12.2010, https://www.geo.de/natur/oekologie/4896-rtkl-klimawandel-emissionshandel-die-luftnummer, 2023년 3월 7일 접속.

26. Stefan Bach u.a., *CO2-Bepreisung im Wärme- und Verkehrssektor. Diskussion von Wirkungen und alternativen Entlastungsoptionen* (=Politikberatung kompakt 140, Deutsches Institut für Wirtschaftsforschung), Berlin 2019.

27. Manuela Andreoni, "A New Tax on Greenhouse Gases", in: *The New York Times*, 25.04.2023, https://www.nytimes.com/2023/04/25/climate/europe-greenhouse-gas-tax.html, 2023년 5월 8일 접속.

28. Stefan Bach u.a., *Verkehrs- und Wärmewende: CO$_2$-Bepreisung stärken, Klimageld einführen, Anpassungskosten verringern* (=DIW Wochenbericht 23, Deutsches Institut für Wirtschaftsforschung), Berlin 2023, S. 274-280.

29. Sighard Neckel, "Zerstörerischer Reichtum.Wie eine globale Verschmutzerelite das Klima ruiniert", in: *Blätter für deutsche und internationale Politik* 4 (2023), S. 47-56, 특히 S. 55.

30. Rat der EU, "'Fit für 55': Rat verabschiedet wichtige Rechtsakte zur Verwirklichung der Klimaziele für 2030", Pressemitteilung, 25.04.2023, https://www.consilium.europa.eu/de/press/press-releases/2023/04/25/fit-for-55-council-adopts-key-pieces-of-legislation-delivering-on-2030-climate-targets/, 2023년 8월 16일 접속.

31. 수출 지향적 성장 체제에서는 이산화탄소세의 도입이 더 쉬운데, 그 이유는 소비에 미치는 부정적 영향이 덜하기 때문이다. (다음을 참조. Jonas Nahm, "Green Growth Models", in: Lucio Baccaro u.a. [Hg.], *Diminishing Returns. The New Politics of Growth and Stagnation*, Oxford 2022, S. 443-463.) 또한 유럽연합 국가들의 경우, 사라져가는 석탄 산업을 제외하면 자체적으로 유의미한 화석 연료원을 생산하지 않는다. 따라서 미국보다 정치적으로 이 산업에 대한 배려가 덜 필요하다. 미국과는 정반대 상황이다. 석유와 가스 소비가 감소해 수입으로 인한 지출이 줄어들면, 유럽의 경상수지는 강화되고 지정학적 의존도도 낮아질 것이다.

32. Energy Institute, "Consumption of Coal in China from 1998 to 2022 (in exajoules)", 26.06.2023, *Statista*, https://www.statista.com/statistics/265491/chinese-coal-consumption-in-oil-equivalent/, 2023년 11월 15일 접속.

33. Baysa Naran u.a., *Global Landscape of Climate Finance. A Decade of Data: 2011-2020*, Climate Policy Initiative 2022.

34. Gabor, "The Wall Street Consensus".

35. Daniela Gabor, Benjamin Braun, *Green Macrofinancial Regimes*, unpubl. Ms., UWE Bristol, Max-Planck-Institut für Gesellschaftsforschung 2023.

36. Lucas Chancel, Thomas Piketty, "Dekarbonisierunger fordert Umverteilung", in: Greta Thunberg (Hg.), *Das Klimabuch*, Frankfurt/M. 2022, S. 445-449, 특

히 S. 448.

37. Jonas Meckling, Nicholas Goedeking, "Coalition Cascades: The Politics of Tipping Points in Clean Energy Transitions", in: *Policy Studies Journal* 51, 20.07.2023, https://doi.org/10.1111/psj.12507, 2023년 10월 4일 접속. Nicolas Schmid u.a., "Explaining Advocacy Coalition Change with Policy Feedback", in: *Policy Studies Journal* 48:4 (2020), S. 1109-1134.

38. Anthony Shorrocks u.a., *Global Wealth Report 2023. Leading Perspectives to Navigate the Future*, UBS, 2023, https://www.ubs.com/global/en/family-office-uhnw/reports/global-wealth-report-2023.html, 2023년 8월 29일 접속.

39. Saijel Kishan, "There's $ 35 Trillion Invested in Sustainability, but $ 25 Trillion of That Isn't Doing Much", in: *Bloomberg*, 18.08.2021, https://www.bloomberg.com/news/articles/2021-08-18/-35-trillion-in-sustainability-funds-does-it-do-any-good#xj4y7vzkg, 2023년 3월 20일 접속.

40. Magdalena Senn u.a., *Die Grenzen von Sustainable Finance. Wie das Finanz-system zu einem stärkeren Hebel für eine nachhaltige Wirtschaft werden kann*, Finanzwende Recherche, Berlin 2022, 특히 S. 15.

41. 인덱스 제공 업체의 권력에 관해서는 다음도 참조. Johannes Petry u.a., "Steering Capital: The Growing Private Authority of Index Providers in the Age of Passive Asset Management", in: *Review of International Political Economy* 28:1 (2021), S. 152-176.

42. 특히 다음을 참조. Adrienne Buller, *The Value of a Whale. On the Illusions of Green Capitalism*, Manchester 2022, Kap. 4. 하지만 유럽증권시장감독청(ESMA)은 이제 금융 산업에서 그린워싱을 더 심각하게 다루고 있는 것으로 보이며, 유럽 ESG 라벨의 적용 기준을 강화하고 있다. 유럽연합에서는 2021년부터 '지속 가능 금융 공시 규제(SFDR)'를 시행하고 있다. 이 규정은 특정 라벨의 사용에 대한 기준을 정의하고, 펀드사들의 지속 가능성 기준 공개를 의무화하고 있다. 이전에는 그 기준이 너무나 느슨해서 절반 이상의 펀드 상품을 지속 가능한 것으로 분류할 수 있었다. 기준이 달라진 후에는 상황이 달라질 것으로 예상된다. ESMA는 유럽연합에서 현재 지속 가능한 것으로 분류된 3000개의 펀드에 관해 연구했는데, 그 결

과 새로운 기준에 따르면 이 펀드 중 1퍼센트 미만만이 지속 가능성 라벨을 계속 사용할 수 있을 것이라고 한다. Julien Mazzacurati u.a., *TRV Risk Analysis. EU Ecolabel: Calibrating Green Criteria for Retail Fund*, European Securities and Markets Authority, Paris 2022.

43. Senn u.a., *Die Grenzen von Sustainable Finance*, S. 11f.

44. Buller, *The Value of a Whale*. Jan Fichtner u.a., "Mind the ESG Capital Allocation Gap: The Roleof Index Providers, Standard-Setting, and 'Green' Indices for the Creation of Sustainability Impact", in: *Regulation & Governance*, 04.06.2023, https://doi.org/10.1111/rego.12530, 2023년 8월 21일 접속.

45. Tomaso Ferrando u.a., "Indebting the Green Transition: Critical Notes on Green Bonds in the South", 31.03.2022, https://www.developmentresearch. eu/?p=1167, 2023년 8월 21일 접속.

46. Larry Fink, "Larry Fink's 2018 Letter to CEOs: A Sense of Purpose", https:// www.blackrock.com/corporate/investor-relations/2018-larry-fink-ceo-letter, 2023년 4월 25일 접속.

47. Fink, "Larry Fink's 2022 Letter to CEOs".

48. Joseph Baines, Sandy Brian Hager, "From Passive Owners to Planet Savers? Asset Managers, Carbon Majors and the Limits of Sustainable Finance", in: *Competition & Change* 27:3-4 (2022), S. 449-471. 다음도 참조. Benjamin Braun, "Exit, Control, and Politics: Structural Power and Corporate Governance under Asset Manager Capitalism", in: *Politics & Society* 50:4 (2022), S. 630-654.

49. David Gelles, "How Environmentally Conscious Investing Became a Target of Conservatives", in: *The New York Times*, 28.02.2023, https://www.nytimes. com/2023/02/28/climate/esg-climate-backlash.html, 2023년 3월 8일 접속.

50. Matthew Goldstein, Maureen Farrell, "BlackRock's Pitch for Socially Conscious Investing Antagonizes All Sides", in: *The New York Times*, 23.12.2022, https://www.nytimes.com/2022/12/23/business/blackrock-esg-investing. html, 2023년 4월 25일 접속.

51. 그러나 이는 전체 1차 에너지 소비의 약 15퍼센트에 불과하다. 2022년 독일에서

도 에너지의 80퍼센트가 화석 연료에서 나왔다. 다음도 참조. Bundesumweltamt, "Primärenergieverbrauch", 22.03.2023, https://www.umweltbundesamt.de/daten/energie/primaerenergieverbrauch#definition-und-einflussfaktoren, 2023년 8월 18일 접속.

52. IWR, "Trendwende: In Deutschland sind 2022 knapp 10000 MW neue Wind und Solarleistung in Betrieb gegangen", 13.01.2023, https://www.iwr.de/news/trendwende-in-deutschland-sind-2022-knapp-10-000-mw-neue-wind-und-solarleistung-in-betrieb-gegangen-news, 2023년 8월 17일 접속.

53. 이는 350개에 달하는 오래된 시설의 철거를 포함하지 않은 수치다. 이 시설들은 새로운 풍력 터빈에 비해 훨씬 성능이 낮다. 위의 주 참조.

54. Agora Energiewende, "Klimaneutrales Stromsystem 2035. Wie der deutsche Stromsektor bis zum Jahr 2035 klimaneutral werden kann", 23.06.2022, https://www.agora-energiewende.de/veroeffentlichungen/klimaneutrales-stromsystem-2035/, 2023년 10월 6일 접속.

55. McKinsey&Company, "Global Energy Perspective 2021", Januar 2021, https://www.mckinsey.com/~/media/McKinsey/Industries/OilandGas/OurInsights/GlobalEnergyPerspective/Global-Energy-Perspective-2021-final.pdf, 2023년 2월 14일 접속.

56. IEA, *World Energy Outlook 2022*, IEA, Paris 2022, https://www.iea.org/reports/world-energy-outlook-2022/key-findings, 2023년 5월 8일 접속.

57. IRENA, *World Energy Transitions Outlook 2023: 1.5°C Pathway*, Bd. 1, International Renewable Energy Agency, Abu Dhabi 2023.

58. Catiana Krapp, Kathrin Witsch, "Die Strategien der Energiekonzerne", in: *Handelsblatt*, 17.01.2023, S. 6f.

59. Klaus Stratmann, Kathrin Witsch, "Stromlücke droht: Warum die Ziele aus dem Koalitionsvertrag kaum zu meistern sind", in: *Handelsblatt,* 06.12.2021, https://www.handelsblatt.com/politik/deutschland/energie-stromluecke-droht-warum-die-ziele-aus-dem-koalitionsvertrag-kaum-zu-meistern-sind/27861676.html, 2023년 5월 8일 접속.

60. Stoknes, Rockström, "Redefining Green Growth within Planetary Boundaries". Timothée Parrique u.a., *Decoupling Debunked. Evidence and Arguments against Green Growth as a Sole Strategy for Sustainability*, European Environmental Bureau, Brüssel 2019.

61. Martin Müller, "Kein Zurück zur Natur", in: *Frankfurter Allgemeine Zeitung*, 07.02.2023, https://www.faz.net/aktuell/karriere-hochschule/kritik-der-klimarettung-kein-zurueck-zur-natur-18641935.html, 2023년 4월 25일 접속.

62. Joeri Rogelj u.a., "Mitigation Pathways Compatible with 1.5℃ in the Context of Sustainable Development", in: Valérie Masson-Delmotteu.a. (Hg.), *Global Warming of 1.5℃. An IPCC Special Report on the Impacts of Global Warming of 1.5℃ above Pre-Industrial Levels and Related Global Greenhouse Gas Emission Pathways, in the Context of Strengthening the Global Response to the Threat of Climate Change, Sustainable Development, and Efforts to Eradicate Poverty*, Cambridge, New York 2018, S. 93-174.

63. Oliver Gedeni u.a., *The State of Carbon Dioxide Removal—1st Edition*, The State of Carbon Dioxide Removal, Oxford 2023, doi: 10.17605/OSF.IO/W3B4Z.

64. Rogelj u.a., "Mitigation Pathways Compatible with 1.5℃ in the Context of Sustainable Development".

65. Marcus Theurer, "Die CO_2-Speicherung ist einer der größten Hebel", in: *Frankfurter Allgemeine Zeitung*, 18.12.2022, S. 22.

66. IEA, *World Energy Outlook* 2022, S. 172-173.

67. Gedeni u.a., *The State of Carbon Dioxide Removal*.

68. 이퓨얼에 관한 논의에서도 비슷한 상황을 볼 수 있다. 이 연료에 대한 희망은 전기차에 대한 압박을 낮춰서 전환을 지연시키는 전략으로 해석되기도 한다.

69. Brad Plumer, "In a U.S.First, a Commercial Plant Starts Pulling Carbon from the Air", in: *The New York Times*, 09.11.2023, https://www.nytimes.com/2023/11/09/climate/direct-air-capture-carbon.html, 2023년 11월 14일 접속.

70. Thomas Stölzel, "Die Luft bleibt dünn", in: *Wirtschaftswoche*, 25.08.2023,

S. 62-65.

71. Susanne Götze u.a., "Der Bunkerplan", in: *Der Spiegel*, 13.05.2023, S. 96-101.

72. IEA, *Direct Air Capture. A Key Technology for Net Zero*, Paris 2022, https://iea.blob.core.windows.net/assets/78633715-15c0-44e1-81df-41123c556d57/DirectAirCapture_Akeytechnologyfornetzero.pdf, 2023년 5월 8일 접속. Habib Azarabadi u.a., "Shifting the Direct Air Capture Paradigm", 05.06.2023, https://www.bcg.com/publications/2023/solving-direct-air-carbon-capture-challenge, 2023년 8월 21일 접속.

73. Thomas Stölzel, Martin Seiwert, "Die fatale Verehrung des E-Autos", in: *Wirtschaftswoche*, 08.02.2023, https://www.wiwo.de/my/technologie/mobilitaet/e-fuels-die-fatale-verehrung-des-e-autos/28785172.html, 2023년 3월 15일 접속.

74. Klaus Stratmann, Kathrin Witsch, "Die Speicherung von CO2 boomt—aber Deutschland zögert", in: *Handelsblatt*, 09.02.2023, https://www.handelsblatt.com/unternehmen/energie/ccs-die-speicherung-von-co2-boomt-aber-deutschland-zoegert/28967478.html, 2023년 3월 23일 접속.

75. Arjun Appadurai, Neta Alexander, *Versagen. Scheitern im Neoliberalismus*, Berlin 2023, S. 129.

8 지구 위험 한계선

1. Johan Rockström u.a., "Planetary Boundaries: Exploring the Safe Operating Space for Humanity", in: *Ecology and Society* 14:2, 32 (2009), https://ecologyandsociety.org/vol14/iss2/art32/, 2023년 8월 30일 접속.

2. Andrew Simms, *Ecological Debt. The Health of the Planet and the Wealth of Nations*, London u.a. 2005.

3. United Nations, "Ensure Sustainable Consumption and Production Patterns", https://unstats.un.org/sdgs/report/2019/goal-12/, 2023년 10월 5일 접속.

4. Monika Dittrich u.a., *Green Economies around the World? Implications of*

Resource Use for Development and the Environment, Wien 2012.

5. Sven Beckert, Ulbe Bosma, "Ever More Land and Labour", in: *aeon*, 06.10. 2022, https://aeon.co/essays/the-capitalist-transformations-of-the-countryside, 2023년 8월 29일 접속.

6. Walter Rüegg, "Die toxische Seite der Solarpanels", in: *Neue Zürcher Zeitung*, 31.01.2023, S. 18.

7. Dorian Schiffer, "Lithiumabbau: Unabsehbare Schäden für die Umwelt", in: *Der Standard*, 13.07.2022, https://www.derstandard.de/story/2000137382763/lithiumabbau-unabsehbare-schaeden-fuer-die-umwelt, 2023년 3월 28일 접속. Amit Katwala, "The Spiralling Environmental Cost of Our Lithium Battery Addiction", in: *Wired*, 05.08.2018, https://www.wired.co.uk/article/lithium-batteries-environment-impact, 2023년 8월 18일 접속.

8. Sebastián Carrasco, Aldo Madariaga, "The Resource Curse Returns?", in: *NACLA Report on the Americas* 54:4 (2022), S. 445-452. Sebastián Carrasco u.a., "The Temporalities of Natural Resources Extraction: Imagined Futures and the Spatialization of the Lithium Industry in Chile", in: *The Extractive Industries and Society* 15, 101310 (2023).

9. Marcus Theurer, "Der Wechsel zum Elektroauto kommt schneller als erwartet", in: *Frankfurter Allgemeine Zeitung*, 06.04.2023, https://www.faz.net/aktuell/wirtschaft/auto-verkehr/mercedes-chef-e-auto-wechsel-kommt-schneller-als-erwartet-18803833.html, 2023년 8월 30일 접속.

10. 다음도 참조. Diana Vela Almeida u.a., "The 'Greening' of Empire: The European Green Deal as the *EU first* agenda", in: *Political Geography* 105, 102925 (2023). Maristella Svampa, *Neo-Extractivism in Latin America. Socio Environmental Conflicts, the Territorial Turn, and New Political Narratives*, Cambridge 2019.

11. Claus Hecking u.a., "So soll die Nordsee zum größten Kraftwerk der Welt werden", in: *Der Spiegel*, 25.07.2023, S. 64-69.

12. Carrasco, Madariaga, "The Resource Curse Returns?".

13. Claus Hecking, "Norwegen will nicht Europas Batterie sein", in: *Der Spiegel*, 30.04.2023, https://www.spiegel.de/wirtschaft/energiestreit-in-norwegen-wir-wollen-nicht-die-batterie-europas-sein-a-4afcfe-8bfa-4617-a542-c3e4565881a1, 2023년 5월 8일 접속.

14. IEA, *The Role of Critical Minerals in Clean Energy Transitions. World Energy Outlook Special Report*, Paris 2022, https://iea.blob.core.windows.net/assets/ffd2a83b-8c30-4e9d-980a-52b6d9a86fdc/TheRoleofCriticalMineralsinCleanEnergyTransitions.pdf, 2023년 10월 4일 접속.

15. Jason Hickel, *Weniger ist mehr. Warum der Kapitalismus den Planeten zerstört und wir ohne Wachstum glücklicher sind*, München 2022, S. 185.

16. Agora Verkehrswende, "Zusammensetzung der Treibhausgas-Emissionen in der Herstellung von Batterien für Elektroautos nach Bestandteilen/Fertigungsschritten (배터리 kWh당 이산화탄소 등가물 kg; 기준: 2019)", 01.05.2019, *Statista*, https://de.statista.com/statistik/daten/studie/1074324/umfrage/zusammensetzung-der-co2-emissionen-bei-der-herstellung-von-e-autobatterien/, 2023년 11월 15일 접속.

17. Martin Wietschel, *Ein Update zur Klimabilanz von Elektrofahrzeugen*, Working Paper Sustainability and Innovation No. S 01/2020, Fraunhofer-Institut für System- und Innovationsforschung ISI, Karlsruhe 2020, https://www.isi.fraunhofer.de/content/dam/isi/dokumente/sustainability-innovation/2020/WP-01-2020_Ein%20Update%20zur%20Klimabilanz%20von%20Elektrofahrzeugen.pdf, 2023년 4월 5일 접속. 다음도 참조. Elena Shao, "Just How Good for the Planet Is That Big Electric Pickup Truck?", in: *The New York Times*, 18.02.2023, https://www.nytimes.com/interactive/2023/02/17/climate/electric-vehicle-emissions-truck-suv.html, 2023년 3월 15일 접속.

18. Elsa Semmling u.a., *Rebound-Effekte. Wie können sie effektiv begrenzt werden?*, Umweltbundesamt, Dessau-Roßlau 2016, https://www.umweltbundesamt.de/sites/default/files/medien/376/publikationen/rebound-effekte_wie_koennen_sie_effektiv_begrenzt_werden_handbuch.pdf, 2023년 4월 5일

접속.

19. Hickel, *Weniger ist mehr*, S. 179f.

20. Aaron Kolleck, "Does Car-Sharing Reduce Car Ownership? Empirical Evidence from Germany", in: *Sustainability* 13:13, 7384, 01.07.2021, https://doi.org/10.3390/su13137384, 2023년 4월 5일 접속. 이런 시스템은 매우 훌륭한 교통 서비스를 제공하는 곳, 즉 인구 밀도가 높은 도심에서 수익성이 가장 높다. 많은 사람이 자가용을 이용함으로써 발생되는 '라스트 마일(last mile: 최종 목적지까지 이동하는 구간—옮긴이)' 문제를 해결하는 데 이 시스템은 도움이 되지 않는다.

21. Tim Niendorf, "Das gescheiterte Versprechen", in: *Frankfurter Allgemeine Zeitung*, 15.04.2023, S. 1.

22. Semmling u.a., *Rebound-Effekte*.

9 앞으로의 전망

1. Martin Müller, "Kein Zurück zur Natur", in: *Frankfurter Allgemeine Zeitung*, 07.02.2023, https://www.faz.net/aktuell/karriere-hochschule/kritik-der-klimarettung-kein-zurueck-zur-natur-18641935.html, 2023년 4월 25일 접속.

2. Jason Hickel, *Weniger ist mehr. Warum der Kapitalismus den Planeten zerstört und wir ohne Wachstum glücklicher sind*, München 2022.

3. Nancy Fraser, *Der Allesfresser. Wie der Kapitalismus seine eigenen Grundlagen verschlingt*, Berlin 2023, S. 145.

4. 특히 자연에 대한 지배적 관계를 바꾸는 것으로는 충분하지 않다. 재산권과 관련해 새로운 조직이 필요하므로 더욱 그렇다. 다음을 참조. Christoph Deutschmann, "The Capitalist Growth Imperative: Can It Be Overcome?", in: *Foro* 7:4, Juli/August 2023, S. 1-9, https://www.revistaforo.com/2023/0704-01-EN, letzter Zugriff 24.07.2023.

5. Wolfgang Streeck, *How Will Capitalism End? Essays on a Failing System*, London 2016.

6. Reiner Grundmann, "Climate Change as Wicked Social Problem", in: *Nature Geoscience* 9 (2016), S. 562-563. 1장도 참조.

7. 물론 그 반대의 경우도 가능하다. 다자주의 붕괴, 경제 위기, 기후 위기 가속화로 인한 사회적 불안정, 실현할 수 있는 기술 개발의 결여는 미래의 효과적인 기후 보호 정책 가능성을 감소시킬 것이다. 다음도 참조. Anita Engels, Jochem Marotzke, "Klimaentwicklung und Klimaprognosen", in: *Politikum* 6:2 (2020), S. 4-13.

8. Timothy M. Lenton u. a., "Quantifying the Human Cost of Global Warming", in: *Nature Sustainability* 6, 22.05.2023, S. 1237-1247, https://doi.org/10.1038/s41893-023-01132-6, 2023년 6월 6일 접속.

9. Eric Klinenberg u.a., "Sociology and the Climate Crisis", in: *Annual Review of Sociology* 46:1 (2020), S. 649-669.

10. Rebecca Elliott, Underwater. *Loss, Flood Insurance, and the Moral Economy of Climate Change in the United States*, New York 2021. Andreas Reckwitz, "Auf dem Weg zu einer Soziologie des Verlusts", in: *Soziopolis*, 06.05.2021, https://www.soziopolis.de/auf-dem-weg-zu-einer-soziologie-des-verlusts.html, 2023년 8월 29일 접속.

11. Mike Davis, "Who Will Build the Ark?", in: *New Left Review* 61 (2010), S. 29-46.

12. 3장 참조.

13. 정치적 전략을 위한 장벽의 역할에 관해서는 다음 리뷰 기사 참조. Jonas Meckling, Valerie J. Karplus, "Political Strategies for Climate and Environmental Solutions", in: *Nature Sustainability* 6:7, 04.05.2023, S. 742-751, https://doi.org/10.1038/s41893-023-01109-5, 2023년 10월 4일 접속.

14. 자연에 대한 주관적이고 집행 가능한 법을 제정하는 것이 법률적으로 중요한 발전이다. 기업과 비슷하게, 법체계에서도 법적 실체로서 자연이라는 법인을 만들 수 있을 것이다. 따라서 자연환경은 더 큰 법적 대표성을 가질 수 있지만, 자연환경의 이해관계는 인간에 의해 정의 및 표현된다. 이는 태아, 어린이, 지적 장애자, 식물인간처럼 "법적으로 침묵을 지키는" 자의 이해관계를 제삼자를 통해 대변할 수 있으므로 특별한 것은 아니다. 하지만 누가 자연의 권리를 구체적으로 정의

하고 대표할 수 있는지, 그리고 서로 다른 생명체의 상반된 '이해관계'를 어떻게 평가해야 하는지 의문이 제기된다. 특히 남반구에서 자연의 권리를 확립하기 위한 접근 방식은 대부분 원주민 종족을 보호하려는 것과 관련이 있다. 다음도 참조. Frank Adloff, Tanja Busse, *Welche Rechte braucht die Natur? Wege aus dem Artensterben*, Frankfurt/M. 2021.

15. 다음도 참조. Michael M. Bechtel, Massimo Mannino, "Ready When the Big One Comes? Natural Disasters and Mass Support for Preparedness Investment", in: *Political Behavior* 45 (2023), S. 1045-1070.

16. Michael M. Bechtel u.a., "Improving Public Support for Climate Action through Multilateralism", in: *Nature Communications* 13, 6441, 28.10.2022, https://doi.org/10.1038/s41467-022-33830-8, 2023년 10월 4일 접속.

17. Sighard Neckel, "Der Streit um die Lebensführung. Nachhaltigkeit als sozialer Konflikt", in: *Mittelweg 36* 6 (2020), S. 82-100.

18. Nikhar Gaikwad u.a., "Creating Climate Coalitions: Mass Preferences for Compensating Vulnerability in the World's Two Largest Democracies", in: *American Political Science Review* 116:4 (2022), S. 1165-1183.

19. Joel Millward-Hopkins, "Why the Impacts of Climate Change May Make Us Less Likely to Reduce Emissions", in: *Global Sustainability* 5, e21, 07.12.2022, https://doi.org/10.1017/sus.2022.20, 2023년 6월 19일 접속.

20. 다음도 참조. Sachverständigenrat für Umweltfragen, *Politik in der Pflicht: Umweltfreundliches Verhalten erleichtern*, Berlin 2023.

21. Alice Garvey u.a., "A 'Spatially Just' Transition? A Critical Review of Regional Equity in Decarbonisation Pathways", in: *Energy Research & Social Science* 88, 102630 (2022).

22. 다음을 참조. Davis, "Who Will Build the Ark?", Wolfgang Streeck, "Vorwort zur deutschen Ausgabe", in: Foundational Economy Collective (Hg.), *Die Ökonomie des Alltagslebens. Für eine neue Infrastrukturpolitik*, Berlin 2019, S. 7-30.

23. Mancur Olson, *Die Logik des kollektiven Handelns. Kollektivgüter und die*

Theorie der Gruppen, Tübingen 2004. Garrett Hardin, "The Tragedy of the Commons", in: Science 162:3859 (1968), S. 1243-1248.

24. 경제학자 앨버트 허시먼은 현재의 자기희생적 행동을 위한 동기 부여의 원천으로 바람직한 미래 사회 모습의 의미가 중요하다고 재차 강조했다. 이는 신학에서도 잘 알려진 사상으로, 성공할 수 없음을 알고 있거나 무임승차가 대안일 수 있음을 알면서도 그 행동을 하도록 동기를 부여하는 배경을 이해하는 데 도움이 된다. 이를 위해서는 다음을 참조. Albert O. Hirschman, Shifting Involvements. Private Interest and Public Action, Princeton 1982.

25. Anne M. van Valkengoed, Linda Steg, "Meta-Analyses of Factors Motivating Climate Change Adaptation Behaviour", in: Nature Climate Change 9:2 (2019), S. 158-163.

26. 이를 위해서는 다음을 참조. Jürgen Habermas, Theorie des kommunikativen Handelns, Frankfurt/M. 1981, Bd. 2. 정치학자 엘리너 오스트럼의 연구는 공동체가 어떻게 장기간에 걸쳐 공공재를 성공적으로 보호할 수 있는지를 보여준다. 다음을 참조. Elinor Ostrom, "Handeln statt Warten: Ein mehrstufiger Ansatz zur Bewältigung des Klimaproblems", in: Leviathan 39 (2011), S. 267-278; dies., Governing the Commons. The Evolution of Institutions for Collective Action, Cambridge 1990.

27. 이를 위해서는 다음을 참조. Wolfgang Streeck, Zwischen Globalismus und Demokratie. Politische Ökonomie im ausgehenden Neoliberalismus, Berlin 2021, S. 480. 또한 일반적으로 다음도 참조. Amitai Etzioni, Die aktive Gesellschaft. Eine Theorie gesellschaftlicher und politischer Prozesse, Wiesbaden 2009.

28. Sighard Neckel, "Infrastruktursozialismus. Die Bedeutung der Fundamentalökonomie", in: ders. u.a. (Hg.), Kapitalismus und Nachhaltigkeit, Frankfurt/M., New York 2022, S.161-176, 특히 S. 170.

29. Émile Durkheim, Der Selbstmord, Frankfurt/M. 1983.

30. Frank Adloff, Sighard Neckel, "Futures of Sustainability as Modernization, Transformation, and Control: A Conceptual Framework", in: Sustainability Science

14 (2019), S. 1015-1025.

31. Erik Olin Wright, *Reale Utopien. Wege aus dem Kapitalismus*, Berlin2017. *Anita Engels u.a., Erlaubt, machbar, utopisch? Aus dem Forschungstagebuch eines Projekts zur klimafreundlichen Stadt*, München 2023.

32. Sighard Neckel, "Die Klimakrise und das Individuum: Über selbstinduziertes Scheitern und die Aufgaben der Politik", in: *Soziopolis*, 17.06.2021, https://nbn-resolving.org/urn:nbn:de:0168-ssoar-80379-4, 2023년 4월 4일 접속, 특히 S. 4. Anita Engels, "Über die notwendige Verknüpfung von Institutionen und Individualethik.Warum Lebensführung und Institutionen nicht gegeneinander ausgespielt werden sollten", in: *Zeitschrift für Wirtschafts- und Unternehmensethik* 22:2 (2021), S. 196-200.

33. Sara M. Constantino, Elke U. Weber, "Decision-Making under the Deep Uncertainty of Climate Change: The Psychological and Political Agency of Narratives", in: *Current Opinion in Psychology* 42 (2021), S. 151-159.

34. Ashlee Cunsolo, "Climate Change as the Work of Mourning", in: dies., Karen Landman (Hg.), *Mourning Nature. Hope at the Heart of Ecological Loss and Grief*, Montreal, Kingston 2017. 일반적으로 기후 위기에서, 감정의 역할에 내해서는 다음을 참조. Sighard Neckel, Martina Hasenfratz, "Climate Emotions and Emotional Climates: The Emotional Map of Ecological Crises and the Blind Spots on Our Sociological Landscapes", in: *Social Science Information* 60:2 (2021), S. 253-271.

감사의 글

Michael Bollig, Benjamin Braun, Christoph Deutschmann, Mark Ebers, Anita Engels, Timur Ergen, Sighard Neckel, Wolfgang Streeck, Wolfgang Vortkamp, Leon Wansleben께서 원고의 초본을 읽고 날카로운 지적을 해주셨습니다. 그들에게 얼마나 감사의 마음을 전해야 할지 모르겠습니다. 이런 분들을 친구로, 동료로 두었다는 것은 너무나도 큰 특권입니다. Marion Neuland는 수개월에 걸쳐 원고를 탁월한 방법으로 편집해줬으며 Susanne Hilbring, Cora Molloy와 그들의 동료들은 문헌을 수집하는 방법으로 훌륭하게 지원해줬습니다. Thomas Pott는 원고를 완성할 때, 믿을 수 없을 정도로 꼼꼼히 검토를 해줬습니다. 그들 모두에게 큰 감사의 뜻을 표합니다. Eva Gilmer는 제가 이 책을 쓰도록 격려해주었으며 원고를 인상 깊은 언어적 감각으로 풍성하게 만들어줬습니다. 그녀와 Suhrkamp 출판사 직원분들에게도 깊은 감사의 말을 전하고 싶습니다.